Châteaubriand, F.R. de

Génie du christianisme ou beautés de la religion chrétienne

volume 3

Migneret
1803

D 5716

Se trouve à PARIS,

Chez MIGNERET, Imprimeur, rue du Sépulcre, Faubourg Saint-Germain, N.º 28;

Et à LYON,

Chez BALLANCHE, Père et Fils, Halles de la Grenette.

GÉNIE
DU CHRISTIANISME,
OU
BEAUTÉS
DE
LA RELIGION CHRETIENNE;

PAR

FRANÇOIS-AUGUSTE CHATEAUBRIAND.

Chose admirable! la religion chrétienne, qui ne semble avoir d'objet que la félicité de l'autre vie, fait encore notre bonheur dans celle-ci.

MONTESQUIEU, *Esprit des Loix*, Liv. XXIV, ch. III.

TOME TROISIÈME.

NOUVELLE ÉDITION,

AVEC FIGURES.

A PARIS,

DE L'IMPRIMERIE DE MIGNERET,
RUE DU SÉPULCRE, F. S. G. N.º 28.

AN XI.—1803.

GÉNIE
DU CHRISTIANISME,
OU
BEAUTÉS
DE LA RELIGION CHRÉTIENNE.

TROISIEME PARTIE.
BEAUX-ARTS ET LITTÉRATURE.

LIVRE PREMIER.
BEAUX-ARTS.

CHAPITRE PREMIER.
MUSIQUE.

De l'influence du Christianisme dans la Musique.

FRÈRES de la poésie, les beaux-arts vont être maintenant l'objet de nos études. Attachés aux pas de la religion chrétienne, ils la reconnurent pour leur mère, aussitôt qu'elle parut au monde; ils lui prêtèrent leurs charmes terrestres, elle leur donna sa divinité : la Musique nota ses chants, la Peinture la représenta dans ses douloureux triomphes, la Sculpture se plut à rêver avec elle sur les tombeaux, et l'Architecture lui bâtit des temples sublimes et mélancoliques comme sa pensée.

Platon a merveilleusement défini la vraie nature de la musique : « On ne doit pas, » dit-il, juger de la musique par le plaisir, » ni rechercher celle qui n'auroit d'autre » objet que le plaisir; mais celle qui contient » en soi la ressemblance du beau. »

En effet, la musique considérée comme art, est une imitation de la nature; sa perfection est donc de représenter *la plus belle nature possible*. Or, le plaisir est une chose d'opinion, qui varie selon les temps, les mœurs et les peuples, et qui ne peut être le *beau,* puisque le *beau* est un, et existe absolument. Delà toute institution qui sert à purifier l'ame, à en écarter le trouble et les dissonances, à y faire naître la *vertu*, est par cette qualité même, propice à la plus belle musique, ou à l'imitation la plus parfaite du *beau*. Mais si cette institution est en outre de nature religieuse, elle possède alors toutes les conditions essentielles à l'harmonie; le *beau* et le *mystérieux* : le chant nous vient des anges, et la source des concerts est dans le ciel.

C'est la religion qui fait gémir, au milieu de la nuit, la vestale, sous ses dômes tranquilles ; c'est la religion qui chante si doucement au bord du lit de l'infortuné. Elle est fille des harpes et du torrent; Jérémie lui dut ses lamentations, et David ses pénitences sublimes. Si plus fière sous l'ancienne alliance, elle ne peignit que des douleurs de monarques et de prophètes; plus modeste, et non moins royale, sous la nouvelle loi, ses soupirs conviennent également aux puissans et aux foibles, parce qu'elle a trouvé dans Jésus-Christ l'humilité unie à la grandeur.

Ajoutons que la religion chrétienne est

A..

essentiellement mélodieuse, par la seule raison qu'elle aime la solitude. Ce n'est pas qu'elle soit l'ennemie du monde, elle s'y montre au contraire très-aimable; mais cette céleste Philomèle préfère le désert; elle est un peu étrangère sous les toits des hommes; elle aime mieux les forêts, qui sont les palais de son père et son ancienne patrie. C'est là qu'elle élève la voix vers le firmament, au milieu des concerts de la nature : la nature publie sans cesse les louanges du Créateur, et il n'y a rien de plus religieux que les cantiques que chantent, avec les vents, les chênes et les roseaux du désert.

Ainsi le musicien qui veut suivre la religion dans tous ses rapports, est obligé d'apprendre l'imitation des harmonies de la solitude. Il faut qu'il connoisse ces notes mélancoliques que rendent les eaux et les arbres ; il faut qu'il ait étudié le bruit des vents dans les cloîtres, et ces murmures qui règnent dans les temples gothiques, dans l'herbe des cimetières, et dans les souterrains des morts.

Le christianisme a inventé l'orgue, et donné des soupirs à l'airain même. Il a sauvé la musique dans les siècles barbares; où il a placé son trône, là s'est formé un peuple qui chante naturellement comme les oiseaux. Le chant est fils des prières, et les prières sont les compagnes de la religion. Quand elle a civilisé les sauvages, ce n'a été que par des cantiques, et l'Iroquois qui n'avoit point cédé à ses dogmes, a cédé à ses concerts. O religion de paix ! vous n'avez pas, comme les autres cultes, dicté aux humains des préceptes de haine et de discorde; vous leur avez seulement enseigné l'amour et l'harmonie.

CHAPITRE II.

Du chant Grégorien.

Si l'histoire ne prouvoit pas que le chant Grégorien est le reste de cette musique antique dont on raconte tant de miracles, il suffiroit d'examiner son échelle, pour se convaincre de sa haute origine. Avant Gui-Arétin, elle ne s'élevoit pas au-dessus de la quinte, en commençant par l'*ut* : *ut, ré, mi, fa, sol.* Ces cinq tons sont la gamme naturelle de la voix, et donnent une phrase musicale pleine et agréable.

M. Burette nous a conservé quelques airs grecs. En les comparant au plain-chant, on voit que c'est absolument le même systême. La plupart des pseaumes sont sublimes de gravité, particulièrement le *Dixit Dominus Domino meo,* le *Confitebor tibi* et le *Laudate, pueri.* L'*In exitu,* arrangé par Rameau, est d'un caractère moins ancien ; il est peut-être du temps de l'*Ut queant laxis,* c'est-à-dire, du siècle de Charlemagne.

Le christianisme est sérieux comme l'homme, et son sourire même est grave. Rien n'est beau comme les soupirs que nos maux arrachent à la religion. Tout l'office des morts est un chef-d'œuvre ; on croit entendre les sourds retentissemens du tombeau. Il reste une ancienne tradition, que le *chant qui délivre les morts*, comme l'appelle un de nos meilleurs poëtes, est celui-là même que l'on chantoit aux pompes funèbres des Athéniens, vers le temps de Périclès.

Dans l'office de la semaine sainte, on remarque la passion de saint Mathieu. Le récitatif de l'historien, les cris de la populace juive, la noblesse des réponses de Jésus, forment le drame le plus pathétique.

Pergolèze a déployé dans le *Stabat Mater*, toute la richesse de son art ; mais a-t-il surpassé le simple chant de l'église ? Il a varié la musique sur chaque strophe ; et pourtant le caractère essentiel de la tristesse consiste dans la répétition du même sentiment, et, pour ainsi dire, dans la monotonie de la douleur. *Diverses* raisons peuvent faire couler les larmes, mais les larmes ont toujours une *semblable* amertume : d'ailleurs, il est rare qu'on pleure à-la-fois pour une foule de maux ; et quand les blessures sont multipliées, il y en a toujours une plus cuisante que les autres, qui finit par absorber les moindres peines. Telle est la raison du charme de nos vieilles romances françoises. Ce chant pareil, qui revient à chaque couplet sur des paroles variées, imite parfaitement la nature : l'homme qui souffre, promène ainsi ses pensées sur différentes images, tandis que le fond de ses chagrins reste toujours le même.

Pergolèze a donc méconnu cette vérité, qui tient à la théorie des passions, lorsqu'il a voulu que pas un soupir de l'ame ne ressemblât au soupir qui l'avoit précédé. Par-tout où il y a variété, il y a distraction, et par-tout où il y a distraction, il n'y a plus de tristesse ; tant l'unité est nécessaire au sentiment ; tant l'homme est foible dans cette partie même où gît toute sa force, nous voulons dire, dans la douleur.

La leçon des lamentations de Jérémie, porte un caractère tout particulier; elle peut avoir été retouchée par les modernes, mais le fond nous en paroît hébraïque, car il ne ressemble point aux airs grecs du plain-chant. Le Pentateuque se chantoit à Jérusalem, comme des bucoliques, sur un mode plein et doux; les prophéties se disoient d'un ton rude et pathétique, et les pseaumes avoient un mode extatique qui leur étoit particulièrement consacré (1). Ici, nous retombons dans ces grands souvenirs que le culte catholique rappelle de toutes parts. Moïse et Homère, le Liban et le Cythéron, Solyme et Rome, Babylone et Athènes, ont laissé leurs dépouilles à nos autels.

Enfin, c'est l'enthousiasme même qui inspira le *Te Deum*. Lorsqu'arrêtée sur les plaines de Lens ou de Fontenoy, au milieu

(1) Bonnet, *Histoire de la Musique et de ses Effets.*

des foudres et du sang fumant encore, aux fanfares des clairons et des trompettes, une armée françoise, toute sillonnée des feux de la guerre, fléchissoit le genou et entonnoit l'hymne au Dieu des batailles; ou bien, lorsqu'au milieu des lampes, des masses d'or, des flambeaux, des parfums, aux soupirs de l'orgue, au balancement des cloches, au frémissement des serpens et des basses, cet hymne pompeux faisoit résonner les vitraux, les souterrains et les dômes d'une vieille basilique; alors il n'y avoit point d'homme qui ne se sentît transporté, point d'homme qui n'éprouvât quelque mouvement de ce délire, que faisoit éclater Pindare aux bois d'Olympie, ou David au torrent de Cédron.

Au reste, en ne parlant que des chants grecs de l'Eglise, on sent que nous n'employons pas tous nos moyens, puisque nous pourrions montrer les Ambroise, les Damase, les Léon, les Grégoire, travaillant eux-mêmes au rétablissement de l'art musical; nous pourrions citer tous ces chefs-d'œuvre de la musique moderne, composés pour les fêtes chrétiennes; et tous ces grands maîtres enfin, les Vinci, les Leo, les Hasse, les Galluppi, les Durante, élevés, formés, ou protégés dans les oratoires de Rome, et à la cour des souverains Pontifes.

CHAPITRE III.

Partie historique de la Peinture chez les modernes.

La Grèce raconte qu'une jeune fille, appercevant l'ombre de son amant sur un mur, en crayonna les contours. Ainsi, selon l'antiquité, une passion volage produisit l'art des plus parfaites illusions.

L'école chrétienne a cherché un autre maître; elle le reconnoît dans ce grand Artiste, qui, pétrissant un peu de limon entre ses mains puissantes, dit ces paroles du peintre : *Faisons l'homme à notre image.* Donc, pour nous, le premier trait

PARTIE III.
Beaux-Arts
et
Littérature.

LIVRE I.
Beaux-Arts.

du dessin a existé dans l'idée éternelle de Dieu ; et la première statue que vit le monde, fut cette fameuse argile animée du souffle du Créateur.

Il y a une force d'erreur qui contraint au silence, comme la force de vérité : l'une et l'autre, poussées au dernier degré, emportent conviction, la première négativement, la seconde affirmativement. Ainsi, lorsqu'on entend soutenir que le christianisme est l'ennemi des arts, on demeure muet d'étonnement, car à l'instant même on ne peut s'empêcher de se rappeler Michel-Ange, Raphaël, Carache, Dominiquin, Lesueur, Poussin, Coustou, et tant d'autres artistes dont les seuls noms rempliroient des volumes.

Vers le milieu du quatrième siècle, l'Empire romain envahi par les barbares, et déchiré par l'hérésie, tomba en ruines de toutes parts. Les arts ne trouvèrent plus de retraite qu'auprès des chrétiens et des empereurs orthodoxes. Théodose, par une loi spéciale *de excusatione artificium*, déchargea les peintres et leurs familles de tout tribut et de tout logement d'hommes de guerre. Les pères de l'église ne tarissent point sur les éloges qu'ils donnent à la peinture. Saint Grégoire s'exprime d'une manière remarquable : *Vidi saepiùs inscriptionis imaginem, et sine lacrymis transire non potui, cùm tam efficaciter ob oculos poneret historiam* (1) ; c'étoit un tableau représentant le sacrifice d'Abraham. Saint Basile va plus loin, car il assure que les peintres *font autant par leurs tableaux que les orateurs par leur éloquence* (2). Un moine, nommé Methodius, peignit dans le huitième siècle ce *jugement dernier*, qui convertit Bogoris, roi des Bulgares (3). Les prêtres avoient rassemblé au collège de l'orthodoxie, la plus belle bibliothèque du monde, et tous les chefs-d'œuvre de l'antiquité : on y voyoit en

---

(1) Deuxième Conc. Nic. act. 40.
(2) S. Basile, hom. 20.
(3) Curopal. Cedren. Zonar. Maim. *Hist. des Iconocl.*

particulier la Vénus de Praxitèle (1), ce qui prouve au moins que les fondateurs du culte catholique n'étoient pas des *barbares* sans goût, des *moines bigots*, livrés à une *absurde superstition*.

Ce collége fut dévasté par les Empereurs iconoclastes. Les professeurs furent brûlés vifs, et ce ne fut qu'au péril de leurs jours, que des *chrétiens* parvinrent à sauver la peau de dragon, de cent vingt pieds de longueur, où les œuvres d'*Homère* étoient écrites en lettres d'or. On livra aux flammes les tableaux des églises. De stupides et furieux hérésiarques, assez semblables aux puritains de Cromwel, hachèrent à coups de sabre les admirables mosaïques de l'église de *Notre-Dame* de Constantinople, et du palais des *Blaquernes*. Les persécutions furent poussées si loin, qu'elles enveloppèrent les peintres eux-mêmes : on leur défendit, sous peine de mort, de continuer leurs études. Le *moine* Lazare eut le cou-

(1) Cedren. Zonar. Constant. et Maimb. *Hist. des Iconocl.*, etc.

rage d'être le martyr de son art. Ce fut en vain que Théophile lui fit brûler les mains pour l'empêcher de tenir le pinceau. Ce glorieux moine, caché dans le souterrain de l'église de saint Jean-Baptiste, peignit avec ses doigts mutilés le grand saint dont il étoit le suppliant (1) ; digne, sans doute, de devenir le patron des peintres, et d'être reconnu de cette famille sublime, que le souffle de l'esprit ravit au-dessus des hommes.

Sous l'empire des Goths et des Lombards, le christianisme continua de tendre une main secourable aux talens. Ces efforts se remarquent sur-tout dans les églises bâties par Théodoric, Luitprand et Didier. Le même esprit de religion inspira Charlemagne ; et l'église *des Apôtres*, élevée par ce grand prince à Florence, passe encore, même aujourd'hui, pour un beau monument (2).

Enfin, vers le treizième siècle, la religion

(1) Maimb. *Hist. des Iconocl.* Cedren. Curopal.
(2) Vasari, proëm. del. vit.

chrétienne, après avoir lutté contre mille obstacles, ramena en triomphe le chœur des Muses sur la terre. Tout se fit pour les églises et par la protection des pontifes et des princes religieux. Bouchet, Grec d'origine, fut le premier architecte ; Nicolas, le premier sculpteur ; et Cimaboue, le premier peintre, qui tirèrent le goût antique des ruines de Rome et de la Grèce. Depuis ce temps, les arts, entre diverses mains, et par divers génies, parvinrent jusqu'à ce grand siècle de Léon X, où éclatèrent, comme des soleils, Raphaël et Michel-Ange.

On sent qu'il n'est pas de notre sujet de faire l'histoire technique de l'art. Tout ce que nous devons montrer, c'est en quoi le christianisme est plus favorable à la peinture que toute autre religion. Or, il est aisé de prouver trois choses : 1º. que la religion chrétienne étant d'une nature toute spirituelle et mystique, fournit au peintre un *beau idéal* plus parfait et plus divin, que celui qui naît d'un culte matériel ;

2.º que, corrigeant la laideur des passions, ou les combattant avec force, elle donne des tons plus sublimes à la figure humaine, et fait mieux sentir l'ame dans les muscles, et les liens de la matière ; 3.º enfin, qu'elle a fourni aux arts des sujets plus beaux, plus riches, plus dramatiques, plus touchans, que les sujets mythologiques.

Les deux premières propositions ont été amplement développées dans notre examen de la poésie : nous ne nous occuperons donc que de la troisième.

CHAPITRE IV.

Des sujets de Tableaux.

Vérités fondamentales.

1.º Les sujets antiques sont restés sous la main des peintres modernes : ainsi avec les scènes mythologiques, ils ont de plus les scènes chrétiennes.

2.º Ce qui prouve que le christianisme parle plus au génie que la fable ; c'est qu'en général nos grands maîtres ont mieux réussi dans les fonds sacrés, que dans les fonds profanes.

3.º Les costumes modernes conviennent peu aux arts d'imitation; mais le culte catholique a fourni à la peinture des costumes aussi beaux que ceux de l'antiquité (1).

Pausanias (2), Pline (3) et Plutarque (4), nous ont conservé la description des ta-

---

(1) Et ces costumes des pères et des premiers chrétiens (costumes qui sont passés à nos religieux), ne sont autres que la robe des anciens philosophes grecs, appelée πεειϐολαιον ou *pallium*. Ce fut même un sujet de persécution pour les fidèles; lorsque les Romains ou les Juifs les appercevoient ainsi vêtus, ils s'écrioient : O γραικος σπιθελης, ô l'imposteur grec ! (*Hier. ep.* 10, *ad Furiam.*) On peut voir Kortholt, *de Morib. christ. cap. III*, p. 23, et Bar. an. LVI, n. 11. Tertullien a écrit un livre entier (*de Pallio*), sur ce sujet.

(2) Paus. lib. V.

(3) Plin. lib. XXXV, cap. 8, 9.

(4) Plut. in Ilipp. Pomp. Lucul. etc.

bleaux de l'école grecque (*). Zeuxis avoit pris pour sujet de ses trois principaux ouvrages, Pénélope, Hélène et l'Amour; Polignote avoit figuré sur les murs du temple de Delphes, le sac de Troie et la descente d'Ulysse aux enfers; Euphranor peignit les douze Dieux, Thésée donnant des loix, et les batailles de Cadmée, de Leuctre et de Mantinée; Appelle représenta Vénus Anadiomènes, sous les traits de Campaspe, AEtion les noces d'Alexandre et de Roxane, et Thimante le sacrifice d'Iphigénie.

Rapprochez ces sujets des sujets chrétiens, et vous en sentirez l'infériorité. Le sacrifice d'Abraham, par exemple, est aussi touchant, et d'un goût plus simple que celui d'Iphigénie: il n'y a là ni soldats, ni groupe, ni tumulte, ni tout ce mouvement qui sert à distraire de la scène. C'est le sommet solitaire d'une montagne; c'est un patriarche qui compte ses années par siècle; c'est un couteau levé sur un *fils*

(*) *Voyez* la note A à la fin du volume.

C..

unique; c'est le bras de Dieu suspendant le bras paternel. Les histoires de l'Ancien Testament ont rempli nos temples de pareils tableaux, et l'on sait combien les mœurs patriarchales, les costumes de l'Orient, la grande nature des animaux et des solitudes de l'Asie, sont favorables au pinceau.

Le Nouveau-Testament change le génie de la peinture. Sans lui rien ôter de sa sublimité, il lui donne plus de tendresse. Qui n'a cent fois admiré les *nativités,* les *vierges* et l'*enfant,* les *fuites dans le désert,* les *couronnemens d'épines,* les *sacremens,* les *missions* des apôtres, les *descentes de croix,* les *femmes au saint sépulcre?* Des bacchanales, des fêtes de Vénus, des rapts, des métamorphoses, peuvent-ils toucher le cœur, comme les tableaux tirés de l'Ecriture? Le christianisme nous montre par-tout la vertu et l'infortune, et le polythéisme est un culte de crimes et de prospérité : notre religion à nous, c'est notre histoire; c'est pour nous que tant de spectacles tragiques ont été donnés au monde ; nous sommes parties dans les scènes que le pinceau nous étale. Un Grec ne prenoit sans doute aucun intérêt à la peinture d'un demi-dieu, qui ne s'inquiétoit guère s'il étoit heureux ou misérable ; mais les accords les plus moraux et les plus touchans se reproduisent dans les sujets chrétiens. Soyez à jamais glorifiée, religion de Jésus-Christ, vous qui aviez représenté au Louvre *le roi des rois crucifié, le jugement dernier* au plafond de la salle de nos juges, *une résurrection* à l'hôpital-général, et *la naissance du Sauveur* à la maison de ces orphelins, délaissés de leur père et de leur mère !

Au reste, nous pouvons dire ici des sujets de tableaux, ce que nous avons dit ailleurs des sujets de poëmes : le christianisme a fait naître pour la peinture une partie dramatique, très-supérieure à celle de la mythologie. C'est aussi la religion qui nous a donné les Claude Lorain, comme elle nous a fourni les Delille et les Saint-Lambert (*). Mais tant de raisonnemens sont inutiles : qu'on ouvre la galerie du Louvre, et qu'on dise encore, si l'on veut, que le génie du christianisme est peu favorable aux beaux-arts.

CHAPITRE V.

Sculpture.

A quelques différences près qui tiennent à la partie technique de l'art, ce que nous avons dit de la peinture s'applique pareillement à la sculpture.

La statue de Moïse par Michel-Ange, à Rome; Adam et Eve, par Baccio, à Florence; le groupe du vœu de Louis XIII, par Coustou, à Paris; le Saint Denys, du même; le tombeau du cardinal de Richelieu, ouvrage du double génie de Lebrun et de Girardon; le monument de Colbert, exécuté d'après le dessin de Lebrun, par

(*) *Voyez* la note B à la fin du volume.

Coyzevox et Tuby; le Christ, la Mère de Pitié, les huit Apôtres de Bouchardon, et plusieurs autres statues du genre pieux, montrent que le christianisme ne sait pas moins animer le marbre que la toile.

Cependant il est à desirer que les sculpteurs bannissent à l'avenir de leurs compositions funèbres, ces squelettes qu'ils ont placés au monument; ce n'est point là le génie du christianisme, qui peint le trépas si beau pour le juste.

Il faut également éviter de représenter des cadavres (1) (quel que soit d'ailleurs le mérite de l'exécution), ou l'humanité succombant sous de longues infirmités (2). Un guerrier expirant au champ d'honneur, dans toute la force de l'âge, peut être superbe; mais un corps usé de maladies est une image que les arts repoussent, à moins qu'il ne s'y mêle un miracle, comme dans

---

(1) Comme au mausolée de François Ier, et d'Anne de Bretagne.

(2) Comme au tombeau du duc d'Harcourt.

le tableau de saint Charles Borromée (1). Qu'on place donc au monument d'un chrétien, d'un côté, les pleurs de la famille et les regrets des hommes ; de l'autre, le sourire de l'espérance et les joies célestes ; un tel sépulcre, des deux bords duquel on verroit ainsi les scènes du temps et de l'éternité, seroit admirable. La mort pourroit y paroître, mais sous les traits d'un ange à-la-fois doux et sévère ; car le tombeau du juste doit toujours faire s'écrier avec saint Paul : *O mort ! où est ta victoire ? qu'as-tu fait de ton aiguillon ?*

(1) La peinture souffre plus facilement la représentation du cadavre que la sculpture, parce que le marbre offrant des forces palpables et glacées, est trop près de la vérité.

CHAPITRE VI.

Architecture.

Hôtel des Invalides.

En traitant de l'influence du christianisme dans les arts, il n'est besoin ni de subtilité, ni d'éloquence; les monumens sont là pour répondre aux dépréciateurs du culte évangélique. Il suffit, par exemple, de nommer Saint-Pierre de Rome, Sainte-Sophie de Constantinople, et Saint-Paul de Londres, pour prouver qu'on est redevable à la religion, des trois chefs-d'œuvre d'architecture moderne.

Le christianisme a rétabli dans l'architecture, comme dans les autres arts, les véritables proportions. Nos temples, moins petits que ceux d'Athènes, et moins gigantesques que ceux de Memphis, se tiennent dans ce sage milieu où règnent le beau et le goût par excellence. Au moyen du *dôme,* inconnu des anciens, la religion a fait un heureux mélange de ce que l'ordre gothique a de hardi, et de ce que les ordres grecs ont de simple et de gracieux.

Ce dôme, qui se change en *clocher* dans la plupart de nos églises, donne à nos hameaux et à nos villes un caractère moral, que ne pouvoient avoir les cités antiques. Les yeux du voyageur viennent d'abord s'attacher sur cette flèche religieuse, dont l'aspect réveille dans son sein une foule de sentimens et de souvenirs ; c'est la pyramide funèbre, autour de laquelle dorment les aïeux, mais c'est aussi le monument de joie où l'airain sacré annonce la vie du fidèle. C'est-là que les époux s'unissent ; c'est-là que les chrétiens se prosternent aux pieds des autels ; le foible pour prier le Dieu de force, le coupable pour implorer le Dieu de miséricorde, l'innocent pour chanter le Dieu de bonté. Un paysage paroît-il nu, triste et désert ? Placez-y un clocher champêtre ; à l'instant tout va s'animer : les douces idées de *pasteur* et de *troupeau*, d'asyle pour le voyageur, d'aumône pour le pélerin, d'hospitalité et de fraternité chrétienne, vont naître de toutes parts.

Plus les âges qui ont élevé nos monumens ont eu de piété et de foi, plus ces monumens ont été frappans, par la grandeur et la noblesse de leur caractère. On en voit un bel exemple dans l'hôtel des *Invalides* et dans l'*Ecole militaire* : on diroit que le premier a fait monter ses voûtes dans le ciel, à la voix de la religion, et que le second s'est abaissé vers la terre, à la parole du siècle athée.

Trois corps-de-logis, formant avec l'église un carré long, composent tout l'édifice des *Invalides*. Mais quel goût parfait dans cette simplicité ! quelle beauté dans cette cour, qui n'est pourtant qu'un cloître militaire, où l'art a mêlé les idées guerrières aux idées religieuses, et marié l'image d'un camp de vieux soldats, aux souvenirs attendrissans d'un hospice ! C'est à-la-fois le monument du *Dieu des Armées*, et du *Dieu de l'Evangile*. La rouille du temps qui commence à le couvrir, lui donne de nobles rapports avec ces vétérans, ruines animées, qui se promènent sous ses vieux portiques. Dans les avant-cours, tout retrace l'idée des combats ; fossés, glacis, remparts, canons, tentes, sentinelles. Pénétrez-vous plus avant? le bruit s'affoiblit par degrés, et va se perdre à l'église, où règne un profond silence. C'est une grande pensée que d'avoir mis le bâtiment religieux derrière tous les bâtimens militaires, comme l'image du repos et de l'espérance, au fond d'une vie pleine de troubles et de périls.

Le siècle de Louis XIV est peut-être le seul qui ait bien connu ces admirables convenances morales, et qui ait toujours fait dans les arts ce qu'il falloit faire, rien de moins, rien de plus. L'or du commerce a élevé les fastueuses colonnades de l'hôpital de *Greenwich*, en Angleterre; mais il y a quelque chose de plus fier et de plus imposant dans la masse des *Invalides*. On sent qu'une nation qui bâtit de tels palais pour la vieillesse de ses armées, a reçu la puissance du glaive, ainsi que le sceptre des arts.

CHAPITRE VII.

Versailles.

La peinture, l'architecture, la poésie et la grande éloquence ont toujours dégénéré dans les siècles philosophiques. C'est que l'esprit raisonneur, en détruisant l'imagination, sappe les fondemens des beaux-arts. On croit être plus habile, parce qu'on redresse quelques erreurs de physique (qu'on remplace par toutes les erreurs de la raison); et l'on rétrograde en effet, puisqu'on perd une des plus belles facultés de l'esprit.

C'est dans Versailles que toutes les pompes de l'âge religieux de la France s'étoient réunies. Un siècle s'est à peine écoulé, et ces bosquets, qui retentissoient du bruit des fêtes, ne sont plus animés que par la voix de la cigale et du rossignol. Ce palais, qui tout seul est comme une grande ville; ces escaliers de marbre, qui semblent monter dans les nues ; ces statues, ces bassins, ces bois, sont maintenant, ou croulans, ou couverts de mousse, ou desséchés, ou abattus. Et pourtant cette demeure des rois n'a jamais paru ni plus pompeuse, ni moins solitaire. Tout étoit vuide autrefois dans ces lieux ; la petitesse de la dernière cour (avant que cette cour eût pour elle toute son infortune) sembloit trop à l'aise dans les vastes réduits de Louis XIV.

Quand le temps a porté un coup aux Empires, quelque grand nom s'attache à leurs débris et les couvre. Si la noble misère du guerrier succède aujourd'hui dans Versailles à la magnificence des cours ; si des tableaux de miracles et de martyrs, y remplacent de profanes peintures ; pourquoi l'ombre de Louis XIV s'en offenseroit-elle ? Il rendit illustres la religion, les arts et l'armée ; il est beau que les ruines de son palais servent d'abri aux ruines de l'armée, des arts et de la religion.

CHAPITRE VIII.

Des Églises Gothiques.

CHAQUE chose doit être mise en son lieu, vérité triviale à force d'être répétée, mais sans laquelle, après tout, il ne peut y avoir rien de parfait. Les Grecs n'auroient pas plus aimé un temple égyptien à Athènes, que les Egyptiens, un temple grec à Memphis. Ces deux monumens, changés de place, auroient perdu leur principale beauté, c'est-à-dire, leurs rapports avec les institutions et les habitudes des peuples. Cette réflexion s'applique pour nous aux anciens monumens du christianisme. Il est même curieux de remarquer que dans ce siècle incrédule, les poëtes et les romanciers, par un retour naturel vers les mœurs de nos aïeux, se plaisent à introduire dans leurs fictions, des souterrains, des fantômes, un château, un temple gothique; tant ont de charmes les souvenirs qui se lient à la religion et à l'histoire de la patrie. Les nations ne jettent pas à l'écart leurs antiques mœurs, comme on se dépouille d'un vieil habit. On leur en peut arracher quelques parties, mais il en reste des lambeaux qui forment, avec les nouveaux vêtemens, une effroyable bigarrure.

On aura beau bâtir des temples grecs bien élégans, bien éclairés, pour rassembler le *bon peuple* de saint Louis et de la reine Blanche, et pour lui faire adorer un Dieu *métaphysique;* il regrettera toujours ces *Notre-Dame* de Reims et de Paris, ces vieilles basiliques, toutes moussues, toutes remplies des générations des décédés et des ames de ses pères; il regrettera toujours la tombe de quelques messieurs de Montmorency, sur laquelle il *souloit* de se mettre à genoux durant la messe, sans oublier les sacrées fontaines où il fut porté à sa naissance. C'est que tout cela est essentiellement lié à ses mœurs; c'est qu'un monument n'est vénérable qu'autant qu'une longue histoire du passé, est pour ainsi dire empreinte sous ses voûtes toutes noires de siècles. Voilà pourquoi il n'y a rien de merveilleux dans un temple qu'on a vu bâtir, et dont les échos et les dômes se sont formés sous nos yeux. Dieu est la loi éternelle ; son origine et tout ce qui s'attache à lui, doit se perdre dans la nuit des temps.

On ne pouvoit entrer dans une église gothique, sans éprouver une sorte de frissonnement, et un sentiment vague de la divinité. On se trouvoit tout-à-coup reporté à ces temps où des cénobites, après avoir médité dans les bois de leurs monastères, se venoient prosterner à l'autel, et chanter les louanges du Seigneur, dans le calme et le silence de la nuit. L'ancienne France sembloit revivre toute entière ; on voyoit tous ces costumes singuliers, tout ce peuple si différent de ce qu'il est aujourd'hui ; on se rappeloit et ses révolutions, et ses travaux, et ses arts. Plus ces temps étoient éloignés, plus ils paroissoient magiques, plus ils nous remplissoient de ces pensées qui finissent toujours par une réflexion sur le néant de l'homme, et la rapidité de la vie.

L'ordre gothique, au milieu de ses proportions barbares, a toutefois une beauté qui lui est particulière (1).

Les forêts ont été les premiers temples de la divinité, et les hommes ont pris dans les forêts la première idée de l'architecture. Cet art a donc dû varier selon les climats. Les Grecs ont tourné l'élégante colonne corinthienne, avec son chapiteau de feuilles sur le modèle du palmier (2). Les énormes

(1) On pense qu'il nous vient des Arabes, ainsi que la sculpture du même style. Son affinité avec les monumens de l'Egypte nous porteroit plutôt à croire qu'il nous a été transmis par les premiers chrétiens d'Orient; mais nous aimons mieux encore rapporter son origine à la nature.

(2) Vitruve raconte autrement l'invention du chapiteau; mais cela ne détruit pas ce principe général, que l'architecture est née dans les bois. On peut seulement s'étonner qu'on n'ait pas, d'après la variété des arbres, mis plus de variété dans la colonne. Nous concevons, par exemple, une colonne qu'on pourroit appeler *palmiste*, et qui seroit la représen-

piliers du vieux style Egyptien représentent le vaste sycomore, le figuier oriental, le banannier, et la plupart des arbres gigantesques de l'Afrique et de l'Asie.

Les forêts des Gaules ont passé à leur tour dans les temples de nos pères, et ces fameux bois de chênes ont ainsi maintenu leur origine sacrée. Ces voûtes ciselées en feuillages, ces jambages qui appuient les murs, et finissent brusquement comme des troncs brisés, la fraîcheur des voûtes, les ténèbres du sanctuaire, les ailes obscures, les chapelles comme des grottes, les passages secrets, les portes abaissées, tout retrace les labyrinthes des bois dans l'église gothique; tout en fait sentir la religieuse horreur, les mystères et la divinité.

La tour ou les deux tours hautaines, plantées à l'entrée de l'édifice, surmontent les ormes et les ifs du cimetière, et font

tation naturelle du palmier. Un orbe de feuilles un peu recourbées, et sculptées au haut d'un léger fût de marbre, feroit, ce nous semble, un effet charmant dans un portique.

E..

l'effet le plus pittoresque sur l'azur du ciel. Tantôt le jour naissant illumine leurs têtes jumelles; tantôt elles paroissent couronnées d'un chapiteau de nuages, ou grossies dans une atmosphère vaporeuse. Les oiseaux eux-mêmes semblent s'y méprendre, et les adopter pour les arbres de leurs forêts : de petites corneilles noires voltigent autour de leurs faîtes, et se perchent sur leurs galeries. Mais tout-à-coup des rumeurs confuses s'échappent de la cime de ces tours, et en chassent les oiseaux effrayés. L'architecte chrétien, non content de bâtir des forêts, a voulu, pour ainsi dire, en conserver les murmures, et au moyen de l'orgue et du bronze suspendu, il a attaché au temple gothique, jusqu'au bruit des vents et des tonnerres, qui roule dans la profondeur des bois. Les siècles évoqués par ces bruits religieux, font sortir leurs antiques voix du sein des pierres, et soupirent dans tous les coins de la vaste basilique. Le sanctuaire mugit comme l'antre de l'ancienne sibylle ; et tandis que d'énormes airains se balancent avec fracas sur votre tête, les souterrains voûtés de la mort, se taisent profondément sous vos pieds.

TROISIÈME PARTIE.

BEAUX-ARTS ET LITTÉRATURE.

LIVRE SECOND.

PHILOSOPHIE.

CHAPITRE PREMIER.

Astronomie et Mathématiques.

Considérons maintenant les effets du christianisme dans la littérature en général. On peut la classer sous ces trois chefs principaux : philosophie, histoire, éloquence.

Par *philosophie*, nous entendons ici l'étude de toute espèce de sciences,

On verra qu'en défendant la religion, nous n'attaquons pas la *sagesse* ; nous sommes bien loin de confondre la morgue sophistique avec les saines connoissances de l'esprit et du cœur. La *vraie philosophie* est l'innocence de la vieillesse des peuples, lorsqu'ils ont cessé d'avoir des vertus par instinct, et qu'ils n'en ont plus que par raison : cette seconde innocence est moins sûre que la première; mais lorsqu'on y peut atteindre, elle est plus sublime.

De quelque côté qu'on envisage le culte évangélique, on voit qu'il agrandit la pensée, et qu'il est propre à l'expansion des sentimens. Dans les sciences, ses dogmes ne s'opposent à aucune vérité naturelle, sa doctrine ne défend aucune étude. Chez les anciens, un philosophe rencontroit toujours quelque divinité sur sa route; il étoit, sous peine de mort ou d'exil, condamné par les prêtres d'Apollon ou de Jupiter, à être absurde toute sa vie. Mais comme le Dieu des chrétiens ne s'est pas logé à l'étroit dans un soleil, il a laissé tous les astres en proie aux recherches des savans; *il a jeté le monde devant eux, comme une pâture pour leurs vaines disputes* (1). Le physicien peut peser l'air dans son tube, sans craindre d'offenser *Junon;* ce n'est pas des élémens de son corps, mais des vertus de son ame, que le souverain juge lui demandera compte un jour.

Nous savons qu'on ne manquera pas de rappeler quelques bulles du Saint Siége ou quelques décrets de la Sorbonne, qui condamnent telle ou telle découverte philosophique; mais aussi, combien ne pourroit-on pas citer d'arrêts de la cour de Rome en faveur de ces mêmes découvertes? Qu'est-ce donc à dire, sinon que les prêtres, qui sont hommes comme nous, se sont montrés plus ou moins éclairés, selon le cours naturel des siècles? Il suffit que le christianisme *lui-même* ne prononce rien contre les sciences, pour que nous soyons fondés à soutenir notre première assertion.

(1) Ecclés. V, III, v. 2.

Au reste, remarquons bien que l'église a, dans tous les temps, protégé les arts, quoiqu'elle ait découragé quelquefois les études abstraites ; en cela elle a montré sa sagesse accoutumée. Les hommes ont beau se tourmenter, ils n'entendront jamais rien à la nature, parce que ce ne sont pas eux qui ont dit à la mer : *Vous viendrez jusques-là, vous ne passerez pas plus loin, et vous briserez ici l'orgueil de vos flots* (1). Les systêmes succéderont éternellement aux systêmes, et la vérité restera toujours inconnue. *Que ne plaît-il un jour à nature,* s'écrie Montaigne, *nous ouvrir son sein. O Dieu ! quel abus, quels mécomptes nous trouverions en notre pauvre science* (2).

Les législateurs antiques, d'accord sur ce point comme sur beaucoup d'autres, avec les principes de la religion chrétienne, s'opposoient aux philosophes (3), et combloient

---

(1) Job.
(2) *Essais*, liv. II, chap. 12.
(3) Xénoph. *Hist. Græc.* Plut. *Mor.* Plat. *in Phæd. in Repub.*

d'honneurs les artistes (1). Toutes ces prétendues persécutions du christianisme contre les sciences doivent donc être aussi reprochées aux anciens, à qui toutefois nous reconnoissons tant de sagesse. L'an de Rome 591, le sénat rendit un décret pour bannir tous les philosophes de la ville, et six ans après, Caton se hâta de faire renvoyer Carnéade, ambassadeur des Athéniens, « de peur, disoit-il, que la jeunesse, » en prenant du goût pour les subtilités des » Grecs, ne perdît la simplicité des mœurs » antiques. » Si le système de Copernic fut méconnu de la cour de Rome, n'éprouva-t-il pas un pareil sort chez les Grecs ? « Aristarchus, dit Plutarque, estimoit que » les Grecs devoient mettre en justice » Cléanthe, le Samien, et le condamner » de blasphême contre les Dieux, comme » remuant le foyer du monde ; d'autant » que cet homme tâchant à sauver les appa-

(1) Les Grecs poussèrent cette haine des philosophes jusqu'au crime, puisqu'ils firent mourir Socrate.

» rences, supposoit que le ciel demeuroit
» immobile, et que c'étoit la terre qui se
» mouvoit par le cercle oblique du zodia-
» que, tournant à l'entour de son exieu (1).»

Encore est-il vrai que Rome moderne se montra plus sage, puisque le même tribunal ecclésiastique qui condamna d'abord le systême de Copernic, permit, six ans après, de l'enseigner comme hypothèse (*). D'ailleurs pouvoit-on attendre plus de lumières astronomiques d'un prêtre romain, que de Ticho-Braé, qui continuoit à nier le mouvement de la terre ? Enfin un pape Grégoire, réformateur du calendrier, un moine Bacon, peut-être inventeur du télescope, un cardinal Cuza, un prêtre Gas-

---

(1) Plut. *De la face qui apparoît dans le rond de la lune*, chap. 4. On sait qu'il y a erreur dans le texte de Plutarque, et que c'étoit, au contraire, Aristarque de Samos que Cléanthe vouloit faire persécuter pour son opinion sur le mouvement de la terre; cela ne change rien à ce que nous voulons prouver.

(*) *Voyez* la note C a la fin du volume.

F..

sendi, n'ont-ils pas été ou les protecteurs, ou les lumières de l'astronomie ?

Platon, ce génie si amoureux des hautes sciences, qu'il a rendues toutes divines, dit formellement dans un de ses plus beaux ouvrages, *que les hautes études ne sont pas utiles à tous, mais seulement à un petit nombre;* et il ajoute cette réflexion, confirmée par une triste expérience : « qu'une ignorance absolue n'est ni le mal » le plus grand, ni le plus à craindre, » et qu'un amas de connoissances mal digé- » rées est bien pis encore (1). »

Ainsi, si la religion avoit besoin d'être justifiée à ce sujet, nous ne manquerions pas d'autorités chez les anciens, ni même chez les modernes. Hobbes a écrit plusieurs traités (2) contre l'incertitude de la science la plus certaine de toutes, celle des mathématiques. Dans celui qui a pour titre *Contra Geometras, sive contra phastum*

(1) *De leg. lib.* 7.
(2 *Examinatio et emendatio mathematicae hodiernæ, dial. VI, contra geometras.*

Professorum, il reprend, une à une, les définitions d'Euclide, et montre ce qu'elles ont de faux, de vague ou d'arbitraire. La manière dont il s'énonce est remarquable. *Itaque per hanc epistolam hoc ago ut ostendam tibi, non minorem esse dubitandi causam in scriptis mathematicorum, quàm in scriptis physicorum, ethicorum*, etc. (1) « Je te ferai voir dans ce traité qu'il n'y a » pas moins de sujets de doute en mathéma- » tique qu'en physique, en morale, etc. »

Bacon s'est exprimé d'une manière encore plus forte contre les sciences, même en paroissant en prendre la défense. Selon ce grand homme, il est prouvé « qu'une légère » teinture de philosophie peut conduire à » méconnoître l'essence première ; mais » qu'un savoir plus plein mène l'homme à » Dieu (2) ».

Si cette idée est véritable, qu'elle est terrible ! car, pour un seul génie capable d'arriver à cette *plénitude* de savoir, demandée

(1) Hob. *Opera omn. Amstelod.* edit. 1667.
(2) *De Aug. scient.* lib. V.

par Bacon, et où, selon Pascal, *on se rencontre dans une autre ignorance*, que d'esprits médiocres n'y parviendront jamais, et resteront dans ces nuages de la science, qui cachent la Divinité !

Ce qui perdra toujours la foule, c'est l'orgueil; c'est qu'on ne pourra jamais lui persuader qu'elle ne sait rien au moment où elle croit savoir tout. Les grands hommes peuvent seuls comprendre ce dernier point des connoissances humaines, où l'on voit s'évanouir les trésors qu'on avoit amassés, et où l'on se retrouve dans sa pauvreté originelle. C'est pourquoi, presque tous les sages ont pensé que les études philosophiques avoient un extrême danger pour la multitude. Locke emploie les trois premiers chapitres du quatrième livre de son *Essai sur l'Entendement humain,* à montrer les bornes de notre connoissance, qui sont réellement effrayantes, tant elles sont rapprochées de nous.

« Notre connoissance, dit-il, étant res-
» serrée dans des bornes si étroites, comme

» je l'ai montré, pour mieux voir l'état pré-
» sent de notre esprit, il ne sera peut-être
» pas inutile.... de prendre connoissance
» de notre ignorance qui........peut servir
» beaucoup à terminer les disputes.... si,
» après avoir découvert jusqu'où nous avons
» des idées claires.... nous ne nous enga-
» geons pas dans cet abyme de ténèbres (où
» nos yeux nous sont entièrement inutiles,
» et où nos facultés ne sauroient nous faire
» appercevoir quoi que ce soit) *entétés de*
» *cette folle pensée, que rien n'est au-*
» *dessus de notre compréhension* (1). »

Enfin, on sait que Newton, dégoûté de l'étude des mathématiques, fut plusieurs années sans vouloir en entendre parler; et de nos jours même, M. Gibbon, qui fut si long-temps l'apôtre des idées nouvelles, a écrit :
« Les sciences exactes nous ont accoutumés
» à dédaigner l'évidence morale, si féconde
» en belles sensations, et qui est faite pour

---

(1) Locke, *Entend. hum.* liv. IV, chap. 3, art. 4, *trad.* de M. Coste.

» déterminer les opinions et les actions de
» notre vie. »

En effet, plusieurs personnes ont pensé que la science entre les mains de l'homme dessèche le cœur, désenchante la nature, mène les esprits foibles à l'athéisme, et de l'athéisme à tous les crimes ; que les beaux arts, au contraire, rendent nos jours merveilleux, attendrissent nos ames, nous font pleins de foi envers la Divinité, et conduisent par la religion à la pratique de toutes les vertus.

Nous ne citerons pas M. Rousseau, dont l'autorité pourroit être suspecte ici ; mais Descartes, par exemple, s'est exprimé d'une manière bien étrange sur la science qui a fait une partie de sa gloire.

« Il ne trouvoit rien effectivement, dit
» le savant auteur de sa vie, qui lui parût
» moins solide que de s'occuper de nombres
» tous simples et de figures imaginaires,
» comme si l'on devoit s'en tenir à ces *baga-*
» *telles*, sans porter la vue au-delà. Il y
» voyoit même quelque chose de plus

» qu'inutile; il croyoit qu'il étoit dangereux
» de s'appliquer trop sérieusement à ces
» démonstrations superficielles, que l'in-
» dustrie et l'expérience fournissent moins
» souvent que le hasard (1). Sa maxime étoit
» que cette application nous désaccoutume
» insensiblement de l'usage de notre raison,
» et nous expose à perdre la route que sa
» lumière nous trace (2). »

Cette opinion de l'auteur de l'application de l'algèbre à la géométrie, est une chose digne d'attention.

Le père Castel, à son tour, semble se plaire à rabaisser le sujet sur lequel il a lui-même écrit. « En général, dit-il, on estime
» trop les mathématiques.... La géométrie
» a des vérités hautes, des objets peu déve-
» loppés, des points de vue qui ne sont que
» comme échappés. Pourquoi le dissimuler?
» Elle a des paradoxes, des apparences de
» contradiction, des conclusions de système

_____

(1) Lettres de 1638, p. 412, Cartes. lib. *de direc. ingen. regula.* n. 5.

(2) *Œuv. de Desc.* tome I, p. 112.

» et de concession, des opinions de sectes, » des conjectures même, et même des » paralogismes (1). »

Si nous en croyons M. de Buffon, « *ce » qu'on appelle vérités mathématiques, se » réduit à des identités d'idées, et n'a » aucune réalité* (2). » Enfin, M. l'abbé Condillac, affectant pour les géomètres le même mépris qu'Hobbes, dit, en parlant d'eux : « Quand ils sortent de leurs calculs » pour entrer dans des recherches d'une » nature différente, on ne leur trouve plus » la même clarté, la même précision, ni » la même étendue d'esprit. Nous avons » quatre métaphysiciens célèbres, Des- » cartes, Malebranche, Leibnitz et Locke; » le dernier est le seul qui ne fût pas » géomètre, et de combien n'est-il pas » supérieur aux trois autres (3) ? »

(1) *Math. univ.* p. 3, 5.
(2) *Hist. nat.* tom. I, prem. disc. p. 77.
(3) *Essai sur l'Origine des Connoissances humaines*, tom. II, sect. 2, chap. 4, pag. 239, édit. Amst. 1788.

Ce jugement n'est pas exact. En métaphysique pure, Malebranche et Leibnitz ont été beaucoup plus loin que le philosophe anglais. Il est vrai que les esprits géométriques sont souvent faux dans le train ordinaire de la vie ; mais cela vient même de leur extrême justesse. Ils veulent trouver par-tout des vérités absolues, tandis qu'en morale et en politique toutes vérités sont relatives. Il est rigoureusement vrai que deux et deux font quatre ; c'est une proposition identique, une et toute, indépendante de temps et de lieux. Mais il n'est pas de la même évidence qu'une bonne loi à Athènes soit une bonne loi à Paris. Il est de fait que la liberté est une chose excellente ; d'après cela, faut-il verser des torrens de sang, pour l'établir chez un peuple, en tel degré que ce peuple ne la comporte pas ?

En mathématique on ne doit regarder que le principe, en morale que la conséquence. L'une est une vérité simple, l'autre une vérité complexe. D'ailleurs, rien ne dérange le compas du géomètre, et tout dérange le cœur du philosophe. Quand l'instrument du second sera aussi sûr que celui du premier, nous pourrons espérer de connoître le fond des choses. Jusques-là il faut compter sur des erreurs. Celui qui voudroit porter la rigidité géométrique dans les rapports sociaux, deviendroit le plus stupide ou le plus méchant des hommes.

Les mathématiques d'ailleurs, loin de prouver l'étendue de l'esprit dans la plupart des hommes qui les emploient, doivent être considérées au contraire comme l'appui de leur foiblesse, comme le supplément de leur insuffisante capacité, comme une méthode d'abréviation propre à classer des résultats, dans une tête incapable d'y arriver d'elle-même. Elles ne sont en effet que des signes généraux d'idées qui nous épargnent la peine d'en avoir, des étiquettes numériques d'un trésor que l'on n'a pas compté, des instrumens avec lesquels on opère, et non les choses sur lesquelles on agit. Supposons qu'une pensée soit représentée par A et une autre par B. Quelle prodigieuse différence n'y aura-t-il pas entre l'homme qui développera ces deux pensées, dans tous leurs rapports moraux, politiques et religieux, et l'homme, qui, la plume à la main, multipliera patiemment son *A* et son *B* en trouvant des combinaisons curieuses, mais sans avoir autre chose devant l'esprit, que les propriétés de deux lettres stériles?

Mais si exclusivement à toute autre science, vous endoctrinez un enfant dans cette science, qui indubitablement donne peu d'idées, vous courez les risques de tarir la source des idées mêmes de cet enfant, de gâter le plus beau naturel, d'éteindre l'imagination la plus féconde, de rétrécir l'entendement le plus vaste. Vous remplissez cette jeune tête d'un fracas de nombres et de vaines figures, qui ne lui représentent rien du tout; vous l'accoutumez à se satisfaire d'une somme donnée, à ne marcher qu'à l'aide d'une théorie, à ne faire jamais usage de ses propres forces, à soulager sa mémoire et sa pensée par des opérations artificielles, à ne connoître, et finalement à n'aimer, que ces principes rigoureux et ces vérités absolues qui bouleversent la société.

On a dit que les mathématiques servent à rectifier dans la jeunesse les erreurs du raisonnement. Mais on a répondu très-ingénieusement et très-solidement à-la-fois, que pour classer des idées il falloit premièrement en avoir; que prétendre arranger l'*entendement* d'un enfant, c'étoit vouloir arranger une chambre vuide. Donnez-lui d'abord des notions claires de ses devoirs moraux et religieux; enseignez-lui les lettres humaines et divines; ensuite quand vous aurez donné tous les soins nécessaires à l'éducation du cœur de votre élève; quand son cerveau sera suffisamment rempli d'objets de comparaison et de principes certains, mettez-y de l'ordre si vous le voulez avec la géométrie.

En outre, est-il bien vrai que l'étude des mathématiques soit si nécessaire dans la vie ? S'il faut des magistrats, des ministres, des classes civiles et religieuses, que font à leur état les propriétés d'un cercle ou d'un triangle ? On ne veut plus, dit-on, que des choses positives. Eh ! grand Dieu ! qu'y a-t-il de moins positif que les sciences, dont les systêmes changent plusieurs fois par siècle ? qu'importe au laboureur que l'élément de la terre ne soit pas *homogène*, ou au bûcheron que le bois ait une substance *pyroligneuse ?* Une page éloquente de Bossuet sur la morale est plus utile et plus difficile à écrire qu'un volume d'abstractions philosophiques. Mais on applique, dit-on, les découvertes des sciences aux arts méchaniques ? Toutes ces grandes découvertes ne produisent presque jamais l'effet qu'on en attend. La perfection de l'agriculture, en Angleterre, est moins le résultat de quelques expériences scientifiques, que celui du travail patient, et de l'industrie du fermier obligé de tourmenter sans cesse un sol ingrat.

Nous attribuons faussement à nos sciences ce qui appartient au progrès naturel de la société. Les bras et les animaux rustiques se sont multipliés ; les manufactures et les produits de la terre ont dû augmenter et s'améliorer en proportion. Qu'on ait des charrues plus légères, des machines plus parfaites pour les métiers, c'est un avantage ; mais croire que tout le génie et toute la sagesse humaine se renferment dans un cercle d'inventions mécaniques ; c'est prodigieusement errer.

Quant aux mathématiques proprement dites, il est démontré qu'on peut apprendre dans un temps assez court, tout ce qu'il est utile d'en savoir, pour devenir un bon ingénieur. Au-delà de cette géométrie-pratique, le reste n'est plus qu'une *géométrie-spéculative*, qui a ses jeux, ses inutilités, et pour ainsi dire, ses romans comme les autres sciences : « Il faut bien distinguer, » dit M. de Voltaire, entre la géométrie » utile et la géométrie curieuse.....Quarrez » des courbes tant qu'il vous plaira, vous » montrerez une extrême sagacité. Vous

DU CHRISTIANISME. 57

PARTIE III.
Beaux-Arts
et
Littérature.

LIVRE II.
Philosophie

» ressemblez à un arithméticien qui exa-
» mine les propriétés des nombres, au lieu
» de calculer sa fortune..... Lorsqu'Archi-
» mède trouva la pesanteur spécifique des
» corps, il rendit service au genre humain;
» mais de quoi vous servira de trouver
» trois nombres tels que la différence des
» quarrés de deux, ajoutés au nombre
» trois, fasse toujours un quarré, et que
» la somme des trois différences ajoutée au
» même cube, fasse toujours un quarré ?
» *Nugae difficiles* (1). »

Toute pénible que cette vérité puisse être pour les mathématiciens, il faut cependant le dire ; la nature ne les a pas faits pour occuper le premier rang. Hors quelques géomètres *inventeurs*, elle les a tous condamnés à une triste obscurité; et ces génies inventeurs eux-mêmes sont menacés de l'oubli, si l'historien ne se charge de les annoncer au monde : Archimède doit sa gloire à Polybe, et Voltaire a créé d'abord

---

(1) *Quest. sur l'Encyc.* Géom.

la renommée de Newton. Platon et Pythagore vivent comme moralistes et législateurs, Leibnitz et Descartes comme métaphysiciens, peut-être encore plus que comme géomètres. D'Alembert auroit aujourd'hui le sort de Varignon et de Duhamel, dont les noms encore respectables à l'école n'existent cependant plus pour le monde, que dans les éloges académiques, s'il n'eût mêlé la réputation de l'écrivain à celle du savant. Un poëte avec quelques vers passe à la dernière postérité, immortalise son siècle et porte à l'avenir les hommes qu'il a daigné chanter sur sa lyre : le savant, à peine connu pendant sa vie, est oublié le lendemain de sa mort. Ingrat malgré lui, il ne peut rien pour le grand homme, pour le héros qui l'aura protégé. En vain il placera son nom dans un fourneau de chimiste ou dans une machine de physicien ; estimables efforts, dont pourtant il ne sortira rien d'illustre : la Gloire est née sans ailes ; il faut qu'elle emprunte celles des Muses, quand elle veut s'envoler dans les cieux. C'est Corneille, Racine,

Boileau; ce sont les orateurs, les historiens, les artistes qui ont immortalisé Louis XIV, bien plus que les savans fameux qui brillèrent aussi dans son siècle. Tous les temps, tous les pays offrent le même exemple. Que les mathématiciens cessent donc de se plaindre si les peuples, par un instinct général, font marcher les lettres avant les sciences. C'est qu'en effet l'homme qui a laissé un seul précepte moral, un seul sentiment touchant à la terre, est plus utile à la société que le géomètre qui a découvert les plus belles propriétés du triangle.

Après tout, il n'est peut-être pas très-difficile de mettre d'accord ceux qui déclament contre les mathématiques et ceux qui les préfèrent à tout. Cette différence d'opinions vient d'une erreur fort commune, qui est de confondre un *grand* avec un *habile* mathématicien. Il y a une géométrie *matérielle* qui se compose de lignes, de points, d'A + B; avec du temps et de la persévérance, l'esprit le plus médiocre peut y faire des prodiges. C'est alors une espèce de machine géométrique, qui exécute d'elle-même des opérations compliquées, comme la machine arithmétique de Pascal. Dans les sciences, celui qui vient le dernier est toujours le plus instruit; voilà pourquoi tel écolier de nos jours est, et semble avoir quelque raison de se croire plus avancé que Newton; voilà pourquoi tel qui passe pour savant aujourd'hui, sera traité d'ignorant par la génération future. Entêtés de leurs calculs, les géomètres manœuvres ont un mépris ridicule pour les arts d'imagination : ils sourient de pitié quand on leur parle de littérature, de morale, de religion ; ils *connoissent*, disent-ils, toute la nature. N'aime-t-on pas autant l'*ignorance* de Platon, qui appelle cette même nature une *poésie mystérieuse* ?

Heureusement il existe une autre géométrie, une géométrie intellectuelle. C'est celle-là qu'il falloit savoir pour entrer dans l'école des disciples de Socrate; elle voit Dieu derrière le cercle et le triangle, et elle fait les Pascal, les Leibnitz, les Descartes et les Newton. En général tous les géomètres inventeurs ont été religieux.

Mais on ne sauroit se dissimuler que cette géométrie des grands hommes est peu commune. Pour un seul génie qui marche par les voies sublimes de la science, combien d'autres se perdent dans ses inextricables sentiers ! Observons ici une de ses réactions si communes dans les loix de la Providence : les âges irréligieux conduisent nécessairement aux sciences, et les sciences amènent nécessairement les âges irréligieux. Lorsque dans un siècle impie, l'homme vient à méconnoître l'existence de Dieu, comme c'est néanmoins la seule vérité qu'il possède à fond, et qu'il a un besoin impérieux des vérités positives, il cherche à s'en créer de nouvelles, et croit les trouver dans les abstractions des sciences. Mais d'une autre part, il est naturel que des esprits communs, ou des jeunes gens peu réfléchis, en rencontrent les vérités mathématiques dans tout l'univers, en les voyant dans le ciel avec Newton, dans la chimie avec Lavoisier, dans les minéraux avec l'abbé Haüy; il est naturel, disons-nous, qu'ils les prennent pour le principe même des choses, et qu'ils ne voient rien au-delà. Cette belle simplicité de la nature qui devroit leur faire supposer, comme Aristote, un *premier mobile*, et comme Platon, un *éternel géomètre*, ne sert qu'à les égarer : Dieu n'est bientôt plus pour eux que les propriétés des corps, et la chaîne même des nombres, leur dérobe la grande Unité.

CHAPITRE II.

Chimie et Histoire naturelle.

Ce sont ces excès qui ont donné tant d'avantages aux ennemis des sciences, et qui ont fait naître les éloquentes déclamations de M. Rousseau et de ses sectateurs. Rien n'est plus admirable, disent-ils, que les belles découvertes des Spallanzani, des Lavoisier, des Lagrange; mais ce qui perd tout, ce sont les conséquences que des esprits faux prétendent en tirer. Quoi ! parce qu'on sera parvenu à démontrer la simplicité des sucs digestifs, ou à déplacer ceux de la génération ; parce que la chimie aura augmenté, ou, si l'on veut, diminué le nombre des élémens ; parce que la loi de la gravitation sera connue du moindre des écoliers ; parce qu'un enfant pourra barbouiller des figures de géométrie ; parce que tel ou tel écrivain sera un subtil *idéologue*, il faudra conclure de tout cela qu'il n'y a ni Dieu, ni véritable religion ? Quel abus du raisonnement !

Une autre observation a fortifié chez les esprits timides le dégoût des études philosophiques. Ils disent : « Si toutes ces
» découvertes étoient certaines, invariables,
» nous pourrions concevoir l'orgueil qu'elles inspirent, non aux hommes estimables qui les ont faites, mais à la foule
» qui en jouit. Cependant, dans ces sciences
» appelées positives, l'expérience du jour
» ne détruit-elle pas l'expérience de la

» veille ? Toutes les erreurs de l'ancienne
» physique ont eu leurs partisans et leurs
» défenseurs. Un bel ouvrage de littérature
» reste beau dans tous les temps; les siècles
» même lui ajoutent un nouveau lustre.
» Mais les Sciences qui ne s'occupent que
» des propriétés des *corps*; qui par consé-
» quent ne sont pas immortelles comme les
» Muses, dont la voix ne chante que les
» merveilles de *l'ame;* les sciences voient
» vieillir dans un instant, leur système le
» plus fameux. En chimie, par exemple,
» on pensoit avoir une nomenclature
» régulière (1), et l'on s'apperçoit mainte-

(1) Par les fameuses terminaisons des acides en *eux* et en *iques*. On a démontré récemment que l'acide nitrique et l'acide sulfurique n'étoient point le résultat d'une addition d'oxigène *à l'acide nitreux et à l'acide sulfureux*. Il y avoit toujours dès le principe un vide dans le système, par l'acide muriatique qui n'avoit pas de positif en *eux*. M. Berthollet est, dit-on, sur le point de prouver que l'*azote*, regardé jusqu'à présent comme une simple essence combinée avec le *calorique*, est une substance composée. Il n'y a qu'un fait certain en chimie, fixé

» nant qu'on s'est trompé. Encore un
» certain nombre de faits, et il faudra
» briser les cases de la chimie moderne.
» Qu'aura-t-on gagné à bouleverser tous
» les noms, à appeler *l'air vital*, *oxi-*
» *gène,* etc. ? Les sciences sont un laby-
» rinthe où l'on s'enfonce plus profondé-
» ment, au moment même où l'on se
» croit sur le point d'en sortir. »

Ces objections ne regardent pas plus la chimie, que les autres sciences. Lui reprocher de se détromper elle-même par ses expériences, c'est l'accuser de sa bonne-foi, et de n'être pas dans le secret de l'essence des choses. Et qui donc est dans ce secret, sinon cette intelligence première qui existe de toute éternité ? La briéveté de notre vie, la foiblesse de nos sens, la grossièreté de nos instrumens et de nos

---

par Boerhaave, et développé par Lavoisier; savoir, que le *calorique*, ou la substance qui, unie à la lumière, compose le feu, tend sans cesse à distendre les corps, ou à écarter les unes des autres leurs molécules constitutives.

moyens, tout s'oppose à la découverte de cette formule générale, que Dieu nous cache à jamais. On sait que nos sciences *décomposent* et *recomposent*, mais qu'elles ne peuvent *composer*. C'est cette impuissance de créer qui découvre toujours le côté foible et le néant de l'homme. Quoi qu'il fasse, il ne peut rien, tout lui résiste; il ne peut plier la matière à son usage, qu'elle ne se plaigne et ne gémisse : il semble attacher ses soupirs et son cœur tumultueux à tous ses ouvrages !

Dans l'œuvre du Créateur, au contraire, tout est muet, parce qu'il n'y a point d'effort; tout est silencieux, parce que tout est soumis; il a parlé, le chaos s'est tû, les globes se sont glissés sans bruit dans l'espace. Les puissances unies de la matière sont à une seule parole de Dieu, comme rien est à tout, comme les choses créées sont à la nécessité. Voyez l'homme à ses travaux; quel effrayant appareil de machines ! Il aiguise le fer, il prépare le poison, il appelle les élémens à son secours ; il fait mugir l'eau, il fait siffler l'air, ses fourneaux s'allument. Armé du feu, que va tenter ce nouveau Prométhée ? Va-t-il créer un monde ? Non ; il va détruire ! il ne peut enfanter que la mort !

Soit préjugé d'éducation, soit habitude d'errer dans les déserts, et de n'apporter que notre cœur à l'étude de la nature, nous avouons qu'il nous fait quelque peine de voir l'esprit d'analyse et de *classification* dominer dans les sciences aimables, où l'on ne devroit rechercher que les grâces de la Divinité. S'il nous est permis de le dire, c'est, ce nous semble, une grande pitié que de trouver aujourd'hui l'homme *mammifère* rangé, d'après le systême de Linnæus, avec les singes, les chauves-souris et les paresseux. Ne valoit-il pas autant le laisser à la tête de la création, où l'avoient placé Moïse, Aristote, Buffon et la nature ? Touchant de son ame aux cieux, et de son corps à la terre, on aimoit à le voir former, dans la chaîne des êtres, l'anneau qui lie le monde visible au monde invisible, le temps à l'éternité.

I..

« Dans ce siècle même, dit M. de Buffon,
» où les sciences paroissent être cultivées
» avec soin, je crois qu'il est aisé de s'ap-
» percevoir que la philosophie est négligée,
» et peut-être plus que dans aucun siècle ;
» les arts, qu'on veut appeler scientifiques,
» ont pris sa place; les méthodes de
» calcul et de géométrie, celles de botani-
» que et d'histoire naturelle, les formules,
» en un mot, et les dictionnaires, occupent
» presque tout le monde : on s'imagine
» savoir davantage, parce qu'on a augmenté
» le nombre des expressions symboliques,
» et des phrases savantes, et on ne fait
» point attention que tous ces arts ne sont
» que des échafaudages pour arriver à la
» science, et non pas la science elle-
» même, qu'il ne faut s'en servir que lors-
» qu'on ne peut s'en passer, et qu'on doit
» toujours se défier qu'ils ne viennent à
» nous manquer, lorsque nous voudrons
» les appliquer à l'édifice (1). »

(1) Buf. *Hist. nat.* tom. I, prem. disc. pag. 79, éd. 17...

Ces remarques sont judicieuses; mais il nous semble qu'il y a dans les *classifications* un danger encore plus pressant. Ne doit-on pas craindre que cette fureur de ramener tout à des signes physiques, de ne voir dans les races diverses de la création que des doigts, des dents, des becs, ne *conduise* insensiblement la jeunesse au matérialisme ? Si pourtant il est quelque science où les inconvéniens de l'incrédulité se fassent sentir dans toute leur plénitude, c'est en histoire naturelle. On flétrit alors ce qu'on touche : les parfums, l'éclat des couleurs, l'élégance des formes, disparoissent, dans les plantes, pour le botaniste qui n'y attache ni moralité, ni tendresse. Lorsqu'on n'a point de religion, le cœur est insensible, et il n'y a plus de beauté ; car la beauté n'est point un être existant hors de nous; c'est dans le cœur de l'homme que sont toutes les grâces de la nature.

Quant à celui qui étudie les animaux, qu'est-ce autre chose, s'il est incrédule, que d'étudier des corps morts ? A quoi ses

Partie III.
Beaux-Arts
et
Littérature.

Livre II.
Philosophie

recherches le mènent-elles ? quel peut être son but ? Ah ! c'est pour lui qu'on a formé ces cabinets, écoles où la mort, la faulx à la main, est le démonstrateur; cimetières, au milieu desquels on a placé des horloges, pour compter des minutes à des squelettes ! pour marquer des heures à l'éternité !

C'est dans ces tombeaux où le néant a rassemblé ses merveilles, où la dépouille du singe insulte à la dépouille de l'homme; c'est là qu'il faut chercher la raison de ce phénomène, un *naturaliste athée* : à force de se promener dans l'atmosphère des sépulcres, son ame a gagné la mort.

Lorsque la science étoit pauvre et solitaire, lorsqu'elle erroit dans la vallée et dans la forêt, qu'elle épioit l'oiseau portant à manger à ses petits, ou le quadrupède retournant à sa tannière, que son laboratoire étoit la nature, son amphithéâtre les cieux et les champs, qu'elle étoit simple et merveilleuse, comme les déserts où elle passoit sa vie ; alors elle étoit religieuse. Assise à l'ombre d'un chêne, couronnée des fleurs que ses mains innocentes avoient dérobées à la montagne, elle se contentoit de peindre sur ses tablettes les scènes qui l'environnoient. Ses livres n'étoient que des catalogues de remèdes, pour les infirmités du corps, ou des recueils de saints cantiques, dont les paroles appaisoient aussi les douleurs de l'ame. Mais quand des congrégations de savans se formèrent; quand les philosophes, cherchant la réputation, et non la nature, voulurent parler des œuvres de Dieu, sans les avoir aimées; l'incrédulité naquit avec l'amour-propre, et la science ne fut plus que le petit instrument d'une petite renommée.

L'église n'a jamais parlé aussi sévèrement contre les études philosophiques, que les divers philosophes que nous avons cités dans ces chapitres. Si on l'accuse de s'être un peu méfiée de ces lettres *qui ne guérissent de rien*, comme parle Sénèque; il faut aussi condamner cette foule de législateurs, d'hommes d'Etat, de moralistes, qui, dans tous les temps, se sont élevés, beaucoup plus fortement qu'elle, contre le danger, l'incertitude, et l'obscurité des sciences.

Où découvrira-t-elle la vérité ? Sera-ce dans Locke, placé si haut par M. de Condillac? dans Leibnitz, qui trouvoit Locke si foible en *idéologie*, ou dans M. Kant, qui attaque aujourd'hui et Locke et M. de Condillac? En croira-t-elle Minos, Lycurgue, Caton, J. J. Rousseau, qui chassent les sciences de leurs républiques, ou adoptera-t-elle le sentiment des législateurs, qui les tolèrent? Quelles effrayantes leçons, si elle jette les yeux autour d'elle ! quelle ample matière de réflexions sur cette fameuse histoire de *l'arbre de science, qui produit la mort!* Toujours les siècles de philosophie, ont touché aux siècles de destruction.

L'église ne pouvoit donc prendre, dans une question qui a partagé la terre, que le parti même qu'elle a pris : retenir ou lâcher les rênes, selon l'esprit des choses et des temps; opposer la morale à l'abus que l'homme fait des lumières, et tâcher de lui conserver, pour son bonheur, un cœur simple et une humble pensée.

Concluons que le défaut du jour est de séparer un peu trop les études abstraites, des études littéraires. Les unes appartiennent à l'esprit, les autres au cœur; or il se faut donner de garde de cultiver le premier à l'exclusion du second, et de sacrifier la partie qui aime à celle qui raisonne. C'est par une heureuse combinaison des connoissances physiques et morales, et surtout par le concours des idées religieuses, qu'on parviendra à redonner à notre jeunesse cette éducation, qui jadis a formé tant de grands hommes. Il ne faut pas croire que notre sol soit épuisé. Ce beau pays de France, pour prodiguer de nouvelles moissons, n'a besoin que d'être cultivé un peu à la manière de nos pères : c'est une de ces terres heureuses où règnent ces *génies* protecteurs des hommes, et ce *souffle divin*, qui, selon Platon, décèlent les climats favorables à la vertu (1).

(1) Plat. *de Leg.* lib. V.

CHAPITRE III.

DES PHILOSOPHES CHRÉTIENS.

Métaphysiciens.

Les exemples viennent à l'appui des principes; et une religion qui réclame Bacon, Newton, Boyle, Clarke, Leibnitz, Grotius, Pascal, Arnaud, Nicole, Malebranche, la Bruyère (sans parler des pères de l'Eglise, ni de Bossuet, ni de Fénélon, ni de Massillon, ni de Bourdaloue, que nous ne voulons bien compter ici, que comme orateurs), une telle religion peut se vanter d'être favorable à la philosophie.

Bacon doit son immortalité à son Traité, *on the advancement of learning*, et à son *novum organum scientiarum*. Dans le premier, il examine le cercle des sciences, classant chaque objet sous sa faculté; facultés dont il reconnoît quatre : *l'ame* ou la *sensation,* la *mémoire, l'imagination, l'enten-*

dement. Les sciences s'y trouvent réduites à trois : la *poésie,* l'*histoire,* la *philosophie.*

Dans le second ouvrage, il rejette la manière de raisonner par syllogisme, et propose la physique expérimentale, pour seul guide dans la nature. On aime encore à lire la profession de foi de l'illustre chancelier d'Angleterre, et la prière qu'il avoit coutume de dire avant de se mettre au travail. Cette naïveté chrétienne dans un grand homme est bien touchante. Lorsque Newton et Bossuet découvroient avec simplicité leurs têtes augustes, en prononçant le nom de Dieu, ils étoient peut-être plus admirables dans ce moment, que lorsque le premier pesoit ces mondes, dont l'autre enseignoit à mépriser la poussière.

Clarke, dans son *Traité de l'existence de Dieu,* Leibnitz dans sa *Théodicée,* Malebranche dans sa *Recherche de la vérité,* se sont élevés si haut en métaphysique, qu'ils n'ont rien laissé à faire après eux.

Il est assez singulier que notre siècle se

soit cru supérieur en métaphysique et en dialectique au siècle qui l'a précédé. Les faits déposent contre nous : certainement M. l'abbé de Condillac, qui n'a rien dit de nouveau, ne peut seul balancer Locke, Descartes, Malebranche et Leibnitz. Il ne fait que démembrer le premier, et il s'égare toutes les fois qu'il marche sans lui. Au reste, la métaphysique du jour diffère de celle de l'antiquité, en ce qu'elle sépare, autant qu'il est possible, l'imagination, des perceptions abstraites. Nous avons isolé toutes les facultés de notre entendement, réservant la pensée pour telle matière, le raisonnement pour telle autre, etc. D'où il résulte que nos ouvrages n'ont plus d'ensemble, et que notre esprit, ainsi divisé par chapitres, offre les inconvéniens de ces histoires, où chaque sujet est traité à part. Tandis que l'on recommence un nouvel article, le précédent nous échappe ; nous cessons de voir les liaisons que les faits ont entr'eux, nous retombons dans la confusion à force de méthode, et la multitude des conclusions particulières, nous empêche d'arriver à la conclusion générale.

Quand il s'agit, comme dans l'ouvrage de Clarke, d'attaquer des hommes qui se piquent de raisonnement, et auxquels il est nécessaire de prouver qu'on raisonne aussi bien qu'eux, on fait merveilleusement d'employer la manière ferme et serrée du docteur anglois; mais dans tout autre cas, pourquoi préférer cette sécheresse à un style clair, quoiqu'animé? Pourquoi ne pas mettre son cœur dans un ouvrage sérieux, comme dans un livre purement agréable? On lit encore avec délices la métaphysique de Platon, parce qu'elle est colorée par une imagination brillante. Nos derniers *idéologues* sont tombés dans une grande erreur, en séparant l'histoire de l'esprit humain, de l'histoire des choses divines, en soutenant que la dernière ne mène à rien de positif, et qu'il n'y a que la première, qui soit d'un usage immédiat. Où est donc la nécessité de connoître les opérations de la pensée de l'homme, si ce n'est pour les rapporter à Dieu? Que me revient-il de savoir que je reçois ou non mes idées par les sens? M. de Condillac s'écrie : « Tous les métaphysiciens se sont » perdus dans des mondes enchantés, moi » seul j'ai trouvé le vrai ; ma science est de » la plus grande utilité. Je vais vous dire » ce que c'est que la conscience, l'attention, » la réminiscence ? » Et à quoi tout cela me conduira-t-il? Une chose n'est bonne, une chose n'est positive qu'autant qu'elle renferme une intention morale ; or, toute *métaphysique* qui n'est pas *théologie*, comme celle des anciens et des chrétiens ; toute métaphysique qui creuse un abyme entre l'homme et Dieu, qui prétend que le dernier n'étant que ténèbres, on ne doit pas s'en occuper ; cette métaphysique est tout à-la-fois futile et dangereuse, parce qu'elle manque de but.

L'autre au contraire, en m'associant à la divinité, en me donnant une immense idée de ma grandeur, et de la perfection de mon être, me dispose à bien penser et à bien agir. Toutes les fins morales viennent par cet anneau se rattacher à cette haute métaphysique, qui n'est alors qu'un chemin plus sublime pour arriver à la vertu. C'est ce que Platon appeloit par excellence *la science des Dieux*, et Pythagore, *la géométrie divine*. Hors de là, la métaphysique n'est plus qu'un microscope, qui nous découvre curieusement quelques petits objets que n'auroit pu saisir la vue simple ; mais qu'on peut ignorer ou connoître, sans qu'ils forment, ou qu'ils remplissent un vide dans l'existence.

CHAPITRE IV.

Suite des Philosophes chrétiens.

Publicistes.

Nous avons fait, dans ces derniers temps, un grand bruit de notre science en politique ; on diroit qu'avant nous le monde moderne n'eût jamais entendu parler de liberté, ni des différentes formes sociales. C'est apparemment pour cela que nous les avons essayées toutes avec tant d'habileté et de bonheur. Cependant, Machiavel, Thomas Morus, Mariana, Bodin, Grotius, Puffendorf et Locke, tous philosophes chrétiens, s'étoient occupés de la nature des Gouvernemens bien avant MM. Mably et Rousseau.

Nous ne ferons point l'analyse des ouvrages de ces publicistes, dont il nous suffit de rappeler les noms, pour prouver que tous les genres de gloire littéraire appartiennent au christianisme; nous montrerons ailleurs ce que la liberté du genre humain doit à cette même religion, qu'on accuse de prêcher l'esclavage.

Il seroit bien à desirer, si l'on s'occupe encore d'écrits de politique (ce qu'à Dieu ne plaise !) qu'on retrouvât pour ces sortes d'ouvrages, les grâces que leur prêtoient les anciens. La Cyropédie de Xénophon, la République et les Loix de Platon, sont tout-à-la-fois de graves traités et des livres pleins de charmes. Platon excelle à donner un tour merveilleux aux discussions les plus stériles ; il sait mettre de l'enchantement jusques dans l'énoncé d'une loi. Ici ce sont trois vieillards qui discourent en allant de Gnosse à l'antre de Jupiter, et qui se reposent sous de hauts cyprès, et dans de riantes prairies ; là, c'est le meurtrier involontaire, qui, un pied dans la mer, fait des libations à Neptune : plus loin, un poëte étranger est reçu avec des chants et des parfums ; on l'appelle un homme tout divin, on le couronne de lauriers, et tout chargé d'honneurs, on le conduit hors du territoire de la République. Ainsi, Platon a cent manières agréables de proposer ses idées ; il adoucit jusqu'aux sentences les plus sévères, en considérant les délits sous un jour tout religieux.

Remarquons que les publicistes modernes ont vanté le Gouvernement républicain, tandis que les écrivains politiques de la Grèce ont généralement donné la préférence à la monarchie. Pourquoi cela ? parce que les uns et les autres haïssoient ce qu'ils avoient, et aimoient ce qu'ils n'avoient pas : c'est l'histoire de tous les hommes.

Au reste, les sages de la Grèce envisageoient la société sous les rapports moraux ; nos derniers philosophes l'ont considérée sous les rapports politiques. Les premiers vouloient que le Gouvernement découlât des mœurs ; les seconds, que les mœurs dérivassent du Gouvernement. La philosophie des uns s'appuyoit sur la religion ; la philosophie des autres, sur l'athéisme. Les Platon crioient aux peuples : « Soyez vertueux, vous serez libres ; » nous leur avons dit : « Soyez libres, vous serez vertueux. » La Grèce, avec de tels sentimens, fut heureuse. Qu'obtiendrons-nous avec les principes opposés ?

CHAPITRE V.

Moralistes.

La Bruyère.

Les écrivains du même siècle, quelque différens qu'ils soient par le génie, ont tous cependant quelque chose de commun entr'eux. On reconnoît ceux du bel âge de la France, à la fermeté de leur style, au peu de recherche de leurs expressions, à la simplicité de leurs tours, et pourtant à une certaine construction de phrase, grecque et latine, qui, sans nuire au génie de la langue françoise, annonce les excellens modèles dont ces hommes s'étoient nourris.

De plus, les littératures se divisent, pour ainsi dire, par groupes qui suivent tel ou tel maître, telle ou telle école. Ainsi, les écrivains de *Port-Royal* se distinguent des écrivains de la *Société*; ainsi, Fénélon, Massillon et Fléchier se touchent par quelques points, et Pascal, Bossuet et la

Bruyère par quelques autres. Ces derniers sont sur-tout remarquables par une sorte de brusquerie de pensée et de style, qui leur est particulière. Mais il faut convenir que la Bruyère, qui imite volontiers Pascal (1), affoiblit quelquefois les preuves, et la manière originale de ce grand génie. Quand l'auteur des *Caractères*, voulant démontrer la petitesse de l'homme, dit : *Vous êtes placée, ô Lucie, quelque part sur cet atôme*, etc. il reste bien loin de ce fameux morceau de l'auteur des Pensées : « Qu'est-ce qu'un homme dans l'infini ? » qui le peut comprendre ? »

La Bruyère dit encore : « *Il n'y a pour* » *l'homme que trois événemens : naître,* » *vivre et mourir; il ne se sent pas naître,* » *il souffre à mourir, et il oublie de* » *vivre.* » Pascal fait mieux sentir notre néant. « Le dernier acte est toujours san- » glant, quelque belle que soit la comédie » en tout le reste. On jette enfin de la terre

___

(1) Sur-tout dans le chapitre des *Esprits forts.*

» sur la tête, et en voilà pour jamais. » Comme ce dernier mot est effrayant ! On voit d'abord la *comédie*, et puis la *fosse*, et puis la *terre*, et puis l'*éternité*. La négligence avec laquelle la phrase est jetée, montre tout le peu de valeur de la vie. Quelle amère indifférence, dans cette courte et froide histoire de l'homme (1) !

Quoi qu'il en soit, la Bruyère est un des plus beaux écrivains du siècle de Louis XIV. Aucun homme n'a su donner plus de variété

___

(1) Cette pensée est suprimée dans la petite édition de Pascal, avec les notes; les éditeurs n'ont pas apparemment trouvé que cela fût d'un *beau style*. Nous avons entendu critiquer la prose du siècle de Louis XIV, comme manquant d'harmonie, d'élégance et de justesse dans l'expression. Nous avons entendu dire : « *Si Bossuet et Pascal revenoient, ils n'écriroient plus comme cela.* » C'est nous, prétend-on, qui sommes les écrivains en prose *par excellence*, et qui sommes bien plus habiles dans l'art d'arranger des mots. Ne seroit-ce point que nous exprimons des pensées communes en style recherché, tandis que les écrivains du siècle de Louis XIV disoient tout simplement de grandes choses ?

à son style, plus de formes diverses à sa langue, plus de mouvement à sa pensée. Il descend de la haute éloquence à la familiarité, et passe de la plaisanterie au raisonnement, sans jamais blesser le goût ni le lecteur. L'ironie est son arme favorite : aussi philosophe que Théophraste, son coup-d'œil embrasse un plus grand nombre d'objets, et ses remarques sont plus originales et plus profondes. Théophraste conjecture, la Rochefoucault devine, et la Bruyère montre ce qui se passe au fond des cœurs.

C'est un grand triomphe pour la religion, que de compter parmi ses philosophes, un Pascal et un la Bruyère. Il faudroit, peut-être, d'après ces exemples, être un peu moins prompt à avancer qu'il n'y a que de *petits esprits* qui puissent être chrétiens.

« Si ma religion étoit fausse, dit l'auteur
» des Caractères, je l'avoue, voilà le piège
» le mieux dressé qu'il soit possible d'ima-
» giner : il étoit inévitable de ne pas donner
» tout au travers, et de n'y être pas pris.
» Quelle majesté ! quel éclat de mystères !

DU CHRISTIANISME.

» quelle suite et quel enchaînement de toute
» la doctrine ! Quelle raison éminente !
» quelle candeur ! quelle innocence de
» mœurs ! quelle force invincible et acca-
» blante de témoignages rendus successive-
» ment et pendant trois siècles entiers par
» des millions de personnes les plus sages,
» les plus modérées qui fussent alors sur
» la terre, et que le sentiment d'une même
» vérité soutient dans l'exil, dans les fers,
» contre la vue de la mort et du dernier
» supplice ! »

Si la Bruyère revenoit au monde, il seroit bien étonné de voir cette religion (dont les plus grands hommes de son siècle confessoient la beauté et l'excellence) traitée d'*infâme*, de *ridicule*, d'*absurde*. Il croiroit, sans doute, que les nouveaux *esprits forts* sont des hommes très-supérieurs aux écrivains qui les ont précédés, et que devant eux, Pascal, Bossuet, Fénélon, Racine, sont des auteurs sans génie. Il ouvriroit leurs ouvrages avec une profonde surprise, et un respect mêlé de frayeur.

Nous croyons le voir s'attendant à trouver à chaque ligne quelque grande découverte de l'esprit humain, quelque haute pensée, peut-être même quelque fait historique auparavant inconnu, qui prouve invinciblement la fausseté du christianisme : que diroit-il, que penseroit-il, dans son second étonnement, qui ne tarderoit pas à suivre le premier ?

La Bruyère nous manque; la Révolution a renouvelé le fond des caractères. L'avarice, l'ignorance, l'amour-propre se montrent sous mille jours nouveaux. Ces vices, dans le siècle de Louis XIV, se composoient avec la religion et la politesse ; maintenant ils se mêlent à l'impiété et à la rudesse des formes. Ils devoient donc avoir dans le dix-septième des teintes plus fines, des nuances plus délicates : ils pouvoient être ridicules alors, ils sont odieux aujourd'hui.

CHAPITRE VI.

Suite DES MORALISTES.

IL y avoit un homme qui, à douze ans, avec des *barres* et des *ronds*, avoit créé les mathématiques; qui à seize avoit fait le plus savant Traité des Coniques qu'on eût vu depuis l'antiquité; qui à dix-neuf réduisit en machine une science qui existe toute entière dans l'entendement; qui à vingt-trois démontra les phénomènes de la pesanteur de l'air, et détruisit une des grandes erreurs de l'ancienne physique; qui à cet âge où les autres hommes commencent à peine de naître, ayant achevé de parcourir le cercle des sciences humaines, s'apperçut de leur néant, et tourna toutes ses pensées vers la religion; qui depuis ce moment jusqu'à sa mort, arrivée dans sa trente-neuvième année, toujours infirme et souffrant, fixa la langue qu'ont parlée Bossuet et Racine, donna le modèle de la plus parfaite plaisanterie, comme du raisonnement le plus fort; enfin qui, dans les courts intervalles de ses maux, résolut, en se privant de tout secours, un des plus hauts problêmes de géométrie, et jeta au hasard sur le papier, des pensées qui tiennent autant du Dieu que de l'homme. Cet effrayant génie se nommoit Blaise Pascal.

Il est difficile de ne pas rester confondu d'étonnement, lorsqu'en ouvrant les Pensées du philosophe chrétien, on tombe sur les six chapitres où il traite de la nature de l'homme. Les sentimens de Pascal sont remarquables sur-tout par la profondeur de leur tristesse, et par je ne sais quelle immensité : on est suspendu au milieu de ces sentimens comme dans l'infini. Les métaphysiciens parlent de cette *pensée abstraite*, qui n'a aucune propriété de la matière, qui touche à tout sans se déplacer, qui vit d'ellemême, qui ne peut périr, parce qu'elle est indivisible, et qui prouve péremptoirement l'immortalité de l'ame : cette définition de la pensée semble avoir été suggérée aux métaphysiciens, par les écrits de Pascal.

Il y a un monument curieux de la philosophie chrétienne, et de la philosophie du jour : ce sont les *Pensées* de Pascal, commentées par les éditeurs (*). On croit voir les ruines de Palmyre, restes superbes du génie et du temps, au pied desquelles l'Arabe du désert a bâti sa misérable hutte.

M. de Voltaire a dit : « Pascal, fou » sublime, né un siècle trop tôt. »

On entend ce que signifie ce *siècle trop tôt*. Une seule observation suffira pour faire voir combien Pascal *sophiste*, eût été inférieur à Pascal *chrétien*.

Dans quel endroit de ses écrits, le solitaire de Port-Royal s'est-il élevé au-dessus des plus grands génies ? Dans ses six chapitres sur l'homme. Or, ces six chapitres, qui roulent entièrement sur la chûte originelle, *n'existeroient pas, si Pascal eût été incrédule.*

Il faut placer ici une observation de la

(*) *Voyez* la note D à la fin du volume.

M..

dernière importance. Parmi les personnes qui ont embrassé les opinions philosophiques, les unes ne cessent de décrier le siècle de Louis XIV ; les autres, se piquant d'impartialité, accordent à ce siècle *les dons de l'imagination*, et lui refusent les *facultés de la pensée.* C'est le dix-huitième siècle, s'écrie-t-on, qui est le siècle *penseur* par excellence.

Tout homme impartial, qui lira attentivement les écrivains du siècle de Louis XIV, s'appercevra bientôt que *rien n'a échappé à leur vue;* mais que contemplant les objets de plus haut que nous, ils ont dédaigné les routes où nous sommes entrés, et au bout desquelles leur œil perçant avoit découvert les abymes.

Nous pouvons appuyer cette assertion de mille preuves. Est-ce faute d'avoir connu les objections contre la religion, que tant de grands hommes ont été religieux ? Oublie-t-on que Bayle publioit à cette époque même ses doutes et ses sophismes? Ne sait-on plus que Clarke et Leibnitz n'étoient occupés qu'à combattre l'incrédulité ? que Pascal *vouloit défendre* la religion ; que la Bruyère faisoit son chapitre des *Esprits forts*, et Massillon son sermon de *la Vérité d'un avenir ?* que Bossuet enfin lançoit ces paroles foudroyantes sur la tête des athées ?

« Qu'ont-ils vu, ces *rares génies*, qu'ont-
» ils vu *plus que les autres ?* Quelle igno-
» rance est la leur, et qu'il seroit aisé de
» les confondre, si, foibles et présomp-
» tueux, ils ne craignoient point d'être
» instruits ? car pensent-ils avoir vu mieux
» les difficultés à cause qu'ils y succombent,
» et que les autres qui LES ONT VUES les ont
» méprisées ? Ils n'ont rien vu, ils n'enten-
» dent rien, ils n'ont pas même de quoi
» établir le néant auquel ils espèrent après
» cette vie, et ce misérable partage ne leur
» est pas assuré. »

Et quels rapports moraux, politiques ou religieux se sont dérobés à Pascal ? quel côté de choses n'a-t-il point saisi ? S'il considère la nature humaine en général, il en fait cette peinture si connue et si étonnante : « La première chose qui s'offre à l'homme, quand il se regarde, c'est son corps, etc. » Et ailleurs : « L'homme n'est qu'un roseau pensant, etc. » Nous demandons si dans tout cela, Pascal s'est montré un foible *penseur ?*

Les écrivains modernes se sont fort étendus sur la puissance de l'opinion, et c'est Pascal qui le premier l'avoit observée. Une des choses les plus fortes que M. Rousseau ait hasardée en politique, se lit dans son discours sur l'*Inégalité des Conditions :* « Le premier, dit-il, qui ayant enclos un terrein, s'avisa de dire, *ceci est à moi,* fut le vrai fondateur de la société civile. » Or, c'est presque mot pour mot l'effrayante idée que le solitaire de Port-Royal exprime avec une toute autre énergie : « Ce chien *est à moi,* disoient ces pauvres enfans ; c'est ma place au soleil : voilà le commencement et l'image de l'usurpation de toute la terre. »

Et voilà une de ces pensées qui font trembler pour Pascal. Quel ne fut point devenu ce grand homme, s'il n'avoit été chrétien ! Quel frein adorable que cette religion, qui, sans nous empêcher de jeter de vastes regards autour de nous, nous retient au bord de l'abyme !

C'est le même Pascal qui a dit encore : « Trois degrés d'élevation du pôle renver-
» sent toute la jurisprudence. Un méridien
» décide de la vérité, ou de peu d'années de
» possession. Les loix fondamentales chan-
» gent, le droit a ses époques ; plaisante
» justice qu'une rivière ou une montagne
» borne ; vérité au-deçà des Pyrénées,
» erreur au-delà. »

Certes le penseur le plus hardi de ce siècle, l'écrivain le plus déterminé à généraliser les idées pour bouleverser le monde, n'a rien dit de plus fort contre la justice des gouvernemens et les préjugés des nations.

Toutes les insultes que nous avons prodiguées par philosophie à la nature humaine, ont été plus ou moins puisées dans les écrits de Pascal. Mais en dérobant à ce rare génie la *misère* de l'homme, nous n'avons pas su, comme lui, en appercevoir la *grandeur*. Bossuet et Fénélon, le premier, dans son *Histoire universelle*, dans ses *Avertissemens* et dans sa *Politique tirée de l'Ecriture sainte*; le second, dans son *Télémaque*, ont dit sur les Gouvernemens toutes les choses essentielles. M. de Montesquieu lui-même n'a souvent fait que développer les principes de l'évêque de Meaux, comme on l'a excellemment remarqué. On pourroit faire des volumes de tous les passages favorables à la liberté, et à l'amour de la patrie, qui se trouvent dans les auteurs du dix-septième siècle.

Et que n'a-t-on point tenté dans ce siècle (*) ? L'égalité des poids et mesures, l'abolition des coutumes provinciales, la réformation du code civil et criminel, la répartition égale de l'impôt ; tous ces projets dont nous nous vantons ont été proposés, examinés, exécutés même quand les avantages de la réforme ont paru en balan-

---

(*) Voyez la note E à la fin du volume.

cer les inconvéniens. Bossuet n'a-t-il pas été jusqu'à vouloir réunir l'église protestante à l'église romaine ? Quand on songe que Bagnoli, le Maître, Arnaud, Nicolle, Pascal, s'étoient consacrés à l'éducation de la jeunesse, on aura de la peine à croire sans doute, que cette éducation est plus belle et plus savante de nos jours. Les meilleurs livres classiques que nous ayons, sont encore ceux de Port-Royal, et nous ne faisons que les répéter (souvent en cachant nos larcins) dans tous nos ouvrages élémentaires.

Notre supériorité se réduit donc à quelques progrès dans les études naturelles; progrès qui appartiennent à la marche du temps, et qui ne compensent pas, à beaucoup près, la perte de l'imagination qui en est la suite. La *pensée* est la même dans tous les siècles; mais elle est accompagnée plus particulièrement ou des arts ou des sciences : elle n'a toute sa grandeur poétique et toute sa beauté morale qu'avec les premiers.

Mais, dira-t-on, si le siècle de Louis XIV

a conçu toutes les idées *libérales* (1), pourquoi donc n'en a-t-il pas fait le même usage que nous ? Certes, ne nous vantons pas de notre essai. Pascal, Bossuet, Fénélon, ont vu plus loin que nous, puisqu'en connoissant comme nous, et mieux que nous, la nature des choses, ils ont senti le danger des innovations. Quand leurs ouvrages ne prouveroient pas qu'ils ont eu sur tous les sujets des idées philosophiques, pourroit-on croire que ces grands hommes n'ont pas été frappés des abus qui se glissent par-tout, et qu'ils ne connoissoient pas le foible et le fort des affaires humaines ? Mais tel étoit leur principe, qu'il ne *faut pas faire un petit mal, même pour un grand bien* (2), à plus forte raison pour de vains systêmes dont le résultat est presque toujours effroyable. Ce n'étoit pas par défaut

(1) Barbarisme que la philosophie a emprunté des Anglois. Comment se fait-il que notre prodigieux amour de la patrie aille toujours chercher ses mots dans un dictionnaire étranger?

(2) *Hist. de Port-Royal.*

de génie, sans doute, que ce même Pascal, qui (comme nous l'avons montré) connoissoit si bien le vice des loix dans le *sens absolu*, disoit dans le *sens relatif* : « Que » l'on a bien fait de distinguer les hommes » par les qualités extérieures ! Qui passera » de nous deux ? qui cédera la place à » l'autre ? le moins habile ? Mais je suis » aussi habile que lui ; il faudra se battre » pour cela. Il a quatre laquais, et je n'en » ai qu'un ; cela est visible ; il n'y a qu'à » compter ; c'est à moi à céder, et je suis » un sot si je le conteste. »

Quelle profondeur de jugement sous ces formes ironiques ! cela répond à des volumes de sophismes. L'auteur des *Pensées* se soumettant aux *quatre laquais*, est bien autrement philosophe que tous ces *penseurs* que les quatre laquais ont révoltés.

En un mot, le siècle de Louis XIV est resté paisible, non parce qu'il n'a point apperçu telle ou telle chose ; mais parce qu'en la voyant, il l'a pénétrée jusqu'au fond ; parce qu'il en a considéré toutes les faces et connu tous les périls. S'il ne s'est point plongé dans les idées du jour, c'est qu'il leur a été supérieur ; nous prenons sa puissance pour sa foiblesse ; son secret et le nôtre sont renfermés dans cette pensée de Pascal :

« Les sciences ont deux extrémités qui
» se touchent ; la première est la pure igno-
» rance naturelle, où se trouvent tous les
» hommes en naissant ; l'autre extrémité
» est celle où arrivent les grandes ames,
» qui, ayant parcouru tout ce que les hom-
» mes peuvent savoir, trouvent qu'ils ne
» savent rien, et se rencontrent dans cette
» même ignorance d'où ils sont partis ; mais
» c'est une ignorance savante qui se con-
» noît. Ceux d'entr'eux qui sont sortis
» de l'ignorance naturelle, et n'ont pu
» arriver à l'autre, ont quelque teinture
» de cette science suffisante, et font les
» entendus. Ceux-là troublent le monde et
» jugent plus mal que tous les autres. Le
» peuple et les habiles composent pour
» l'ordinaire le train du monde ; les autres

» les méprisent et en sont méprisés. »

Nous ne pouvons nous empêcher de faire ici un triste retour sur nous-mêmes. Pascal avoit entrepris de donner au monde l'ouvrage, dont nous publions aujourd'hui une si petite et si foible partie. Quel chef-d'œuvre ne seroit point sorti des mains d'un tel maître ! Si Dieu ne lui a pas permis d'exécuter son dessein, c'est qu'apparemment il n'est pas bon que tous les doutes sur la foi soient levés ; afin qu'il reste matière à ces tentations et à ces épreuves, qui font les saints et les martyrs.

TROISIÈME PARTIE.

BEAUX-ARTS ET LITTÉRATURE.

LIVRE TROISIÈME.

HISTOIRE.

CHAPITRE PREMIER.

Du Christianisme, dans la manière d'écrire l'histoire.

Si le christianisme a fait faire tant de progrès aux idées philosophiques, il doit être nécessairement favorable au génie de l'histoire, puisque celle-ci n'est qu'une branche de la philosophie morale et politique. Quiconque rejette les notions sublimes que la religion nous donne de la nature et de son auteur, se prive volontairement d'un moyen fécond d'images et de pensées.

En effet, celui-là connoîtra mieux les hommes, qui aura long-temps médité les desseins de la providence ; celui-là pourra démasquer la sagesse humaine, qui aura pénétré les *ruses* de la sagesse divine. Les desseins des rois, les abominations des cités, les voies iniques et détournées de la politique, le remuement des cœurs par le fil secret des passions, ces longues inquiétudes qui saisissent par fois les peuples, ces transmutations de puissance du roi au sujet, du noble au plébéien, du riche au pauvre; tous ces ressorts resteront inexplicables pour vous, si vous n'avez, pour ainsi dire, assisté au conseil du Très-Haut, avec ces divers esprits de force, de prudence, de foiblesse et d'erreur, qu'il envoie aux nations qu'il veut ou sauver ou perdre.

Mettons donc l'éternité au fond de l'histoire des temps ; rapportons tout à Dieu, comme à la cause universelle. Qu'on vante tant qu'on voudra celui qui, démêlant les secrets puérils de nos cœurs, fait sortir les plus grands événemens des sources les plus misérables : Dieu attentif aux royaumes des hommes ; l'impiété, c'est-à-dire, l'absence des vertus morales, devenant la raison immédiate des malheurs des peuples ; voilà, ce semble, une base historique bien plus noble, et aussi bien plus certaine que la première.

Et pour en montrer un exemple dans notre révolution : qu'on nous dise si ce furent des causes ordinaires qui dans le cours de quelques années dénaturèrent toutes nos affections, et éteignirent parmi nous cette simplicité et cette magnificence particulières au cœur de l'homme ? L'esprit de Dieu s'étant retiré du milieu du peuple, il ne resta de force que dans la tache originelle, qui reprit son empire, comme au jour de Caïn et de sa race. Quiconque vouloit être raisonnable sentoit en lui je ne sais quelle impuissance du bien ; quiconque étendoit une main pacifique, voyoit cette main subitement séchée : le drapeau rouge flotte aux remparts de toutes les cités ; la guerre est déclarée à toutes les nations : alors s'accomplissent les paroles du prophète : *les os des rois de Juda, les os des prêtres, les os des habitans de Jérusalem, seront jetés hors de leur sépulcre* (1). Le sang ruiselle de toutes parts ; coupable envers les souvenirs, on efface les institutions antiques ; coupable envers les espérances, on ne fonde rien pour la postérité ; les tombeaux et les enfans sont également profanés. Dans cette ligne de vie qui nous fut tranmise par nos ancêtres, et que nous devons prolonger au-delà de nous, on ne saisit que le temps présent, et chacun se consacrant à sa propre corruption, comme à un sacerdoce abominable, vit tel que si rien ne l'eût précédé, et que rien ne le dût suivre.

Mais tandis que cet esprit de perte dévoroit intérieurement la France, d'où lui

---

(1) Jerem. cap. VIII, v. 1.

venoit cet esprit de salut qui la défendoit au dehors ? Elle n'a de prudence et de grandeur que sur sa frontière ; au dedans tout est abattu, à l'extérieur tout triomphe. La patrie n'est plus dans ses foyers, elle est dans un camp sur le Rhin, comme au temps de la race de Mérovée ; on croit voir le peuple Juif chassé de la terre de Gessen, et domptant les nations barbares dans le désert.

Une telle combinaison de choses n'a point de principe naturel dans les événemens humains. L'écrivain religieux peut seul découvrir ici un profond conseil du Très-Haut : si les puissances coalisées n'avoient voulu que faire cesser les violences de Robespierre, et laisser ensuite la France intègre, réparer ses maux et ses erreurs ; peut-être eussent-elles réussi. Mais Dieu vit l'iniquité des cours, et il dit au soldat étranger : « je briserai le glaive » dans ta main, et tu ne détruiras point le » peuple de Saint Louis. »

Ainsi la religion semble conduire à l'explication des faits les plus incompréhensibles de l'histoire. De plus il y a dans le nom de Dieu quelque chose de superbe, qui sert à donner au style une certaine emphase toute merveilleuse ; en sorte que l'écrivain le plus religieux est presque toujours le plus éloquent. Sans religion, on peut avoir de l'esprit ; mais il est très-difficile d'avoir du génie. Ajoutez qu'on sent dans l'historien de foi, un ton, nous dirions presque un goût d'honnête homme, qui fait qu'on est tout-à-fait disposé à croire ce qu'il raconte. On se défie, au contraire, de l'historien sophiste ; car représentant presque toujours la société sous un jour odieux, on est incliné à le regarder lui-même comme un méchant et un trompeur.

CHAPITRE II.

CAUSES GÉNÉRALES QUI ONT EMPÊCHÉ LES ÉCRIVAINS MODERNES DE RÉUSSIR DANS L'HISTOIRE.

Première cause : beautés des sujets antiques.

Il se présente ici une grande objection : si le christianisme est favorable au génie de l'histoire, pourquoi donc les écrivains modernes sont-ils généralement inférieurs aux anciens dans cette profonde et importante partie des lettres ?

D'abord, le fait supposé par cette objection n'est pas d'une vérité rigoureuse, puisqu'un des plus beaux monumens historiques qui existent chez les hommes, *le Discours sur l'Histoire universelle*, a été dicté par l'esprit même du christianisme. Mais, en écartant un moment cet ouvrage, les causes de notre infériorité en histoire, (si cette infériorité existe), méritent d'être recherchées.

Elles nous semblent être de deux espèces : les unes tiennent à l'*histoire*, et les autres à l'*historien*.

Les Grecs et les Romains ont offert deux vastes tableaux que le monde n'a pu reproduire. Les premiers ont sur-tout été remarquables par la grandeur des hommes ; les seconds, par la grandeur des choses. Rome et Athènes, parties de l'état de nature pour arriver au dernier degré de civilisation, remontent l'échelle entière des vertus et des vices, de l'ignorance et des arts. On voit croître l'homme et sa pensée : d'abord enfant, ensuite attaqué de toutes les passions dans la jeunesse, fort et sage dans son âge mûr, foible et corrompu dans sa vieillesse. L'état suit l'homme ; passant du gouvernement royal ou paternel, au gouvernement républicain, et tombant dans le despotisme avec l'âge de la décrépitude.

Bien que les peuples modernes présentent (comme nous le dirons bientôt) quelques époques intéressantes, quelques règnes fameux, quelques portraits brillans, quelques actions éclatantes, cependant il faut convenir qu'ils ne fournissent pas à l'historien cet ensemble de choses, cette hauteur de leçons qui font de l'histoire ancienne un tout complet et une peinture achevée. Ils n'ont point commencé par le premier pas ; ils ne se sont point formés eux-mêmes par degrés ; ils ont été transportés tout-à-coup du fond des forêts et de l'état sauvage au milieu des cités et de l'état civil : ce ne sont que de jeunes branches, entées sur un vieux tronc. Aussi tout est ténèbres dans leur origine : vous y voyez à-la-fois les plus grands vices et les plus grandes vertus, une grossière ignorance et des éclats de lumière, des notions vagues de justice et de gouvernement, un mélange confus de mœurs et de langage : ces peuples n'ont passé ni par cet état où les bonnes mœurs font les loix, ni par cet autre où les bonnes loix font les mœurs.

Quand toutes les nations viennent à se

rasseoir sur les débris du monde antique, un autre phénomène arrête l'historien : tout paroît subitement réglé, tout prend une face uniforme; des monarchies partout; à peine de petites républiques qui se changent elles-mêmes en principautés, ou qui sont absorbées par les royaumes voisins. En même temps les arts et les sciences se développent, mais tranquillement, mais dans les ombres. Ils se séparent, pour ainsi dire, des destinées humaines ; ils n'influent plus sur le sort des empires. Relégués chez une petite classe de citoyens, ils deviennent plutôt un objet de luxe et de curiosité, qu'un sens de plus chez les nations.

Ainsi tout se consolide à-la-fois. Une balance religieuse et politique tient de niveau toutes les parties de l'Europe. Rien ne s'y détruit plus ; le plus petit Etat moderne se peut vanter d'une durée égale à celle des empires des Cyrus et des Césars. Le christianisme a été la grande ancre qui a fixé tant de Nations flottantes, et retenu dans le port, ces Etats, qui se briseront peut-être, s'ils viennent à rompre l'anneau commun, où la religion les tient attachés.

Or, en répandant sur les peuples cette uniformité, et, pour ainsi dire, cette monotonie de mœurs que les loix donnoient à l'ancienne Egypte, et donnent encore aujourd'hui aux Indes et à la Chine, le christianisme a rendu nécessairement les couleurs de l'Histoire moins vives. Ces vertus générales de tout temps et de tout pays, telles que l'humanité, la pudeur, la charité, qu'il a substituées aux douteuses vertus politiques; ces vertus, disons-nous, ont aussi un jeu moins grand sur le théâtre du monde. Comme elles sont véritablement des vertus, elles évitent la lumière et le bruit: il y a chez les peuples modernes un certain silence des affaires, qui déconcerte l'historien. Donnons-nous de garde de nous en plaindre; l'homme moral parmi nous est bien supérieur à l'homme moral des anciens. Notre raison n'est pas pervertie par un culte abominable; nous n'adorons pas des monstres; l'impudicité ne marche pas le front levé chez les chrétiens; nous n'avons ni gladiateurs, ni esclaves. Il n'y a pas encore bien long-temps que le sang nous faisoit horreur. Ah ! n'envions pas aux Romains leur Tacite, s'il faut l'acheter par leur Tibère !

CHAPITRE III.

Suite du précédent.

Seconde cause : les anciens ont épuisé tous les genres d'histoires, hors le genre chrétien.

A cette première cause de l'infériorité de nos historiens, tirée du fond même des sujets, il en faut joindre une seconde qui tient à la manière dont les anciens ont écrit l'Histoire. Ils ont épuisé toutes les couleurs; et si le christianisme n'avoit pas fourni un caractère nouveau de réflexions et de pensées, l'Histoire demeuroit à jamais fermée aux modernes.

Jeune et brillante sous Hérodote, elle étala aux yeux de la Grèce les naïves peintures de la naissance de la société, et des mœurs primitives des hommes. On avoit alors l'immense avantage d'écrire les annales de la fable, en écrivant celles de la vérité. On n'étoit obligé qu'à peindre, et non à réfléchir; les vices et les vertus des nations n'en étoient encore qu'à leur âge poétique.

Autre temps, autres mœurs. Thucydide fut privé de ces admirables tableaux du berceau du monde, mais il entra dans un champ encore inculte de l'Histoire. Il retraça avec feu et sévérité les maux causés par les dissentions politiques, laissant à la postérité des exemples, dont elle ne profite jamais.

Xénophon découvrit à son tour une route nouvelle. Sans s'appesantir, et sans rien perdre de l'élégance attique, il jeta des regards pieux sur le cœur humain, et devint le père de l'histoire morale.

Placé sur un plus grand théâtre, et dans le seul pays où l'on connût deux sortes d'éloquence, celles du barreau et de la politique, Tite-Live les transporta dans ses récits : il fut l'orateur de l'Histoire, comme Hérodote en est le poëte.

Enfin, la corruption des hommes, les règnes exécrables des Tibère et des Néron, firent naître le dernier genre de l'Histoire, le genre philosophique. Les causes des événemens qu'Hérodote avoit cherchées chez les Dieux, Thucydide, dans les constitutions politiques, Xénophon, dans la morale, Tite-Live, dans ces diverses causes réunies ; Tacite les vit dans la méchanceté du cœur humain.

Ce n'est pas, au reste, que ces grands historiens brillent exclusivement dans le genre que nous nous sommes permis de leur attribuer ; mais il nous a paru que c'est celui qui domine dans leurs écrits. Entre ces caractères primitifs de l'Histoire, se trouvèrent des nuances qui furent saisies par les historiens d'un rang inférieur. Ainsi, Polybe se place entre le politique Thucydide et le philosophe guerrier Xéno-

P..

PARTIE III. phon; Salluste tient à-la-fois de Tacite et
Beaux-Arts de Tite-Live; mais le premier le surpasse
et
Littérature. par la force de la pensée, et l'autre par la
beauté de la narration. Suétone conta
PARTIE III. l'anecdote sans réflexion et sans voile;
Histoire. Plutarque y joignit la moralité; Velléius
Paterculus apprit à généraliser l'Histoire
sans la défigurer; Florus en fit l'abrégé
philosophique : enfin, Diodore de Sicile,
Denys d'Halycarnasse, Cornelius-Nepos,
Quint-Curce, Aurelius - Victor, Ammien-
Marcellin, Justin, Eutrope et d'autres que
nous taisons, ou qui nous échappent,
conduisirent l'Histoire jusqu'aux temps où
elle tomba entre les mains des auteurs
chrétiens; époque où tout changea dans
l'esprit et dans les mœurs des hommes.

Il n'en est pas des vérités comme des
illusions; celles-ci sont inépuisables, et le
cercle des premières est borné : la poésie
est toujours nouvelle, parce que l'erreur ne
vieillit jamais, et c'est ce qui fait sa grâce
aux yeux des hommes. Mais en morale et
en histoire, on tourne dans le champ étroit

de la vérité ; il faut, quoi qu'on fasse, retomber dans des observations connues. Quelle route historique, non encore parcourue, restoit-il donc à prendre aux modernes ? Ils ne pouvoient qu'imiter, et dans ces imitations, plusieurs causes les empêchoient d'atteindre à la hauteur de leurs modèles. Comme poésie, l'origine des Cattes, des Tenctères, des Mattiaques, sortis de la forêt Hercinienne, n'offroit rien de ce brillant Olympe, de ces villes bâties au son de la lyre, et de toute l'enfance enchantée des Hellènes et des Pelasges, répandus aux bords de l'Achéloüs et de l'Eurotas ; comme politique, le régime féodal interdisoit les grandes leçons ; comme éloquence, il n'y avoit que celle de la chaire ; comme philosophie, les peuples n'étoient pas encore assez malheureux, ni assez corrompus, pour qu'elle eût commencé de paroître.

Toutefois on imita avec plus ou moins de bonheur. Bentivoglio, en Italie, calqua Tite-Live et seroit éloquent, s'il n'étoit affecté. Davila, Guicciardini et Fra-Paolo eurent plus de simplicité, et Mariana, en Espagne, déploya d'assez beaux talens; mais ce fougueux Jésuite déshonora un genre de littérature, dont le premier mérite est l'impartialité. Hume, Robertson et Gibbon ont plus ou moins suivi ou Salluste ou Tacite; mais ce dernier historien a produit deux hommes aussi grands que lui-même, Machiavel et Montesquieu.

Néanmoins Tacite doit être choisi pour modèle avec beaucoup de précaution : il y a moins d'inconvéniens à s'attacher à Tite-Live. L'éloquence du premier lui est trop particulière, pour être tentée par quiconque n'a pas son génie. Tacite, Machiavel et Montesquieu ont formé une école dangereuse, en introduisant ces mots ambitieux, ces phrases sèches, ces tours prompts, qui, sous une apparence de brièveté, touchent à l'obscur et au mauvais goût.

Laissons donc ce style à ces génies immortels, qui, par diverses causes, se sont créé un genre à part; genre qu'eux seuls pouvoient soutenir, et qu'il est périlleux d'imiter. Rappelons-nous que les écrivains des beaux siècles littéraires ont ignoré cette concision affectée d'idées et de langage. Les pensées des Tite-Live et des Bossuet sont abondantes et enchaînées les unes aux autres ; chaque mot chez eux naît du mot qui l'a précédé, et devient le germe du mot qui va le suivre. Ce n'est pas par bonds, par intervalles, et en ligne droite, que coulent les grands fleuves (si nous pouvons employer cette image), ils amènent longuement de leur source des eaux qui grossissent sans cesse ; leurs détours sont larges dans les plaines ; ils embrassent de leurs orbes immenses les cités et les forêts, et portent à l'Océan agrandi des masses d'eau capables de combler ses gouffres.

CHAPITRE IV.

Pourquoi les François n'ont que des mémoires.

Autre question, qui regarde entièrement les François : pourquoi n'avons-nous que des mémoires au lieu d'histoire, et pourquoi ces mémoires sont-ils presque tous excellens ?

Le François a été dans tous les temps, même lorsqu'il étoit barbare, vain, insouciant et sociable. Il réfléchit peu sur l'ensemble des objets, mais il observe curieusement les détails, et son coup-d'œil est prompt, sûr et délié : il faut toujours qu'il soit en scène, et il ne peut consentir, même comme historien, à disparoître tout-à-fait. Les mémoires lui laissent toute liberté de se livrer à son génie. Là, sans quitter le théâtre, il rapporte ses observations, toujours fines, et quelquefois profondes. Il aime à dire : *J'étois là, le Roi me dit... J'appris du Prince.... Je conseillai, je prévis le bien ou le mal.* Son amour-propre se satisfait ainsi ; il étale son esprit devant le lecteur, et le desir qu'il a de se montrer penseur ingénieux, le conduit souvent à bien penser. De plus, dans ce genre d'histoire, il n'est pas obligé de renoncer à ses passions, dont il se détache avec peine. Il s'enthousiasme pour telle ou telle cause, tel ou tel personnage ; et tantôt insultant le parti opposé, tantôt se raillant du sien, il exerce à-la-fois sa vengeance et sa malice.

Depuis le sire de Joinville, jusqu'au cardinal de Retz ; depuis les mémoires du temps de la Ligue, jusqu'aux mémoires du temps de la Fronde, ce caractère se montre partout ; il perce même jusques dans le grave Sully. Mais quand on veut transporter à l'histoire cet art des détails, tout change : les petites nuances se perdent dans de grands tableaux, comme de légères rides sur la face de l'Océan. Contraints alors de généraliser nos observations, nous tombons dans l'esprit de système. D'une autre part, ne pouvant parler de nous à découvert, nous

nous cachons derrière tous nos personnages. Dans la narration, nous devenons secs ou minutieux, parce que nous causons mieux que nous ne racontons; dans les réflexions générales, nous sommes chétifs ou vulgaires, parce que nous ne connoissons bien que l'homme de notre société (1).

Enfin, la vie privée des François est peut-être encore défavorable au génie de l'histoire : le repos de l'ame est nécessaire à

(1) Nous savons qu'il y a des exceptions à tout cela, et que quelques écrivains françois se sont distingués comme historiens. Nous rendrons tout-à-l'heure justice à leur mérite ; mais il nous semble qu'il seroit injuste de nous les opposer, et de faire des objections qui ne détruiroient pas un fait général. Si l'on en venoit là, quels jugemens seroient vrais en critique ? Les théories générales ne sont pas de la nature de l'homme; le vrai le plus pur a toujours en soi un mélange de faux. La verité humaine est semblable au triangle, qui ne peut avoir qu'un seul angle droit, comme si la nature avoit voulu graver une image de notre insuffisante rectitude, dans la seule science réputée certaine parmi nous.

quiconque veut écrire sagement sur les hommes. Or, nos gens-de-lettres, vivant la plupart sans famille, ou hors de leur famille, portant dans le monde des passions inquiètes et des jours misérablement consacrés à des succès d'amour-propre, sont par leurs habitudes en contradiction directe avec le sérieux de l'histoire. Cette coutume de mettre toute notre existence dans un cercle, borne nécessairement notre vue et rétrécit nos idées. Trop occupés d'une nature de convention, la vraie nature nous échappe ; nous ne raisonnons guères sur celle-ci qu'à force d'esprit et comme au hasard ; et quand nous rencontrons juste, c'est moins un fait d'expérience qu'une chose devinée.

Concluons donc que c'est au changement des affaires humaines ; à un autre ordre de choses et de temps ; à la difficulté de trouver des routes nouvelles en morale, en politique et en philosophie, que l'on doit attribuer le peu de succès des modernes en histoire ; et quant aux François,

Q..

s'ils n'ont en général que de bons mémoires, c'est dans leur propre caractère qu'il faut chercher le motif de cette singularité.

On a voulu la rejeter sur des causes politiques ; on a dit que si l'histoire ne s'est point élevée parmi nous à la hauteur antique, c'est que son génie indépendant a toujours été enchaîné. Il nous semble que cette assertion va directement contre les faits. Dans aucun temps, dans aucun pays, sous telle forme de gouvernement que ce soit, jamais la liberté de penser n'a été plus grande qu'en France, au temps même de sa monarchie. On pourroit citer sans doute quelques actes d'oppression, quelques censures rigoureuses ou injustes (*), mais ils ne balanceroient pas le nombre des exemples contraires. Qu'on ouvre nos mémoires, et l'on y trouvera à chaque page les vérités les plus dures et souvent les plus outrageantes, prodiguées

(*) *Voyez* la note F à la fin du volume.

aux rois, aux nobles, aux prêtres. Le François n'a jamais ployé servilement sous le joug; il s'est toujours dédommagé, par l'indépendance de son opinion, de la contrainte que les formes monarchiques lui imposoient. C'est peu connoître le génie de notre nation, que d'avancer qu'elle n'a eu que fort tard des idées hardies sur la religion, la morale et la politique. Les *Contes* de Rabelais, le traité de *la Servitude volontaire* de la Béotie, les *Essais* de Montaigne, la *Morale* de Charron, les *Républiques* de Boddin; tous les écrits en faveur de la Ligue, le traité où Mariana va jusqu'à défendre le régicide, prouvent assez que ce n'est pas d'aujourd'hui seulement qu'on ose tout examiner. Si c'étoit le titre de citoyen, plutôt que celui de sujet qui fît exclusivement l'historien, pourquoi Tacite, Tite-Live même, et parmi nous l'évêque de Meaux et Montesquieu, ont-ils fait entendre leurs sévères leçons sous l'empire des maîtres les plus absolus de la terre? Sans doute, en censurant les choses déshonnêtes, et en louant les bonnes, ils n'ont pas cru que la liberté d'écrire consistât à fronder les gouvernemens, et à ébranler les bases du devoir; sans doute s'ils eussent fait un usage si pernicieux de leur génie, Auguste, Trajan et Louis, les auroient forcés au silence : mais cette espèce de dépendance n'est-elle pas plutôt un bien qu'un mal ? Quand M. de Voltaire s'est soumis à une censure légitime, il nous a donné *Charles XII*, et le *Siècle de Louis XIV;* quand il a rompu tout frein, il n'a enfanté que l'*Essai sur les Mœurs.* Il y a des vérités qui sont la source des plus grands désordres, parce qu'elles remuent toutes les passions ; et cependant, à moins qu'une juste autorité ne nous ferme la bouche, ce sont celles-là même que nous nous plaisons à révéler, parce qu'elles satisfont à-la-fois et la malignité de nos cœurs corrompus par la chûte, et notre penchant primitif à la vérité.

CHAPITRE V.

Beau côté de l'histoire moderne.

IL est juste maintenant de considérer le revers des choses, et de montrer que l'histoire moderne pourroit encore devenir intéressante si elle étoit traitée par quelque grand génie. L'établissement des Francs dans les Gaules, Charlemagne, les croisades, la chevalerie, le dernier rejeton d'une famille d'Empereurs, périssant à Naples sur un échafaud, une bataille de Lépante, un Henri IV en France, un Charles I.er en Angleterre, sont au moins des époques mémorables, des mœurs singulières, des événemens fameux, des catastrophes tragiques. Mais la grande vue à saisir dans l'histoire moderne, c'est le changement opéré par le christianisme dans l'ordre social. En donnant de nouvelles bases à la morale, il a modifié le caractère des nations, et créé en Europe des hommes totalement différens des anciens, par les opinions, les gouvernemens, les coutumes, les usages, les sciences et les arts.

Et que de traits caractéristiques n'offrent point les nations nouvelles ? Ici ce sont les Germains ; peuples où la profonde corruption des grands n'a jamais influé sur les petits, où l'indifférence des premiers pour la patrie n'empêche point les seconds de l'aimer ; peuples où l'esprit de révolte et de fidélité, d'esclavage et d'indépendance, ne s'est jamais démenti depuis les jours de Tacite.

Là, ce sont ces industrieux Bataves qui ont de l'esprit par bon sens, du génie par industrie, des vertus par froideur, et des passions par raison.

L'Italie aux cent princes et aux magnifiques souvenirs, contraste avec la Suisse obscure et républicaine.

L'Espagne, séparée des autres nations, présente encore à l'historien un caractère plus original : l'espèce de stagnation de mœurs dans laquelle elle repose, lui sera peut-être utile un jour, et lorsque tous les peuples Européens seront usés par la corruption, elle seule pourra reparoître avec éclat sur la scène du monde, parce que le fond des mœurs subsistera chez elle.

Mélange du sang allemand et du sang françois, le peuple anglois décèle de toutes parts sa double origine. Son Gouvernement, formé de royauté et d'aristocratie, sa religion moins pompeuse que la catholique et plus brillante que la luthérienne, son militaire à-la-fois lourd et actif, sa littérature et ses arts, chez lui enfin, le langage, les traits même, et jusqu'aux formes du corps, tout participe des deux sources dont il tire sa naissance. Il réunit à la simplicité, au calme, au bon sens, à la lenteur germanique, l'éclat, l'emportement, la déraison, la vivacité et l'élégance de l'esprit françois.

Les Anglois ont l'esprit public, et nous l'honneur national ; nos belles qualités sont plutôt des dons de la faveur divine, que des fruits d'une éducation politique : comme les demi-dieux, nous tenons moins de la terre que du ciel.

Fils aînés de l'antiquité, les François, Romains par le génie, sont Grecs par le caractère. Inquiets et volages dans le bonheur ; constans et invincibles dans l'adversité ; formés pour tous les arts ; civilisés jusqu'à l'excès, durant le calme de l'Etat ; grossiers et sauvages, dans les troubles politiques : flottans, comme des vaisseaux sans lest, au gré de toutes les passions ; à présent dans les cieux, l'instant d'après dans l'abyme, enthousiastes et du bien et du mal, faisant le premier sans en exiger de reconnoissance, et le second sans en sentir de remords ; ne se souvenant ni de leurs crimes, ni de leurs vertus ; amans pusillanimes de la vie pendant la paix, prodigues de leurs jours dans les batailles ; vains, railleurs, ambitieux, à-la-fois routiniers et novateurs, méprisant tout ce qui n'est pas eux ; individuellement, les plus aimables des hommes ; en corps, les plus désagréables de tous; charmans dans leur propre pays, insupportables chez l'étranger; tour-à-tour plus doux, plus innocens que l'agneau qu'on égorge, et plus impitoyables, plus féroces que le tigre qui déchire : tels furent les Athéniens d'autrefois, et tels sont les François d'aujourd'hui.

Ainsi, après avoir balancé les avantages et les désavantages de l'Histoire moderne et de l'Histoire ancienne, il est temps de rappeler au lecteur que si les historiens de l'antiquité sont en général supérieurs aux nôtres, cette vérité souffre toutefois de grandes exceptions. Grâce au génie du christianisme, nous allons montrer que l'esprit françois, dans cette noble partie de la littérature, a presque atteint la même perfection que dans les autres branches.

R..

CHAPITRE VI.

M. de Voltaire, historien.

« Voltaire, dit M. de Montesquieu, n'écrira jamais une bonne histoire; il est comme les moines qui n'écrivent pas pour le sujet qu'ils traitent, mais pour la gloire de leur ordre. Voltaire écrit pour son couvent. »

Ce jugement, appliqué au *siècle de Louis XIV* et à l'histoire *de Charles XII*, est beaucoup trop rigoureux; mais il est d'une grande justesse, quant à l'essai *sur les Mœurs des nations* (1). Deux noms sur-tout effrayoient ceux qui combattoient le christianisme, Pascal et Bossuet. Il falloit donc les attaquer, et tâcher de détruire indi-

(1) Un mot échappé à M. de Voltaire, dans sa *Correspondance*, montre avec quelle vérité historique, et dans quelle intention il écrivoit cet *Essai :* « J'ai pris les deux hémisphères en ridicule; *c'est un coup sûr.* » An. 1754, *Corresp. gén.*, tom. V, p. 94.

rectement leur autorité. Delà, l'édition de Pascal avec des notes, et l'*Essai* qu'on prétendoit opposer au *Discours sur l'Histoire universelle*. Mais jamais le parti antireligieux, d'ailleurs trop habile, ne fit une telle faute, et n'apprêta un plus grand triomphe au christianisme. Comment M. de Voltaire, avec tant de goût, et un esprit si juste, ne comprit-il pas le danger d'une lutte corps à corps avec Bossuet et Pascal ? Il lui est arrivé en histoire, ce qui lui arrive toujours en poésie ; c'est qu'en déclamant contre la religion, ses plus belles pages sont des pages chrétiennes, témoin ce portrait de saint Louis.

« Louis IX, dit-il, paroissoit un prince
» destiné à réformer l'Europe, si elle avoit
» pu l'être, à rendre la France triomphante
» et policée, et à être en tout le modèle
» des hommes. Sa piété, qui étoit celle
» d'un anachorète, ne lui ôta aucune vertu
» de roi. Une sage économie ne déroba
» rien à sa libéralité. Il sut accorder une
» politique profonde avec une justice exacte,

« et peut-être est-il le seul souverain qui « mérite cette louange. Prudent et ferme « dans le conseil, intrépide dans les com- « bats, sans être emporté, compatissant, « comme s'il n'avoit jamais été que malheu- « reux, il n'est pas donné à l'homme de « pousser plus loin la vertu...... Attaqué « de la peste devant Tunis.... il se fit « étendre sur la cendre, et expira à l'âge « de 55 ans, avec la piété d'un religieux et « le courage d'un grand homme. »

Dans ce portrait, si élégamment écrit, M. de Voltaire, en parlant d'anachorète, a-t-il cherché à rabaisser son héros ? On ne peut guères se le dissimuler ; mais voyez comme la méprise est grande ! car c'est précisément le contraste des vertus religieuses et des vertus guerrières, de l'humilité chrétienne et de la grandeur royale, qui fait ici le dramatique et la beauté du tableau.

Le christianisme rehausse nécessairement l'éclat des peintures historiques, en détachant, pour ainsi dire, les personnages de la toile, et faisant trancher les couleurs vives des passions sur un fond calme et doux. Renoncer à sa morale mélancolique, ce seroit renoncer au seul moyen nouveau d'éloquence que les anciens nous aient laissé. Nous ne doutons point que M. de Voltaire, s'il avoit été religieux, n'eût excellé en Histoire ; il ne lui manque que de la gravité ; et malgré ses imperfections, c'est peut-être encore, après Bossuet, le premier historien de la France.

CHAPITRE VII.

Philippe de Commines et Rollin.

Un chrétien a éminemment les qualités qu'un ancien demande de l'historien.... *un bon sens pour les choses du monde et une agréable expression* (1).

Comme écrivain de vie, Philippe de Commines ressemble singulièrement à Plu-

(1) Lucien, *Comment il faut écrire l'Histoire*, traduct. de Racine.

tarque; sa simplicité est même plus franche que celle du biographe antique : Plutarque n'a souvent que le bon esprit d'être simple; il court volontiers après la pensée : ce n'est qu'un très-agréable imposteur en tours naïfs.

A la vérité, il est plus instruit que Commines, et néanmoins, le vieux seigneur gaulois, avec l'Evangile et sa foi dans les hermites, a laissé, tout ignorant qu'il étoit, des mémoires pleins d'enseignement. Chez les anciens, il falloit être docte pour écrire; parmi nous, un simple chrétien, livré, pour seule étude, à l'amour de Dieu, a souvent pensé un admirable volume; c'est ce qui a fait dire à saint Paul : « *Celui qui, dépourvu de la charité, s'imagine être éclairé, ne sait rien.* »

Rollin est le Fénélon de l'Histoire, et, comme lui, il a embelli l'Egypte et la Grèce. Les premiers volumes de l'*Histoire ancienne* abondent du génie de l'antiquité : la narration du vertueux recteur est pleine, simple et tranquille, et le christianisme attendrissant sa plume, lui a donné quelque chose qui remue les entrailles. Ses écrits respirent tout *cet homme de bien, dont le cœur est une fête continuelle* (1), selon l'expression merveilleuse de l'Ecriture. Nous ne connoissons point d'ouvrages qui reposent plus doucement l'ame. Rollin a répandu sur les crimes des hommes le calme d'une conscience sans reproche, et l'onctueuse charité d'un apôtre de Jésus-Christ. Ne verrons-nous jamais renaître ces temps, où l'éducation de la jeunesse et l'espérance de la postérité, étoient confiées à de pareilles mains !

(1) Ecclés. c. XXX, v. 27.

CHAPITRE VIII.

Bossuet historien.

MAIS c'est dans le Discours sur l'histoire universelle, que l'on peut admirer l'influence du génie du christianisme sur le génie de l'histoire. Politique comme Thucydide, moral comme Xénophon, éloquent comme Tite-Live, aussi profond et aussi grand peintre que Tacite, l'évêque de Meaux a de plus une parole grave et un tour sublime dont on ne trouve ailleurs aucun exemple, hors dans l'admirable début du livre des Machabées.

Bossuet est plus qu'un historien, c'est un père de l'Eglise, c'est un prêtre inspiré, qui souvent a le rayon de feu sur le front, comme le législateur des Hébreux. Quelle revue il fait de la terre! il est en mille lieux à-la-fois! Patriarche sous le palmier de Tophel, ministre à la cour de Babylone, prêtre à Memphis, législateur à Sparte, citoyen à Athènes et à Rome, il change de temps et de place à son gré ; il passe avec la rapidité et la majesté des siècles. La verge de la loi à la main, avec une autorité incroyable, il chasse pêle-mêle devant lui, et juifs et gentils au tombeau ; il vient enfin lui-même à la suite du convoi de tant de générations, et marchant appuyé sur Isaïe et sur Jérémie, il élève ses lamentations prophétiques, à travers la poudre et les débris du genre humain.

La première partie du *Discours sur l'Histoire universelle,* est admirable par la narration ; la seconde, par la sublimité du style et la haute métaphysique des idées ; la troisième, par la profondeur des vues morales et politiques. Tite-Live et Salluste ont-ils rien de plus beau sur les anciens Romains, que ces paroles de l'évêque de Meaux ?

« Le fond d'un Romain, pour ainsi
» parler, étoit l'amour de sa liberté et de
» sa patrie ; une de ces choses lui faisoit
» aimer l'autre ; car parce qu'il aimoit sa
» liberté, il aimoit aussi sa patrie comme

» une mère qui le nourrissoit dans des » sentimens également généreux et libres.

» Sous ce nom de liberté, les Romains » se figuroient, avec les Grecs, un Etat » où personne ne fût sujet que de la loi, » et où la loi fût plus puissante que per- » sonne, etc. »

A nous entendre déclamer contre la religion, on croiroit que tout prêtre est un esclave, et que nul avant nous n'a su raisonner dignement sur la liberté : qu'on lise donc Bossuet à l'article des Grecs et des Romains.

Quel autre a mieux parlé que lui et des vices et des vertus? quel autre a plus justement estimé les choses humaines ? Il lui échappe de temps en temps quelques-uns de ces traits qui n'ont point de modèle dans l'éloquence antique, et qui naissent du génie même du christianisme. Par exemple, après avoir vanté les pyramides d'Egypte, il ajoute : « quelque effort que fas- » sent les hommes, leur néant paroît par- » tout. Ces pyramides étoient des tom-

» beaux ; encore ces rois qui les ont bâties
» n'ont-ils pas eu le pouvoir d'y être inhu-
» més, et ils n'ont pu jouir de leur sépul-
» cre (1). »

On ne sait qui l'emporte ici de la grandeur de la pensée ou de la hardiesse de l'expression. Ce mot *jouir,* appliqué à un *sépulcre ,* déclare à-la-fois la magnificence de ce sépulcre, la vanité des Pharaon qui l'élevèrent, la rapidité de notre existence, enfin l'incroyable néant de l'homme qui ne pouvant posséder pour bien réel ici-bas qu'un tombeau, est encore privé quelquefois de ce stérile patrimoine.

Remarquons que Tacite a parlé des Pyramides (2), et que toute sa philosophie ne lui a rien fourni de comparable à la belle réflexion que la religion a inspirée à Bossuet; influence bien frappante du génie du christianisme, sur la pensée d'un grand homme.

(1) *Disc. sur l'Hist. univ.* trois. part.
(2) An. lib. II.

Le plus beau portrait historique dans Tacite, est celui de Tibère; mais il est effacé par le portrait de Cromwel, car Bossuet est encore historien dans ses Oraisons funèbres. Que dirons-nous du cri de joie que pousse Tacite, en parlant des Bructaires, qui s'égorgeoient à la vue d'un camp romain? « Par la faveur des Dieux, » nous eûmes le plaisir de contempler ce » combat sans nous y mêler. Simples spec- » tateurs, nous vîmes (ce qui est admira- » ble) soixante mille hommes s'égorger » sous nos yeux, pour notre amusement. » Puissent, puissent les nations, au défaut » d'amour pour nous, entretenir ainsi dans » leur cœur les unes contre les autres une » haine éternelle (1)! »

Ecoutons Bossuet.

« Ce fut après le déluge que parurent ces » ravageurs de provinces que l'on a nom- » més conquérans, qui, poussés par la » seule gloire du commandement, ont

(1) Tacite, *Mœurs des Germains.*

» exterminé tant d'innocens..... Depuis ce
» temps, l'ambition s'est jouée, sans aucune
» borne, de la vie des hommes; ils en sont
» venus à ce point de s'entretuer sans se
» haïr: le comble de la gloire, et le plus
» beau de tous les arts, a été de se tuer les
» uns les autres (1). »

Il est difficile de s'empêcher d'adorer une religion qui met une telle différence entre la morale d'un Bossuet et d'un Tacite.

L'historien romain, après avoir raconté que Thrasille avoit prédit l'empire à Tibère, ajoute : « D'après ces faits, et quelques
» autres, je ne sais si les choses de la
» vie sont.... assujetties aux loix d'une
» immuable nécessité, ou si elles ne dépen-
» dent que du hasard (2). »

Suivent les opinions des philosophes que Tacite rapporte gravement, donnant assez à entendre qu'il croit aux prédictions des astrologues.

(1) *Disc. sur l'Hist. univ.*
(2) An. lib. VI.

La raison, la saine morale et l'éloquence nous semblent encore du côté du prêtre chrétien.

« Ce long enchaînement des causes parti-
» culières qui font et défont les Empires,
» dépend des ordres secrets de la divine
» Providence. Dieu tient, du plus haut des
» Cieux, les rênes de tous les Royaumes ;
» il a tous les cœurs en sa main. Tantôt il
» retient les passions, tantôt il leur lâche
» la bride, et par-là il remue tout le genre
» humain..... Il connoît la sagesse hu-
» maine, toujours courte par quelqu'en-
» droit ; il l'éclaire, il étend ses vues, et
» puis il l'abandonne à ses ignorances. Il
» l'aveugle, il la précipite, il la confond
» par elle-même : elle s'enveloppe, elle
» s'embarrasse dans ses propres subtilités,
» et ses précautions lui sont un piége....
» C'est lui (Dieu) qui prépare ces effets
» dans les causes les plus éloignées, et qui
» frappe ces grands coups dont le contre-
» coup porte si loin..... Mais que les
» hommes ne s'y trompent pas : Dieu

» redresse, quand il lui plaît, le sens égaré ;
» et celui qui insultoit à l'aveuglement des
» autres, tombe lui-même dans des ténè-
» bres plus épaisses, sans qu'il faille sou-
» vent autre chose pour lui renverser le
» sens, que de longues prospérités. »

Que l'éloquence de l'antiquité est peu de chose auprès de cette éloquence chrétienne !

SECONDE PARTIE.

POÉTIQUE DU CHRISTIANISME.

LIVRE QUATRIÈME.

ÉLOQUENCE.

CHAPITRE PREMIER.

Du Christianisme dans l'éloquence.

Le christianisme fournit tant de preuves de son excellence, que lorsqu'on croit n'avoir plus qu'un sujet à traiter, soudain il s'en présente un autre sous votre plume. Nous parlions des philosophes, et voilà que les orateurs viennent nous demander si nous les oublions ; nous raisonnions sur le christianisme dans les sciences et dans l'histoire, et le christianisme nous appeloit pour faire voir au monde les plus grands effets de l'éloquence connus. Les modernes doivent à la religion catholique cet art du discours, qui, en manquant à notre littérature, eût donné au génie antique une supériorité décidée sur le nôtre. C'est ici un des grands triomphes de notre culte ; et, quoi qu'on puisse dire à la louange de Cicéron et de Démosthène, Massillon et Bossuet peuvent, sans crainte, leur être comparés.

Les anciens n'ont connu que l'éloquence judiciaire et politique : l'éloquence morale, c'est-à-dire, l'éloquence de tout temps, de tout gouvernement, de tout pays, n'a paru sur la terre qu'avec la loi évangélique. Cicéron défend un client, Démosthènes combat un adversaire, ou tâche de rallumer l'amour de la patrie chez un peuple dégénéré : l'un et l'autre ne savent que remuer les passions, et fondent toutes leurs espérances de succès sur le trouble qu'ils jettent dans les cœurs. L'éloquence de la chaire a cherché les siens dans une région plus élevée. C'est en combattant les mouvemens de l'ame, qu'elle tend à la séduire ; c'est en appaisant toutes les passions, qu'elle s'en veut faire écouter. Dieu et la charité, voilà son texte, toujours le même, toujours inépuisable. Il ne lui faut ni les cabales d'un parti, ni des émotions populaires, ni de grandes circonstances, pour briller : dans la paix la plus profonde, sur le cercueil du citoyen le plus obscur, elle trouvera ses mouvemens les plus sublimes ; elle saura intéresser pour une vertu ignorée ; elle fera couler des larmes pour un homme dont on n'a jamais entendu parler. Incapable de crainte et d'injustice, elle donne des leçons aux rois, mais sans les insulter ; elle console le pauvre, mais sans flatter ses vices. La politique et toutes les choses de la terre ne lui sont point inconnues ; mais ces choses, qui faisoient les premiers motifs de l'éloquence antique, ne sont pour elle que des raisons secondaires ; elle les voit des hauteurs où elle domine, comme un aigle apperçoit du sommet de la montagne, les objets abaissés de la plaine.

Ce qui distingue sur-tout l'éloquence chrétienne de l'éloquence des Grecs et des Romains, « *c'est cette tristesse évangéli-* » *que qui en est l'ame,* » comme parle la Bruyère, cette majestueuse mélancolie dont elle se nourrit. On lit une fois, deux fois peut-être les *Verrines*, et les *Catilinaires* de Cicéron, l'Oraison pour la *Couronne*, et les *Philippiques* de Démosthènes ; mais on médite toute sa vie, on feuillette nuit et jour les *Oraisons funèbres* de Bossuet, et les sermons de Bourdaloue et de Massillon. Les discours des orateurs chrétiens sont des livres, ceux des orateurs de l'antiquité ne sont que des discours. Avec quel goût merveilleux les saints docteurs ne réfléchissent-ils point sur les vanités du monde ! « Toute » votre vie, disent-ils, n'est qu'une ivresse » d'un jour, et vous employez cette journée » à la poursuite des plus folles illusions. Vous » atteindrez au comble de vos vœux, vous

» jouirez de tous vos desirs, vous deviendrez
» roi, empereur, maître de toute la terre;
» un moment encore, et la mort effacera
» tous ces néants avec votre néant. »

Ce genre de méditations, si grave, si solemnel, si naturellement porté au sublime, fut totalement inconnu des orateurs de l'antiquité. Les payens se consumoient *à la poursuite des ombres de la vie* (1); ils ne savoient pas que la véritable existence ne commence que dans la mort. La religion chrétienne a seule fondé cette grande école de la tombe, où s'instruit l'apôtre de l'Evangile: elle ne permet plus que l'on prodigue, comme les demi-sages de la Grèce, l'immortelle pensée de l'homme, à des choses d'un moment.

Au reste, c'est la religion qui, dans tous les siècles et dans tous les pays, a été la source de l'éloquence. Si Démosthènes et Cicéron ont été de grands orateurs, c'est qu'avant tout ils étoient religieux (2). Les

(1) Job.
(2) Ils ont sans cesse le nom des dieux à la bouche;

membres de la Convention, au contraire, n'ont offert que des talens tronqués et des lambeaux d'éloquence, parce qu'ils attaquoient la foi de leurs pères, et s'interdisoient ainsi toutes les inspirations du cœur. Marat, Danton et Robespierre ont mis la langue comme la patrie, à la torture.

Qu'on ne dise pas que les François n'avoient pas eu le temps de s'exercer dans la nouvelle lice, où ils venoient de descendre : l'éloquence est un fruit des révolutions ; elle y croît spontanément et sans culture; le sauvage et le nègre ont quelquefois parlé comme Démosthènes. D'ailleurs on ne manquoit pas de modèles, puisqu'on avoit entre les mains les chefs-d'œuvre du forum antique, et ceux de ce forum sacré, où l'orateur chrétien explique la loi éternelle. Quand M. de Montlosier, descendu de sa montagne d'Auvergne, où sans doute il avoit peu étudié l'art oratoire, s'écrioit

voyez l'apothéose du premier aux dieux dépouillés par Verrès, et l'invocation du second aux mânes des héros de Marathon.

à propos du clergé, dans l'assemblée constituante: *Vous les chassez de leurs palais, ils se retireront dans la cabane du pauvre qu'ils ont nourri; vous voulez leurs croix d'or, ils prendront une croix de bois; c'est une croix de bois qui a sauvé le monde!* Ce beau mouvement n'a pas été inspiré par la démagogie, mais par la religion; enfin M. Vergniaud ne s'est élevé à la grande éloquence, dans son discours pour Louis XVI, que parce que son sujet l'a entraîné dans la région des idées religieuses : les pyramides, les morts, le silence et les tombeaux.

CHAPITRE II.

Des Orateurs.

Les Pères de l'Eglise.

L'éloquence des Docteurs de l'Eglise a quelque chose d'imposant, de fort, de royal, pour ainsi parler, et dont l'autorité vous confond et vous subjugue. On sent que leur mission vient d'en haut, et qu'ils enseignent par l'ordre exprès du Tout-Puissant. Toutefois, au milieu de ces inspirations, leur génie conserve le calme et la majesté.

Saint Ambroise est le Fénélon des Pères de l'Eglise latine. Il est fleuri, doux, abondant; et à quelques défauts près, qui tiennent à son siècle, ses ouvrages sont d'une lecture charmante : pour s'en convaincre, il suffit de parcourir le *Traité de la Virginité* (1) et l'*Eloge des Patriarches*.

Quand on nomme un *saint* aujourd'hui,

(1) Nous en avons cité quelques morceaux.

on se figure quelque moine grossier et fanatique, livré, par imbécillité ou par caractère, à une superstition ridicule. Augustin offre pourtant un autre tableau : un jeune homme ardent et plein d'esprit, se jette à-la-fois dans les délices des passions et dans les plaisirs de la pensée; il épuise bientôt toutes les voluptés, et s'étonne que les amours de la terre ne puissent remplir le vide de son cœur. Il tourne son ame inquiète vers le Ciel; quelque chose lui dit que c'est là qu'habite cette souveraine beauté après laquelle il soupire. Dieu lui parle tout bas, et cet homme du siècle, que le siècle n'avoit pu satisfaire, trouve enfin le repos et la plénitude de ses desirs dans le sein de la religion.

Montaigne et M. Rousseau nous ont donné leur confession. Le premier s'est moqué de la bonne foi de son lecteur; le second a révélé ses honteuses turpitudes, en se proposant, même au jugement de Dieu, pour un modèle de vertu. C'est dans les confessions de saint Augustin qu'on apprend à connoître l'homme tel qu'il est. Le saint ne se confesse point à la terre, il se confesse au Ciel; il ne cache rien à celui qui voit tout. C'est un chrétien à genoux dans le tribunal de la pénitence, qui déplore ses fautes et qui les découvre, afin que le médecin applique le remède sur la plaie. Il ne craint point de fatiguer par des détails celui dont il a dit ce mot sublime : *Il est patient, parce qu'il est éternel.* Et quel magnifique portrait ne nous fait-il point du Dieu auquel il confie ses erreurs !

« Vous êtes infiniment grand, dit-il,
» infiniment bon, infiniment miséricor-
» dieux, infiniment juste; votre beauté est
» incomparable, votre force irrésistible,
» votre puissance sans bornes. Toujours en
» action, toujours en repos, vous soutenez,
» vous remplissez, vous conservez l'Uni-
» vers ; vous aimez sans passion, vous êtes
» jaloux sans trouble ; vous changez vos
» opérations, et jamais vos desseins.....
» Mais que vous dis-je ici, ô mon Dieu !

» et que peut-on dire en parlant de
» vous ? »

Le même homme qui a tracé cette brillante image du vrai Dieu, va nous parler à présent avec la plus aimable naïveté des erreurs de sa jeunesse :

« Je partis enfin pour Carthage. Je n'y
» fus pas plutôt arrivé, que je me vis as-
» siégé d'une foule de coupables amours,
» qui se présentoient à moi de toutes
» parts.... Un état tranquille me sembloit
» insupportable, et je ne cherchois que
» les chemins pleins de piéges et de pré-
» cipices.

» Mais mon bonheur eût été d'être aimé
» aussi bien que d'aimer, car on veut
» trouver la vie dans ce qu'on aime.... Je
» tombai enfin dans les filets où je desirois
» d'être pris : je fus aimé, et je possédai ce
» que j'aimois. Mais, ô mon Dieu ! vous
» me fîtes alors sentir votre bonté et votre
» miséricorde, en m'accablant d'amertume ;
» car, au lieu des douceurs que je m'étois
» promises, je ne connus que jalousie,

» soupçons, craintes, colère, querelles et
» emportemens. »

Le ton simple, triste et passionné de ce récit, le beau retour vers la Divinité et vers le calme du Ciel, au moment même où le saint semble le plus agité par les illusions de la terre et le souvenir des erreurs de sa vie; ce mélange de regrets et de repentir est plein de charmes. Nous ne connoissons point de mot de sentiment plus délicat que celui-ci : « Mon bonheur eût » été d'être aimé aussi bien que d'aimer, » *car on veut trouver la vie dans ce qu'on* » *aime.* » C'est encore saint Augustin qui a dit cette parole rêveuse : *Une ame contemplative se fait à elle-même une solitude.* La Cité de Dieu, les épîtres et quelques traités du même Père, sont pleins de ces sortes de pensées.

Saint Jérôme brille sur-tout par une imagination vigoureuse, que n'avoit pu éteindre chez lui une immense érudition. Le recueil de ses lettres est un des monumens les plus curieux de la littérature des

Pères. Ainsi que saint Augustin il trouva son écueil dans les voluptés du monde.

Il aime à peindre la nature et les douceurs de la solitude (1). Du fond de sa grotte de Bethléem, il voyoit la chûte de l'Empire romain : quel vaste sujet de réflexions pour un saint anachorète ! Aussi, la mort et la vanité de nos jours, sont-elles sans cesse présentes à saint Jérôme.

« Nous mourons, et nous changeons à
» toute heure, écrit-il à un de ses amis,
» et cependant nous vivons comme si nous
» étions immortels. Le temps même que
» j'emploie ici à dicter, il le faut retrancher
» de mes jours. Nous nous écrivons sou-
» vent, mon cher Héliodore ; nos lettres
» passent les mers, et à mesure que le
» vaisseau fuit, notre vie s'écoule ; chaque
» flot en emporte un moment (2). »

De même que S. Ambroise est le Fénélon des Pères, Tertullien en est le Bossuet. Une partie de son plaidoyer en faveur de la

(1) Epist. XII.
(2) Hieron. Epist.

religion pourroit encore servir aujourd'hui dans la même cause. Chose étrange ! que le christianisme soit maintenant obligé de se défendre devant ses enfans, comme il se défendoit autrefois devant ses bourreaux, et que *l'apologétique aux Gentils* soit devenue *l'apologétique aux Chrétiens* !

Ce qu'on remarque de plus frappant dans cet ouvrage, c'est le développement de l'esprit humain. On est jeté dans un nouvel ordre d'idées, on sent que ce n'est plus la première antiquité ou le bégaiement de l'homme, qui se fait entendre.

Tertullien parle comme un moderne ; ses motifs d'éloquence sont pris dans le cercle des vérités éternelles, et non dans les raisons de passion et de circonstance employées à la tribune romaine, ou sur la place publique des Athéniens. Ces progrès du génie philosophique sont évidemment le fruit de notre sainte religion. Sans le renversement des faux dieux, et l'établissement du vrai culte, l'homme auroit vieilli dans une enfance interminable ; car étant toujours dans l'erreur, par rapport au premier principe, toutes ses autres notions se fussent plus ou moins ressenties du vice fondamental.

Les autres traités de Tertullien, en particulier ceux *de la Patience, des Spectacles, des Martyrs, des Ornemens des femmes, et de la Résurrection de la chair,* sont semés d'une foule de beaux traits. *Je ne sais,* dit l'orateur, en reprochant le luxe aux femmes chrétiennes; « je ne sais
» si des mains accoutumées aux bracelets,
» pourront supporter le poids des chaînes ;
» si des pieds ornés de bandelettes, s'ac-
» coutumeront à la douleur des entraves.
» Je crains bien qu'une tête couverte de
» réseaux de perles et de diamans, ne laisse
» point de place à l'épée (1). »

Ces paroles, adressées à des femmes

---

(1) *Locum spathae non det.* On peut traduire, *ne plie sous l'épée.* J'ai préféré l'autre sens comme plus littéral et plus énergique. *Spatha,* emprunté du grec, est l'étymologie de notre mot *épée.*

qu'on conduisoit tous les jours à l'échafaud, étincellent de courage et de foi.

Nous regrettons de ne pouvoir citer toute entière la belle épître aux martyrs, devenue plus intéressante pour nous depuis la persécution de Robespierre : « Illustres » confesseurs de Jésus-Christ, s'écrie Ter- » tullien, un chrétien trouve dans la prison » les mêmes délices que les prophètes trou- » voient au désert.... Ne l'appelez plus un » cachot, mais une solitude. Quand l'ame » est dans le ciel, le corps ne sent point la » pesanteur des chaînes ; elle emporte avec » soi tout l'homme ! »

Ce dernier trait est sublime.

C'est du prêtre de Carthage que Bossuet a emprunté ce passage si terrible, et si admiré : « Notre chair change bientôt de » nature, notre corps prend un autre nom ; » *même celui de cadavre*, dit Tertullien, » *parce qu'il nous montre encore quelque* » *forme humaine, ne lui demeure pas* » *long-temps : il devient un je ne sais quoi,* » *qui n'a plus de nom dans aucune lan-*

» *gue* (1); tant il est vrai que tout meurt en
» lui, jusqu'à ces termes funèbres, par les-
» quels on exprime ses malheureux restes. »

Tertullien étoit fort savant, bien qu'il s'accuse d'ignorance, et l'on trouve dans ses écrits des détails sur la vie privée des Romains, qu'on chercheroit vainement ailleurs. De fréquens barbarismes, une latinité africaine, déshonorent les ouvrages de ce grand orateur. Il tombe souvent dans la déclamation, et son goût n'est jamais sûr. « Le style de Tertullien est de fer, » disoit Balzac, mais avouons qu'avec ce » fer, il a forgé d'excellentes armes. »

Selon Lactance, surnommé le Cicéron chrétien, saint Cyprien est le premier père *éloquent de l'Eglise latine.* Mais saint Cyprien imite presque par-tout Tertullien, *en affoiblissant également les défauts et les beautés de son modèle.* C'est le jugement de M. de la Harpe, dont il faut toujours citer l'autorité en critique.

(1) Orais. funèb. de la duch. d'Orl.

Parmi les Pères de l'Eglise grecque, deux seuls sont très-éloquens, saint Chrysostôme et saint Basyle. Les homélies du premier, sur *la Mort*, et sur la *disgrace d'Eutrope*, sont de véritables chefs-d'œuvre (*). La diction de saint Chrysostôme est pure, mais laborieuse ; il fatigue son style à la manière d'Isocrate : aussi Lampridius lui destinoit-il sa chaire de Rhétorique, avant que le jeune orateur fût devenu chrétien.

Avec plus de simplicité, saint Basyle a moins d'élévation que saint Chrysostôme. Il se tient presque toujours dans le ton mystique, et dans la paraphrase de l'Ecriture (1). Saint Grégoire de Nazianze (2), surnommé le Théologien, outre ses ouvrages en prose, nous a laissé quelques poëmes sur les mystères du christianisme.

(*) Voyez la note G à la fin du volume.

(1) Il a écrit une lettre fameuse sur la solitude, c'est la première de ses épîtres ; elle a servi de fondement à sa règle.

(2) Il avoit un fils du même nom et de la même sainteté que lui.

X..

« Il étoit toujours en sa solitude d'Arianze, dans son pays natal, dit l'abbé Fleury; un jardin, une fontaine, des arbres qui lui donnoient du couvert, faisoient toutes ses délices. Il jeûnoit, il prioit avec abondance de larmes..... Ces saintes poésies furent les occupations de saint Grégoire dans sa dernière retraite. Il y fait l'histoire de sa vie et de ses souffrances.... Il prie, il enseigne, il explique les mystères et donne des règles pour les mœurs... Il vouloit donner à ceux qui aiment la poésie et la musique, des sujets utiles pour se divertir, et ne pas laisser aux payens l'avantage de croire qu'ils fussent les seuls qui pussent réussir dans les belles-lettres (1). »

Enfin, celui qu'on appeloit le dernier des Pères avant que Bossuet eût paru, saint Bernard joint à beaucoup d'esprit une grande doctrine. Il réussit sur-tout à peindre les mœurs, et il avoit reçu quelque

(1) Fleury, *Hist. eccl.* t. IV, liv. XIX, p. 557, 8, 9.

chose du génie de Théophraste et de la Bruyère.

« L'orgueilleux, dit-il, a le verbe haut
» et le silence boudeur; il est dissolu dans
» la joie, furieux dans la tristesse, des-
» honnête au-dedans, honnête au-dehors ;
» il est roide dans sa démarche, aigre dans
» ses réponses, toujours fort pour attaquer,
» toujours foible pour se défendre ; il cède
» de mauvaise grâce, il importune pour
» obtenir ; il ne fait pas ce qu'il peut, et ce
» qu'il doit faire ; mais il est prêt à faire ce
» qu'il ne doit pas et ce qu'il ne peut
» pas (1). »

N'oublions pas cette espèce de phéno-mène du 13.ᵉ siècle, le livre de l'*Imitation de Jésus-Christ*. Comment le moine Akempis, renfermé dans son cloître, a-t-il deviné cette mesure dans l'expression, et cette fine connoissance de l'homme, dans un siècle où les passions étoient grossières, et le goût plus grossier encore ? Qui lui avoit révélé, dans

(1) *De Mor.* lib. XXXIV, cap. 16.

sa solitude, ces mystères du cœur et de l'éloquence? un seul maître : Jésus-Christ.

CHAPITRE III.

Massillon.

Si nous franchissons maintenant plusieurs siècles, nous arriverons à des orateurs dont les seuls noms embarrassent beaucoup certaines gens; car ils sentent que tous les sophismes ne peuvent détruire l'autorité qu'emportent avec eux Bossuet, Fénélon, Massillon, Bourdaloue, Fléchier, Mascaron, et l'abbé Poulle.

Il nous est dur de courir rapidement sur tant de richesses, et de ne pouvoir nous arrêter à chacun de ces grands orateurs. Mais comment choisir au milieu de tous ces trésors? Comment citer aux lecteurs des merveilles, qui lui soient inconnues ? Ne grossirions-nous pas trop ces pages, en les chargeant de ces illustres preuves de la beauté du christianisme? Nous n'emploierons donc pas toutes nos armes; nous n'abuserons pas de nos avantages, de peur qu'en pressant trop l'évidence, nous ne finissions par jeter les ennemis du christianisme dans l'obstination, dernier refuge de l'esprit de sophisme poussé à bout.

Ainsi vous ne paroîtrez point à l'appui de nos raisonnemens, Fénélon, si suave et si plein d'onction dans les méditations chrétiennes; ni vous non plus grand Bourdaloue, force et victoire de la doctrine évangélique: nous ne ferons point valoir les savantes compositions de Fléchier, ni la brillante imagination du dernier des orateurs chrétiens, l'abbé Poulle. O religion, quels ont été tes triomphes ! qui pouvoit douter de ta beauté, lorsque Fénélon et Bossuet occupoient tes chaires; lorsque Bourdaloue instruisoit d'une voix grave un monarque alors heureux, à qui, dans ses revers, le ciel miséricordieux réservoit le doux Massillon!

Non toutefois que l'évêque de Clermont n'ait en partage que la tendresse du génie;

il sait aussi faire entendre des sons mâles et vigoureux. Il nous semble qu'on a vanté trop exclusivement son *petit Carême;* l'auteur y montre, sans doute, une grande connoissance du cœur humain, des vues fines sur les vices des cours, des moralités écrites avec une élégance qui ne bannit pas la simplicité; mais il y a certainement une éloquence plus large, un style plus hardi, des mouvemens plus pathétiques et des pensées plus profondes dans quelques-uns de ses autres sermons, tels que ceux sur la *mort*, sur l'*impénitence finale*, sur le *petit nombre des élus*, sur la *mort du pécheur*, sur la *nécessité d'un avenir*, sur la *passion de Jésus - Christ*. Lisez, par exemple, cette peinture du pécheur mourant.

« Enfin, au milieu de ces tristes efforts,
» ses yeux se fixent, ses traits changent,
» son visage se défigure, sa bouche livide
» s'entr'ouvre d'elle-même; tout son esprit
» frémit, et par ce dernier effort, son ame
» s'arrache avec regret de ce corps de

» boue, et se trouve seule au pied du » tribunal redoutable (1). »

A ce tableau de l'homme impie dans la mort, joignez celui des choses du monde dans le néant.

« Regardez le monde tel que vous l'avez » vu dans vos premières années, et tel que » vous le voyez aujourd'hui ; une nouvelle » cour a succédé à celle que vos premiers » ans ont vue ; de nouveaux personnages » sont montés sur la scène, les grands » rôles sont remplis par de nouveaux » acteurs ; ce sont de nouveaux événemens, » de nouvelles intrigues, de nouvelles » passions, de nouveaux héros, dans la » vertu comme dans le vice, qui sont le » sujet des louanges, des dérisions, des » censures publiques. Rien ne demeure, » tout change, tout s'use, tout s'éteint ; » Dieu seul demeure toujours le même. Le » torrent des siècles qui entraîne tous les » siècles, coule devant ses yeux, et il voit

(1) Mass. Avent. *Mort du Pécheur*, première partie.

» avec indignation de foibles mortels,
» emportés par ce cours rapide, l'insulter
» en passant. »

L'exemple de la vanité des choses humaines, tiré du siècle de Louis XIV, qui venoit de finir (et cité peut-être devant des vieillards chrétiens, qui en avoient vu toute la gloire), est bien pathétique ! Le mot qui termine la période, semble être échappé à Bossuet, tant il est franc et sublime à-la-fois.

Nous donnerons encore un exemple de ce genre ferme d'éloquence qu'on paroît refuser à Massillon, en ne parlant que de son abondance et de sa douceur. Pour cette fois, nous prendrons un passage où l'orateur abandonne son style favori, c'est-à-dire, le sentiment et les images, pour n'être qu'un simple argumentateur. Dans le sermon sur *la vérité d'un avenir,* il presse ainsi l'incrédule :

« Que dirai-je encore, si tout meurt avec
» nous ? les soins du nom et de la postérité
» sont donc frivoles ; l'honneur qu'on rend

» à la mémoire des hommes illustres, une
» erreur puérile, puisqu'il est ridicule
» d'honorer ce qui n'est plus; la religion
» des tombeaux, une illusion vulgaire; les
» cendres de nos pères et de nos amis, une
» vile poussière qu'il faut jeter au vent, et
» qui n'appartient à personne; les dernières
» intentions des mourans, si sacrées parmi
» les peuples les plus barbares, le dernier
» son d'une machine qui se dissout; et pour
» tout dire, en un mot, si tout meurt avec
» nous, les loix sont donc une servitude
» insensée; les rois et les souverains, des
» fantômes que la foiblesse des peuples a
» élevés; la justice, une usurpation sur la
» liberté des hommes; la loi des mariages,
» un vain scrupule; la pudeur, un préjugé;
» l'honneur et la probité, des chimères;
» les incestes, les parricides, les perfidies
» noires, des jeux de la nature, et des
» noms que la politique des législateurs a
» inventés.

» Voilà où se réduit la philosophie
» sublime des impies; voilà cette force,

» cette raison, cette sagesse qu'ils nous
» vantent éternellement. Convenez de leurs
» maximes, et l'Univers entier retombe
» dans un affreux chaos; et tout est con-
» fondu sur la terre; et toutes les idées du
» vice et de la vertu sont renversées; et
» les loix les plus inviolables de la société
» s'évanouissent; et la discipline des mœurs
» périt; et le gouvernement des Etats et
» des Empires n'a plus de règle; et toute
» l'harmonie des corps politiques s'écroule;
» et le genre humain n'est plus qu'un
» assemblage d'insensés, de barbares, de
» fourbes, de dénaturés, qui n'ont plus
» d'autres loix que la force; plus d'autre
» frein que leurs passions et la crainte de
» l'autorité; plus d'autre lien que l'irré-
» ligion et l'indépendance; plus d'autres
» dieux qu'eux-mêmes : voilà le monde des
» impies; et si ce plan de république vous
» plaît, formez, si vous le pouvez, une
» société de ces hommes monstrueux : tout
» ce qui nous reste à vous dire, c'est que
» vous êtes dignes d'y occuper une place. »

Que l'on compare Ciceron à Massillon, Bossuet à Démosthène, et l'on trouvera toujours entre leur éloquence les différences que nous avons indiquées ; dans les orateurs chrétiens, un ordre d'idées plus général, une connoissance du cœur humain plus profonde, une chaîne de raisonnemens plus claire, une éloquence religieuse et mélancolique, une rêverie de sentimens et de pensées, ignorée de l'antiquité.

Massillon a fait quelques oraisons funèbres ; elles sont inférieures à ses autres discours. Son Eloge de Louis XIV n'est remarquable que par la première phrase : « *Dieu seul est grand, mes frères !* » C'est un beau mot que celui-là, prononcé en regardant le cercueil de *Louis-le-Grand* (*).

(*) Voyez la note H à la fin du volume.

CHAPITRE IV.

Bossuet orateur.

Mais que dirons-nous de Bossuet comme orateur ? à qui le comparerons-nous ? et quels discours de Cicéron et de Démosthène ne s'éclipsent point devant ses *Oraisons funèbres* ? C'est pour l'orateur chrétien que ces paroles d'un roi semblent avoir été écrites : *L'or et les perles sont assez communes, mais les lèvres savantes sont un vase rare et sans prix* (1). Penché comme au bord des gouffres de l'éternité, Bossuet y laisse tomber sans cesse ces grands mots de *temps* et de *mort*, qui vont troublant de leur chûte tous ces abymes silencieux. Il se plonge, il se noie dans des mélancolies incroyables, dans d'inconcevables douleurs. Les cœurs, après plus d'un siècle, retentissent encore du fameux cri, *Madame se meurt, Madame est morte*.

(1) Prov. cap. 20, v. 31.

Jamais les rois ont-ils reçu de pareilles leçons, jamais la philosophie s'exprima-t-elle avec plus d'indépendance? Le diadême n'est rien aux yeux de l'orateur; par lui, le pauvre est égalé au monarque, et le potentat le plus absolu du globe est obligé de s'entendre dire, devant des milliers de témoins, que toutes ses grandeurs ne sont que vanité, que sa puissance n'est que songe, qu'il n'est lui-même que poussière, et que ce qu'il prend pour un trône, n'est en effet qu'un tombeau.

Trois choses se succèdent continuellement dans les discours de Bossuet, le trait de génie ou d'éloquence, la citation, si bien fondue avec le texte, qu'elle ne fait plus qu'un avec lui, enfin, la réflexion, ou le coup-d'œil d'aigle sur les causes de l'événement rapporté. Souvent aussi cette lumière de l'église porte la clarté dans les discussions de la plus haute métaphysique, ou de la théologie la plus sublime; rien ne lui est ténèbres. L'évêque de Meaux a créé une langue que lui seul a parlée, où souvent le terme le plus simple et l'idée la plus relevée, l'expression la plus commune et l'image la plus terrible, servent, comme dans l'Ecriture, à se donner des dimensions énormes et frappantes.

Ainsi, lorsqu'il s'écrie en montrant le cercueil de Madame : *La voilà, malgré ce grand cœur, cette princesse si admirée et si chérie ! La voilà telle que la mort nous l'a faite !* Pourquoi frissonne-t-on à ce mot si simple, *telle que la mort nous l'a faite ?* C'est par l'opposition qui se trouve entre ce *grand cœur,* cette *princesse si admirée* et cet accident inévitable de la mort, qui lui est arrivé comme à la plus misérable des femmes ; c'est parce que ce verbe *faire,* appliqué à la mort qui *défait* tout, produit une contradiction dans les mots et un choc dans les pensées, qui ébranlent toute l'ame ; comme si pour peindre un événement si soudain et si malheureux, les termes avoient changé d'acception, et que le langage fût bouleversé comme le cœur.

Nous avons remarqué qu'à l'exception

de Pascal, de Bossuet, de Massillon, de la Fontaine, les écrivains du siècle de Louis XIV, faute d'avoir assez vécu dans la retraite, ont ignoré cette espèce de sentiment mélancolique, dont on fait aujourd'hui un si étrange abus.

Mais comment donc l'évêque de Meaux, sans cesse au milieu des pompes de Versailles, a-t-il connu cette profondeur de rêverie ? C'est qu'il a trouvé dans la religion toute une solitude ; c'est que son corps étoit dans le monde et son esprit au désert ; c'est qu'il avoit mis son cœur à l'abri dans les tabernacles secrets du Seigneur ; c'est, comme il l'a dit lui même de Marie-Thérèse d'Autriche, « qu'on *le* » voyoit courir aux autels pour y goûter » avec David un humble repos, et s'en- » foncer dans son oratoire, où, malgré le » tumulte de la Cour, *il* trouvoit le Carmel » d'Elie, le Désert de Jean, et la Montagne » si souvent témoin des gémissemens de » Jésus. »

Toutes les Oraisons funèbres de Bossuet

ne sont pas d'un égal mérite, mais toutes sont sublimes par quelque côté. Celle de la Reine d'Angleterre est un chef-d'œuvre de style et un modèle d'écrit philosophique et politique.

Celle de la duchesse d'Orléans est la plus étonnante de toutes, parce qu'elle est entièrement créée de génie. Il n'y avoit là ni ces tableaux des troubles des nations, ni ces développemens des affaires publiques, qui soutiennent la voix de l'orateur. L'intérêt que peut inspirer une princesse expirant à la fleur de son âge, semble se devoir épuiser vîte. Tout consiste en quelques oppositions vulgaires de la beauté, de la jeunesse, de la grandeur et de la mort; et c'est pourtant sur ce fonds stérile que Bossuet a bâti un des plus beaux monumens de l'éloquence; c'est delà qu'il est parti pour montrer la misère de l'homme par son côté périssable, et sa grandeur par son côté immortel. Il commence par le ravaler au-dessous des vers qui le rongent au sépulcre, pour le peindre ensuite glorieux avec la vertu dans des royaumes incorruptibles.

On sait avec quel génie dans l'oraison funèbre de la Princesse Palatine, il est descendu, sans blesser la majesté de l'art oratoire, jusqu'à l'interprétation naïve d'un songe, en même temps qu'il a déployé dans ce même discours, sa haute capacité pour les abstractions philosophiques.

Si pour Anne d'Autriche et pour le chancelier de France, ce ne sont plus les mouvemens des premiers éloges; les idées du panégyriste sont-elles prises dans un cercle moins large, dans une nature moins profonde? « Et maintenant, dit-il, (Lamoi-
» gnon et Michel Letellier) *ces deux ames*
» *pieuses, touchées sur la terre du desir*
» *de faire régner les loix, contemplent*
» *ensemble à découvert les loix éternelles*
» *d'où les nôtres sont dérivées ; et si*
» *quelque légère trace de nos foibles dis-*
» *tinctions paroît encore dans une si*
» *simple et si claire vision, elles adorent*
» *Dieu en qualité de justice et de règle.* »

Z..

Au milieu de cette grande théologie, combien d'autres genres de beautés, ou sublimes, ou gracieuses, ou tristes, ou charmantes ! Voyez le tableau de la fronde : « La monarchie, ébranlée jusqu'aux fon- » demens, la guerre civile, la guerre » étrangère, le feu au-dedans et au- » dehors.... Etoit-ce là de ces tempêtes » par où le Ciel a besoin de se décharger » quelquefois.... ou bien, étoit-ce comme » un travail de la France, prête à enfanter » le règne miraculeux de Louis (1) ? » Viennent des réflexions sur l'illusion des amitiés de la terre, qui « s'en vont avec » les années et les intérêts, » et sur la profonde obscurité du cœur de l'homme « qui ne sait jamais ce qu'il voudra, » qui souvent ne sait pas bien ce qu'il » veut, et qui n'est pas moins caché, ni » moins trompeur à lui-même qu'aux » autres (2).

Mais la trompette sonne, et Gustave

(1) Or. funèb. d'An. de Gon.
(2) Ibid.

paroît : « *il paroît à la Pologne surprise et trahie, comme un lion qui tient sa proie dans ses ongles, tout prêt à la mettre en pièces. Qu'est devenue cette redoutable cavalerie qu'on voit fondre sur l'ennemi avec la vîtesse d'un aigle ? Où sont ces ames guerrières, ces marteaux d'armes si vantés, et ces arcs qu'on ne vit jamais tendus en vain ? Ni les chevaux ne sont si vîtes, ni les hommes ne sont adroits que pour fuir devant le vainqueur* (1). »

Je passe, et mon oreille retentit de la voix d'un prophète. Est-ce Isaïe, est-ce Jérémie qui apostrophe l'île de la conférence, et les pompes nuptiales de Louis ?

« *Fêtes sacrées, mariage fortuné, voile nuptial, bénédiction, sacrifice ! puis-je mêler aujourd'hui vos cérémonies et vos pompes avec ces pompes funèbres et le comble des grandeurs avec leurs ruines* (2) ? »

(1) *Ibid.*
(2) Orais. funèb. de Mar. Thér. d'Autr.

Le poëte (on nous pardonnera de donner à Bossuet un titre qui fait la gloire de David), le poëte continue de se faire entendre. Il ne touche plus la corde inspirée; mais baissant sa lyre d'un ton jusqu'à ce mode dont Salomon se servit pour chanter les troupeaux du mont Galaad, il soupire ces paroles paisibles : « *Dans la solitude, Sainte-Fare, autant éloignée des voies du siècle, que sa bienheureuse situation la sépare de tout commerce du monde; dans cette sainte montagne que Dieu avoit choisie depuis mille ans; où les épouses de Jésus-Christ faisoient revivre la beauté des anciens jours; où les joies de la terre étoient inconnues; où les vestiges des hommes du monde, des curieux et des vagabonds ne paroissent pas; sans la conduite de la sainte Abbesse, qui savoit donner le lait aux enfans aussi bien que le pain aux forts, les commencemens de la princesse Anne étoient heureux* (1). »

(1) Orais. funèb. d'An. de Gonz.

Cette page qu'on dirait extraite du livre de Ruth, n'a point épuisé le pinceau de Bossuet; il lui reste encore assez de cette antique et douce couleur pour peindre une mort heureuse. « Michel Letellier, dit-il, » commença l'hymne des divines *miséri-* » *cordes* : MISERICORDIAS DOMINI IN » AETERNUM CANTABO : *Je chanterai éter-* » *nellement les miséricordes du Seigneur.* » *Il expire en disant ces mots, et il con-* » *tinue avec les anges le sacré cantique.* » Ici on peut appliquer à l'orateur ce qu'il dit lui-même de la duchesse d'Orléans : *Oui, Madame fut douce envers la mort.*

Nous avions cru, pendant quelque temps, que l'oraison funèbre du prince de Condé, à l'exception de l'incomparable mouvement qui la termine, étoit généralement trop louée; nous pensions qu'il étoit plus aisé, comme il l'est en effet, d'arriver aux formes d'éloquence du commencement de cet éloge, qu'à celles de l'oraison de madame Henriette. Mais quand nous avons lu ce discours avec attention ; quand nous avons vu l'orateur emboucher la trompette épique durant une moitié de son récit, et donner, comme en se jouant, un demi-chant d'Homère ; quand, se retirant à Chantilly avec Achille en repos, il rentre dans le ton chrétien, et retrouve toutes les grandes pensées, toutes les vues mélancoliques qui remplissent les premières oraisons funèbres ; quand après avoir mis Condé au cercueil, il appelle les peuples, les princes, les prélats, les guerriers au catafalque du héros ; quand, enfin, s'avançant lui-même avec ses cheveux blancs, comme un grand fantôme, il fait entendre les accens du cygne, montre Bossuet un pied dans la tombe, et le siècle de Louis (dont il a l'air de faire les funérailles) prêt à s'abymer dans l'éternité : à ce dernier effort de l'éloquence humaine, les larmes de l'admiration ont coulé de nos yeux et le livre est tombé de nos mains.

CHAPITRE V.

Que l'incrédulité est la principale cause de la décadence du goût, et de la dégénération du génie.

Ce que nous avons dit jusqu'ici a pu conduire le lecteur à cette réflexion : *Que l'incrédulité est la principale cause de la décadence du goût et de la dégénération du génie.* Quand on ne crut plus rien à Athènes et à Rome, les talens disparurent avec les Dieux, et les Muses livrèrent à la barbarie, ceux qui n'avoient plus de foi en elles. L'athéisme est aussi nuisible aux beautés du génie qu'à celles du sentiment; il est la source du mauvais goût et du crime, qui marchent presque toujours ensemble; le premier n'est que l'expression du second, comme la parole rend la pensée : ce sont deux dépravations correspondantes, l'une de l'esprit, l'autre du cœur.

Dans un siècle de lumières, on ne sauroit croire jusqu'à quel point les bonnes mœurs sont dépendantes du bon goût, et le bon goût des bonnes mœurs. Les ouvrages de Racine, devenant toujours plus purs, à mesure que l'auteur devient plus religieux, se terminent enfin à Athalie. Remarquez au contraire, comment l'impiété et le génie de M. de Voltaire se décèlent à-la-fois dans ses écrits, par un mélange de choses exquises et de choses odieuses. Le mauvais goût, quand il est incorrigible, est une fausseté de jugement, un biais naturel dans les idées ; or, comme l'esprit agit sur le cœur, il est difficile que les voies du second soient droites, quand celles du premier ne le sont pas. Celui qui aime la laideur, dans un temps où mille chefs-d'œuvre peuvent avertir et redresser son goût, n'est pas loin d'aimer le vice ; et quiconque alors est insensible à la beauté, pourroit bien méconnoître la vertu.

Tout écrivain qui refuse de croire en un Dieu, auteur de l'univers, et juge des hommes, dont il a fait l'ame immortelle, bannit d'abord l'infini de ses ouvrages. Il renferme sa pensée dans un cercle de boue, dont il ne peut plus sortir. Il ne voit rien de noble dans la nature ; tout s'y opère par d'impurs moyens de corruption et de régénération. Le vaste abyme n'est qu'un peu d'eau *bitumineuse ;* les montagnes sont de petites *protubérances* de pierres *calcaires* ou *vitrescibles*, et le ciel, où le jour prépare une immense solitude, comme pour servir de camp à cette armée des astres, que la nuit y amène en silence, le ciel, disons-nous, n'est plus qu'une étroite voûte momentanément suspendue par la main capricieuse du Hasard.

Si l'incrédule se trouve ainsi borné dans les choses de la nature, comment peindra-t-il l'homme avec éloquence ? Les mots pour lui manquent de richesse, et les trésors de l'expression lui sont fermés sans retour. Contemplez, au fond de ce tombeau, ce cadavre enseveli, cette statue du néant, voilée d'un linceul ; c'est tout l'homme de l'athée ! Fétus né du corps impur de la femme, au-dessous des animaux pour l'instinct, poudre comme eux, et retournant comme eux en poudre, n'ayant point de passions, mais des appétits, n'obéissant point à des loix morales, mais à des ressorts physiques, voyant devant lui, pour toute fin, un sépulcre et des vers; tel est cet être qui se disoit animé d'un souffle immortel! Ne nous parlez plus des mystères de l'ame, du charme secret de la vertu; graces de l'enfance, amours de la jeunesse, noble amitié, élévation de pensées, charmes des tombeaux et de la patrie, tous vos enchantemens sont détruits!

Nécessairement encore l'incrédulité introduit l'esprit raisonneur, les définitions abstraites, le style scientifique et avec lui le néologisme, toutes choses mortelles au goût et à l'éloquence.

Il est possible que la somme des talens départie aux auteurs du dix-huitième siècle, soit égale à celle qu'avoient reçue les écrivains du dix-septième (1). Pourquoi

(1) Nous accordons ceci pour la force de l'argu-

donc le second siècle est-il au-dessus du premier ? Car il n'est plus temps de se dissimuler que les écrivains de notre âge ont été, en général, placés trop haut. S'il y a tant de choses à reprendre, comme on en convient, dans les ouvrages des Rousseau et des Voltaire, que dire de ceux des Raynal et des Diderot (*) ? On a vanté, sans doute avec raison, la méthode lumineuse de nos derniers métaphysiciens. Toutefois on auroit dû remarquer qu'il y a deux sortes de *clartés :* les unes tiennent à un ordre vulgaire d'idées (un lieu commun s'explique nettement); les autres viennent d'une admirable faculté de concevoir et d'exprimer clairement une pensée forte et composée ; des cailloux, au fond d'un petit ruisseau, se voient sans peine, parce

ment ; mais nous sommes bien loin de le croire. Pascal et Bossuet, Molière et la Fontaine, sont quatre hommes tout-à-fait incomparables, et qu'on ne retrouvera plus. Si nous ne mettons pas Racine de ce nombre, c'est qu'il a un rival dans Virgile.

(*) Voyez la note I à la fin du volume.

que l'eau n'est pas profonde, mais l'ambre, le corail et les perles appellent l'œil du plongeur à des profondeurs immenses, sous les flots transparens de l'abyme.

Or, si notre siècle littéraire est inférieur à celui de Louis XIV, n'en cherchons d'autre cause que notre irréligion. Nous avons déja montré combien M. de Voltaire eût gagné à être chrétien ; il disputeroit aujourd'hui la palme des muses à Racine. Ses ouvrages auroient pris cette teinte morale, sans laquelle rien n'est parfait ; on y trouveroit aussi ces aimables souvenirs du vieux temps, dont l'absence y forme un si grand vide. Celui qui renie le Dieu de son pays, est presque toujours un homme sans respect pour la mémoire de ses pères ; les tombeaux sont sans intérêt pour lui, les institutions de ses aïeux ne lui semblent que des coutumes barbares; il n'a aucun plaisir à se rappeler les sentences, la sagesse et les goûts de son antique mère.

Cependant il est véritable que la majeure partie du génie se compose de ces sortes de souvenirs. Les plus belles choses qu'un auteur puisse mettre dans un livre, sont les sentimens qui lui sont apportés, par réminiscence, des premiers jours de sa jeunesse. M. de Voltaire a bien péché contre ces règles critiques, (pourtant si douces!) lui qui s'est éternellement moqué des mœurs et des coutumes de nos ancêtres. Comment se fait-il que ce qui enchante les autres hommes, soit précisément ce qui dégoûte un incrédule ?

La religion est le plus puissant motif de l'amour de la patrie ; les écrivains pieux ont toujours répandu ce noble sentiment dans leurs écrits. Avec quel respect, avec quelle magnifique opinion, les écrivains du siècle de Louis XIV ne parlent-ils pas toujours de la France ! Malheur à qui insulte son pays. Que la patrie se lasse d'être ingrate, avant que nous nous lassions de l'aimer ; ayons le cœur plus grand que ses injustices.

Si l'homme religieux aime sa patrie, c'est que son esprit est simple, et que les sentimens naturels, qui nous attachent à notre pays, sont comme le fond et l'habitude de son cœur. Il donne la main à ses pères et à ses enfans ; il est planté dans le sol natal, comme le tronc du chêne, qui voit au-dessous de lui ses vieilles racines s'enfoncer dans la terre, et à son sommet des boutons naissans, qui aspirent vers le ciel.

M. Rousseau est un des écrivains du 18.ᵉ siècle, dont le style a le plus de charme, parce que cet homme, bizarre à dessein, s'étoit au moins créé une ombre de religion. Il avoit foi en quelque chose, qui n'étoit pas le *Christ*, mais qui pourtant étoit l'*Evangile*; ce fantôme de christianisme, tel quel, a quelquefois donné des graces ineffables à son génie. Lui qui s'est élevé avec tant de force contre les sophistes, n'eût-il pas mieux fait de s'abandonner à toute la tendresse de son ame, que de se perdre, comme eux, dans de vains systêmes, dont il n'a fait que rajeunir les vieilles erreurs (*) ?

Il ne manqueroit rien à M. de Buffon s'il

(*) Voyez la note K à la fin du volume.

avoit autant de sensibilité que d'éloquence. Remarque étrange, que nous avons lieu de faire à tous momens, que nous répétons jusqu'à satiété, et dont nous ne saurions trop convaincre le siècle : sans religion, *point de sensibilité*. M. de Buffon surprend par son style ; mais rarement il attendrit. Lisez l'admirable article du chien ; tous les chiens y sont : le chien-chasseur, le chien-berger, le chien-sauvage, le chien grand-seigneur, le chien petit-maître, etc. Qu'y manque-t-il enfin ? le chien de l'aveugle ! Et c'est celui-là dont se fût d'abord souvenu un chrétien.

En général, les rapports tendres ont échappé à M. de Buffon. Et néanmoins rendons justice à ce grand peintre de la nature : son style est d'une perfection rare. Pour garder aussi bien les convenances, pour n'être jamais ni trop haut, ni trop bas, il faut avoir soi-même une grande mesure dans l'esprit et dans la conduite. On sait que M. de Buffon respectoit tout ce qu'il faut respecter. Il ne croyoit pas que la philosophie consistât à afficher l'incrédulité, à insulter aux autels de vingt-quatre millions d'hommes. Il étoit régulier dans ses devoirs de chrétien, et donnoit l'exemple à ses domestiques. Rousseau, s'attachant au fond, et rejetant les formes du culte, montre dans ses écrits la tendresse de la religion avec le mauvais ton du sophiste; Buffon, par la raison contraire, a la sécheresse de la philosophie, avec les bienséances de la religion. Le christianisme a mis au-dedans du style du premier, le charme, l'abandon et l'amour; et au dehors du style du second, l'ordre, la clarté et la magnificence. Ainsi les ouvrages de ces deux hommes célèbres portent, en bien et en mal, l'empreinte de ce qu'ils ont choisi, et de ce qu'ils ont rejeté eux-mêmes de la religion.

En nommant M. de Montesquieu, nous rappelons le véritable grand homme du dix-huitième siècle. *L'Esprit des Loix* et *les Causes de la grandeur et de la décadence de l'Empire Romain*, vivront aussi long-temps que la langue dans laquelle ils sont écrits, et porteront la gloire des lettres françoises à la dernière postérité. Si M. de Montesquieu, dans un ouvrage de sa jeunesse, laissa malheureusement tomber sur la religion, quelques-uns des traits qu'il dirigeoit contre nos mœurs, ce ne fut qu'une erreur passagère, une espèce de tribut payé à la corruption de la régence (*). Mais dans le livre qui a placé M. de Montesquieu au rang des hommes illustres, il a magnifiquement réparé ses torts, en faisant l'éloge du culte qu'il avoit eu l'imprudence d'attaquer. La maturité de ses années, et l'intérêt même de sa gloire, lui firent comprendre que pour élever un monument durable, il falloit en creuser les fondemens dans un sol moins mouvant que la poussière de ce monde; son génie, qui embrassoit tous les temps, s'est appuyé sur la seule religion, à qui tous les temps sont promis.

Il résulte de toutes nos observations, que

(*) *Voyez* la note L à la fin du volume.

les écrivains du dix-huitième siècle doivent la plupart de leurs défauts à un système trompeur de philosophie, et qu'en étant plus religieux, ils eussent approché davantage de la perfection.

Il y a eu dans notre âge, à quelques exceptions près, une sorte d'avortement général des talens. On diroit même que l'impiété, qui rend tout stérile, se manifeste aussi par l'appauvrissement de la nature physique. Jetez les yeux sur les générations qui succédèrent immédiatement au siècle de Louis XIV. Où sont ces hommes aux figures calmes et majestueuses, au port et aux vêtemens nobles, au langage épuré, à l'air guerrier et classique, conquérant et inspiré des arts ? On les cherche et on ne les trouve plus. De petits hommes inconnus se promènent comme des pygmées sous les hauts portiques des monumens d'un autre âge. Sur leur front dur respirent l'égoïsme et le mépris de Dieu ; ils ont perdu et la noblesse de l'habit et la pureté du langage. On les prendroit, non pour les fils, mais pour les baladins de la grande race qui les a précédés.

Les disciples de la nouvelle école flétrissent l'imagination avec je ne sais quelle vérité, qui n'est point la véritable vérité. Le style de ces hommes est sec, l'expression sans franchise, l'imagination sans amour et sans flamme ; ils n'ont nulle onction, nulle abondance, nulle simplicité. On ne sent point quelque chose de plein et de nourri dans leurs ouvrages ; l'immensité n'y est point, parce que la divinité y manque. Au lieu de cette tendre religion, de cet instrument harmonieux, dont les auteurs du siècle de Louis XIV se servoient pour trouver le ton de leur éloquence, les écrivains modernes font usage d'une étroite philosophie qui va divisant et subdivisant toute chose, mesurant les sentimens au compas, soumettant l'ame au calcul, et réduisant l'Univers, Dieu compris, à une soustraction passagère du néant.

Aussi le dix-huitième siècle diminue-t-il chaque jour dans la perspective, tandis que le dix-septième grossit à mesure que nous

nous en éloignons : l'un s'affaisse, l'autre monte dans les cieux. On aura beau chercher à ravaler le génie des Bossuet et des Racine, il aura le sort de cette grande figure d'Homère qu'on apperçoit derrière tous les âges : quelquefois elle est obscurcie par la poussière qu'un siècle fait en s'écroulant; mais aussitôt que le nuage s'est dissipé, on voit reparoître la majestueuse figure, qui s'est encore agrandie, pour dominer les ruines nouvelles (*).

(*) Voyez la note M à la fin du volume.

TROISIEME PARTIE.

BEAUX-ARTS ET LITTÉRATURE.

LIVRE CINQUIEME.

Harmonies de la Religion Chrétienne avec les scènes de la nature et les passions du coeur humain.

CHAPITRE PREMIER.

Division des harmonies.

Avant de passer à la description du culte, il nous reste à examiner quelques sujets que nous n'avons pu suffisamment développer dans les livres précédens. Ces sujets se rapportent au côté physique ou au côté moral des arts. Ainsi, par exemple, les sites des monastères, les ruines des monumens religieux, etc. tiennent à la partie matérielle de l'architecture, tandis que les effets de la doctrine chrétienne, avec les passions du cœur de l'homme, et les tableaux de la nature, rentrent dans la partie dramatique et descriptive de la poésie.

Tels sont les sujets que nous réunissons dans ce livre sous le titre général d'*harmonies*, etc.

CHAPITRE II.

HARMONIES PHYSIQUES.

Sites des Monumens religieux, Couvens maronites, cophtes, etc.

Il y a dans les choses humaines deux espèces de nature placées, l'une au commencement, l'autre à la fin de la société. S'il n'en étoit ainsi, l'homme, en s'éloignant toujours de son origine, seroit devenu une sorte de monstre; mais par une loi de la Providence, plus il se civilise, plus il se rapproche de son premier état; et il advient que la science au plus haut degré est l'ignorance, et que les arts parfaits sont la nature.

Cette dernière nature, ou cette *nature de la société*, est la plus belle : le génie en est l'instinct, et la vertu l'innocence, car le le génie et la vertu de l'homme civilisé ne sont que l'instinct et l'innocence perfectionnés du sauvage. Or, personne ne peut comparer un Indien du Canada à Socrate, bien que le premier soit, rigoureusement parlant, aussi moral que le second ; ou bien il faudroit soutenir que la paix des passions non développées dans l'enfant, a la même excellence que la paix des passions domptées dans l'homme ; que l'être à pures sensations est égal à l'être pensant ; ce qui reviendroit à dire que foiblesse est aussi beau que force. Un petit lac ne ravage pas ses bords, et personne n'en est étonné ; son impuissance fait son repos : mais on aime le calme sur la mer, parce qu'elle a le pouvoir des orages, et l'on admire le silence du creux de l'abyme, parce qu'il vient de la profondeur même des eaux.

Entre les siècles de nature et ceux de civilisation, il y en a d'autres que nous avons nommés siècles *de barbarie*. Les anciens ne les ont point connus. Ils se composent de la réunion subite d'un peuple policé et d'un peuple sauvage. Ces âges doivent être remarquables par la corruption du goût. D'un côté l'homme sauvage, en s'emparant des arts, n'a pas assez de finesse pour les porter jusqu'à l'élégance, et l'homme social pas assez de simplicité pour aimer la seule nature.

On ne peut alors espérer rien de pur que dans les sujets où une cause morale agit par elle-même et indépendamment des causes temporaires. C'est pourquoi les premiers solitaires, livrés à ce goût délicat et sûr de la religion, qui ne trompe jamais, lorsqu'on n'y mêle rien d'étranger, ont choisi dans toutes les parties du monde les sites les plus frappans, pour y fonder leurs monastères (*). Il n'y a point d'hermite qui ne saisisse aussi bien que Claude Lorrain ou le Nôtre, le rocher où il doit placer sa grotte.

On voit çà et là, dans la chaîne du Liban, des couvens Maronites bâtis sur des abymes. On pénètre dans les uns par de longues cavernes, dont on ferme l'entrée avec des quartiers de roche; on ne peut monter

(*) *Voyez* la note N à la fin du volume.

dans les autres qu'au moyen d'une corbeille suspendue. Le *fleuve saint* sort en bouillonnant du pied de la montagne; la forêt de cèdres noirs domine le tableau, et est elle-même surmontée par des croupes arrondies, que la neige drape de sa blancheur. Le miracle ne s'achève qu'au moment où l'on arrive au monastère : au-dedans sont des vignes, des ruisseaux, des bocages ; au-dehors, une nature horrible, et la terre qui se perd et s'enfuit, avec ses fleuves, ses campagnes et ses mers, dans de bleuâtres profondeurs. Nourris par la religion, entre la terre et le firmament, sur ces roches escarpées, c'est delà que de pieux solitaires prennent leur vol vers le ciel, comme des aigles de la montagne.

Les cellules rondes et séparées des couvens égyptiens, sont renfermées dans l'enceinte d'un mur, qui les défend des Arabes. Du haut de la tour bâtie au milieu de ces couvens, on découvre des landes de sable, d'où s'élèvent les têtes grisâtres des pyramides, ou des bornes qui marquent le chemin au voyageur. Quelquefois une caravane abyssinienne, des Bédouins vagabonds, passent dans le lointain à l'un des horizons de la mouvante étendue ; quelquefois le souffle du midi noie toute la perspective dans une atmosphère de poudre. La lune éclaire un sol nud, où des brises muettes ne trouvent pas même un brin d'herbe, pour en former une voix. Le désert sans arbres se montre de toutes parts sans ombre ; ce n'est que dans les bâtimens du monastère qu'on retrouve quelques voiles de la nuit.

Sur l'isthme de Panama en Amérique, le cénobite peut contempler, du faîte de son couvent, les deux mers qui baignent les deux rivages du Nouveau-Monde ; l'une souvent agitée quand l'autre repose, et présentant aux méditations le double du tableau du calme et de l'orage.

Les couvens situés dans les Andes voient s'applanir au loin les flots de l'océan Pacifique. Un ciel transparent abaisse le cercle de ses horizons sur la terre et sur les mers,

PARTIE III.
Beaux-Arts
et
Littérature.

LIVRE V.
Harmonies
de
la Religion
chrétienne
avec
les scènes
de
la nature
et
les passions
du cœur
humain.

et semble enfermer l'édifice de la religion sous un globe de cristal. Le soleil, frappant de ses rayons verticaux les glaces des montagnes, les fait briller comme une éternelle illumination sur le temple du Seigneur. La fleur capucine remplaçant le lierre religieux, brode de ses chiffres de pourpre les murs sacrés; le Lamaz traverse le torrent sur un pont flottant de lianes, et le Péruvien infortuné vient prier le Dieu de Las Cazas.

Tout le monde a vu en Europe de vieilles abbayes cachées dans l'épaisseur des bois, qui ne se décèlent aux voyageurs, que par leurs clochers perdus dans la cime des chênes. Les monumens ordinaires reçoivent leur grandeur des paysages qui les environnent; la religion chrétienne embellit au contraire le théâtre où elle place ses autels, et suspend ses décorations sacrées. Nous avons parlé des couvens européens dans l'histoire de René, et retracé quelques-uns de leurs effets au milieu des scènes de la nature; mais pour achever de montrer au lecteur ces monumens, nous lui donnerons ici un morceau précieux que nous devons à l'amitié. L'auteur y a fait de si grands changemens, que c'est, pour ainsi dire, un nouvel ouvrage. Ces beaux vers prouveront aux poëtes modernes que leurs muses gagneroient plus à rêver dans les vieux cloîtres, qu'à se faire l'écho de l'impiété.

LA CHARTREUSE DE PARIS.

Vieux cloître où de Bruno les disciples cachés,
Renferment tous leurs vœux sur le ciel attachés ;
Cloître saint, ouvre-moi tes modestes portiques !
Laisse-moi m'égarer dans ces jardins rustiques
Où venoit Catinat méditer quelquefois,
Heureux de fuir la cour, et d'oublier les rois.

J'ai trop connu Paris : mes légères pensées,
Dans son enceinte immense au hasard dispersées,
Veulent en vain rejoindre et lier tous les jours
Leur fil demi-formé, qui se brise toujours.
Seul, je viens recueillir mes vagues rêveries.
Fuyez, bruyans remparts, pompeuses Tuileries,
Louvre, dont le portique à mes yeux éblouis,
Vante après cent hivers la grandeur de Louis !
Je préfère ces lieux où l'ame moins distraite,
Même au sein de Paris, peut goûter la retraite ;

PARTIE III.

Beaux-Arts et Littérature.

LIVRE V.

Harmonies de la Religion chrétienne avec les scènes de la nature et les passions du cœur humain.

La retraite me plaît, elle eut mes premiers vers.
Déja de feux moins vifs éclairant l'univers,
Septembre loin de nous s'enfuit, et décolore
Cet éclat dont l'année un moment brille encore.
Il redouble la paix qui m'attache en ces lieux ;
Son jour mélancolique, et si doux à nos yeux,
Son vert plus rembruni, son grave caractère,
Semblent se conformer au deuil du monastère.
Sous ces bois jaunissans j'aime à m'ensevelir ;
Couché sur un gazon qui commence à pâlir,
Je jouis d'un air pur, de l'ombre et du silence.

Ces chars tumultueux où s'assied l'opulence,
Tous ces travaux, ce peuple à grands flots agité,
Ces sons confus qu'élève une vaste cité,
Des enfans de Bruno ne troublent point l'asyle ;
Le bruit les environne, et leur ame est tranquille.
Tous les jours, reproduit sous des traits inconstans,
Le fantôme du siècle emporté par le temps,
Passe, et roule autour d'eux ses pompes mensongères.
Mais c'est en vain : du siècle ils ont fui les chimères,
Hormis l'éternité, tout est songe pour eux.
Vous déplorez pourtant leur destin malheureux !
Quel préjugé funeste à des loix si rigides,
Attacha, dites-vous, ces pieux suicides ?
Ils meurent longuement, rongés d'un noir chagrin,
L'autel garde leurs vœux sur des tables d'airain,
Et le seul désespoir habite leurs cellules.

Eh bien ! vous qui plaignez ces victimes crédules,
Pénétrez avec moi ces murs religieux :
N'y respirez-vous pas l'air paisible des cieux ?

Vos chagrins ne sont plus, vos passions se taisent,
Et du cloître muet les ténèbres vous plaisent.

Mais quel lugubre son du haut de cette tour,
Descend et fait frémir les dortoirs d'alentour?
C'est l'airain qui du temps formidable interprète,
Dans chaque heure qui fuit, à l'humble anachorète
Redit en longs échos : *songe au dernier moment.*
Le son sous cette voûte expire lentement ;
Et quand il a cessé l'ame en frémit encore.
La méditation qui, seule dès l'aurore,
Dans ces sombres parvis marche en baissant son œil,
A ce signal s'arrête, et lit sur un cercueil,
L'épitaphe à demi par les ans effacée,
Qu'un gothique écrivain dans la pierre a tracée.
O tableaux éloquens! ô combien à mon cœur,
Plaît ce dôme noirci d'une divine horreur,
Et le lierre embrassant ces débris de murailles,
Où croasse l'oiseau chantre des funérailles,
Les approches du soir, et ces ifs attristés,
Où glissent du soleil les dernières clartés,
Et ce buste pieux que la mousse environne,
Et la cloche d'airain à l'accent monotone,
Ce temple où chaque aurore entend de saints concerts,
Sortir d'un long silence, et monter dans les airs,
Un martyr dont l'autel a conservé les restes
Et le gazon qui croît sur ces tombeaux modestes
Où l'heureux cénobite a passé sans remord
Du silence du cloître à celui de la mort.

Cependant sur ces murs l'obscurité s'abaisse,
Leur deuil est redoublé, leur ombre est plus épaisse,

PARTIE III.
Beaux-Arts
et
Littérature.

LIVRE V.
Harmonies
de
la Religion
chrétienne
avec
les scènes
de
la nature
et
les passions
du cœur
humain.

PARTIE III.
Beaux-Arts et Littérature.

LIVRE V.
Harmonies de la Religion chrétienne avec les scènes de la nature et les passions du cœur humain.

Les hauteurs de Meudon me cachent le soleil ;
Le jour meurt, la nuit vient : le couchant moins vermeil,
Voit pâlir de ses feux la dernière étincelle.
Tout-à-coup se rallume une aurore nouvelle,
Qui monte avec lenteur sur les dômes noircis
De ce palais voisin qu'éleva Médicis (1) ;
Elle en blanchit le faîte, et ma vue enchantée
Reçoit par ces vitraux la lueur argentée.
L'astre touchant des nuits verse du haut des cieux,
Sur les tombes du cloître un jour mystérieux,
Et semble y réfléchir cette douce lumière,
Qui des morts bienheureux doit charmer la paupière.
Ici, je ne vois plus les horreurs du trépas,
Son aspect attendrit et n'épouvante pas.
Me trompé-je ? Ecoutons : Sous ces voûtes antiques
Parviennent jusqu'à moi d'invisibles cantiques,
Et la religion, le front voilé, descend,
Elle approche : déja son calme attendrissant,
Jusqu'au fond de votre ame en secret s'insinue ;
Entendez-vous un Dieu dont la voix inconnue
Vous dit tout bas : Mon fils, viens ici, viens à moi,
Marche au fond du désert : j'y serai près de toi.

Maintenant du milieu de cette paix profonde,
Tournez les yeux : voyez dans les routes du monde,
S'agiter les humains que travaille sans fruit,
Cet espoir obstiné du bonheur qui les fuit.
Rappelez-vous les mœurs de ces siècles sauvages,
Où sur l'Europe entière apportant les ravages,
Des Vandales obscurs, de farouches Lombards,
Des Goths se disputoient le sceptre des Césars.

(1) Le Luxembourg.

La force étoit sans frein, le foible sans asyle:
Parlez, blâmerez-vous les Benoît, les Basyle,
Qui loin du siècle impie, en ces temps abhorrés,
Ouvrirent au malheur des refuges sacrés?
Déserts de l'Orient, sables, sommets arides,
Catacombes, forêts, sauvages Thébaïdes,
O que d'infortunés votre noire épaisseur
A dérobés jadis au fer de l'oppresseur !
C'est là qu'ils se cachoient, et les chrétiens fidèles,
Que la Religion protégeoit de ses ailes,
Vivant avec Dieu seul dans leurs pieux tombeaux,
Pouvoient au moins prier sans craindre les bourreaux.
Le tyran n'osoit plus y chercher ses victimes.
Et que dis-je ? accablé de l'horreur de ses crimes,
Souvent dans ces lieux saints l'oppresseur désarmé,
Venoit demander grace aux pieds de l'opprimé.
D'héroïques vertus habitoient l'hermitage.
Je vois dans les débris de Thèbes, de Carthage,
Au creux des souterrains, au fond des vieilles tours,
D'illustres pénitens fuir le monde et les cours.
La voix des passions se tait sous leurs cilices,
Mais leurs austérités ne sont point sans délices ;
Celui qu'ils ont cherché ne les oubliera pas,
Dieu commande au désert de fleurir sous leurs pas.
Palmier, qui rafraîchis la plaine de Syrie,
Ils venoient reposer sous ton ombre chérie ;
Prophétique Jourdain, ils erroient sur tes bords,
Et vous, qu'un roi charmoit de ses divins accords,
Cèdres du haut Liban, sur votre cime altière,
Vous portiez jusqu'au ciel leur ardente prière !
Cet antre protégeoit leur paisible sommeil,
Souvent le cri de l'aigle avança leur réveil ;

PARTIE III.
Beaux-Arts
et
Littérature.

LIVRE V.
Harmonies
de
la Religion
chrétienne
avec
les scènes
de
la nature
et
les passions
du cœur
humain,

Dd..

Ils chantoient l'Éternel sur le roc solitaire,
Au bruit sourd du torrent dont l'eau les désaltère,
Quand tout-à-coup un ange, en dévoilant ses traits,
Leur porte, au nom du ciel, un message de paix.
Et cependant leurs jours n'étoient point sans orages !
Cet éloquent Jérôme, honneur des premiers âges,
Voyoit sous le cilice et de cendres couvert,
Les voluptés de Rome assiéger son désert.
Leurs combats exerçoient son austère sagesse.
Peut-être comme lui déplorant sa foiblesse,
Un mortel trop sensible habita ce séjour.

Hélas ! plus d'une fois les soupirs de l'amour
S'élèvent dans la nuit du fond des monastères ;
En vain le repoussant de ses regards austères,
La pénitence veille à côté d'un cercueil ;
Il entre déguisé sous les voiles du deuil ;
Au Dieu consolateur en pleurant il se donne ;
A Comminge, à Rancé, Dieu sans doute pardonne ;
A Comminge, à Rancé, qui ne doit quelques pleurs ?
Qui n'en sait les amours ! qui n'en plaint les malheurs ?
Et toi dont le nom seul trouble l'ame amoureuse,
Des bois du Paraclet vestale malheureuse,
Toi qui, sans prononcer de vulgaires sermens,
Fis connoître à l'amour de nouveaux sentimens ;
Toi que l'homme sensible, abusé par lui-même,
Se plaît à retrouver dans la femme qu'il aime,
Héloïse ! à ton nom quel cœur ne s'attendrit ?
Tel qu'un autre Abeilard tout amant te chérit.
Que de fois j'ai cherché, loin d'un monde volage,
L'asyle où dans Paris s'écoula ton jeune âge !
Ces vénérables tours qu'alonge vers les cieux,
La cathédrale antique où prioient nos aïeux ;

PARTIE III.
Beaux-Arts et Littérature.

LIVRE V.
Harmonies de la Religion chrétienne avec les scènes de la nature et les passions du cœur humain.

Ces tours ont conservé ton amoureuse histoire.
Là tout m'en parle encor (1); là revit ta mémoire;
Là du toit de Fulbert j'ai revu les débris.
On dit même en ces lieux, par ton ombre chéris,
Qu'un long gémissement s'élève chaque année,
A l'heure où se forma ton funeste hyménée.
La jeune fille alors lit, au déclin du jour,
Cette lettre éloquente où brûle ton amour :
Son trouble est apperçu de l'amant qu'elle adore,
Et des feux que tu peins, son feu s'accroît encore.

Mais que fais-je, imprudent? quoi ! dans ce lieu sacré
J'ose parler d'amour, et je marche entouré
Des leçons du tombeau, des menaces suprêmes !
Ces murs, ces longs dortoirs se couvrent d'anathêmes,
De sentences de mort qu'aux yeux épouvantés
L'ange exterminateur écrit de tous côtés.
Je lis à chaque pas : *Dieu, l'enfer, la vengeance.*
Par-tout est la rigueur, nulle part la clémence.
Cloître sombre ! où l'amour est proscrit par le ciel,
Où l'instinct le plus cher est le plus criminel ;
Déja, déja ton deuil plaît moins à ma pensée.
L'imagination vers tes murs élancée,
Chercha leur saint repos, leur long recueillement;
Mais mon ame a besoin d'un plus doux sentiment.
Ces devoirs rigoureux font trembler ma foiblesse.
Toutefois quand le temps qui détrompe sans cesse,
Pour moi des passions détruira les erreurs,
Et leurs plaisirs trop courts souvent mêlés de pleurs,

(1) Héloïse vivoit dans le cloître Notre-Dame ; on y voit encore la maison de son oncle le chanoine Fulbert.

Quand mon cœur nourrira quelque peine secrète,
Dans ces momens plus doux, et si chers au poëte,
Où fatigué du monde, il veut, libre du moins,
Et jouir de lui-même, et rêver sans témoins ;
Alors je reviendrai, solitude tranquille,
Oublier dans ton sein les ennuis de la ville,
Et retrouver encor, sous ces lambris déserts,
Les mêmes sentimens retracés dans ces vers.

CHAPITRE III.

Des Ruines en général.

Qu'il y en a de deux espèces.

De l'examen des *sites* des monumens chrétiens, nous passons aux effets des *ruines* de ces monumens. Elles fournissent au cœur de majestueux souvenirs, et aux arts des compositions touchantes. Consacrons quelques pages à cette poétique des morts.

Tous les hommes ont un secret attrait pour les ruines. Ce sentiment tient à la fragilité de notre nature, et à une conformité secrète entre ces monumens détruits, et la rapidité de notre existence. Il s'y joint, en outre, une idée qui console notre petitesse, en voyant que des peuples entiers et des hommes, quelquefois si fameux, n'ont pu vivre cependant au-delà de ce peu de jours, assignés à notre propre obscurité. Ainsi les ruines jettent une grande moralité au milieu des scènes de la nature ; et quand elles sont placées dans un tableau, c'est en vain qu'on cherche à porter les yeux autre part ; ils reviennent bientôt s'attacher sur elles. Et pourquoi les ouvrages des hommes ne passeroient-ils pas, quand le soleil qui les éclaire doit lui-même tomber de sa voûte ? Celui qui le plaça dans les cieux, est le seul souverain dont l'empire ne connoisse point de ruines.

Il y a deux sortes de ruines très-distinctes ; l'une, ouvrage du temps ; l'autre, ouvrage des hommes. Les premières n'ont rien de désagréable, parce que la nature travaille auprès des ans. Font-ils des décombres ? Elle y sème des fleurs. Entr'ouvrent-ils un tombeau ? elle y place le nid d'une colombe : sans cesse occupée à reproduire, elle environne la mort des plus douces illusions de la vie.

Les secondes ruines sont plutôt des dévastations que des ruines; elles n'offrent que l'image du néant, sans une puissance réparatrice. Ouvrage du malheur, et non des années, elles ressemblent aux cheveux blancs sur la tête de la jeunesse. Les destructions des hommes sont d'ailleurs bien plus violentes et bien plus complètes que celles des âges : les seconds minent, les premiers renversent. Quand Dieu, pour des raisons qui nous sont inconnues, veut hâter les ruines du monde, il ordonne au Temps de prêter sa faulx à l'homme; et le Temps nous voit avec épouvante ravager dans un clin-d'œil, ce qu'il eût mis des siècles à détruire.

Nous nous promenions un jour derrière le palais du Luxembourg, et nous nous trouvâmes près de cette même Chartreuse que M. de Fontanes a chantée. Nous vîmes une église dont les toits étoient enfoncés, les plombs des fenêtres arrachés, et les portes fermées avec des planches mises debout. La plupart des autres bâtimens du monastère n'existoient plus. Nous nous promenâmes long-temps au milieu des pierres tombales de marbre noir, semées çà et là sur la terre; les unes étoient totalement brisées, les autres offroient encore quelques restes d'épitaphes. Nous entrâmes dans le cloître intérieur; deux pruniers sauvages y croissoient, parmi de hautes herbes et des décombres. Sur les murailles, on voyoit des peintures à demi-effacées, représentant la vie de saint Bruno; un cadran étoit resté sur un des pignons de l'église; et dans le sanctuaire, au lieu de cet hymne de paix qui s'élevoit jadis en l'honneur des morts, on entendoit crier l'instrument du manœuvre, qui scioit des tombeaux.

Les réflexions que nous fîmes dans ce lieu, tout le monde les peut faire. Nous en sortîmes le cœur flétri, et nous nous enfonçâmes dans le faubourg voisin, sans savoir où nous allions. La nuit approchoit: comme nous passions entre deux grands

murs, dans une rue déserte, tout-à-coup le son d'un orgue vient frapper notre oreille, et les paroles de ce cantique de triomphe *Laudate Dominum, omnes gentes*, sortent du fond d'une église voisine; c'étoit alors l'octave du Saint-Sacrement. Nous ne saurions peindre l'émotion que nous causèrent ces chants religieux; nous crûmes ouïr une voix du ciel, qui disoit: « Chrétien sans foi, pourquoi perds-tu
» l'espérance ? Crois-tu donc que je change
» mes desseins comme les hommes; que
» j'abandonne, parce que je punis ? Loin
» d'accuser mes décrets, imite ces serviteurs
» fidèles, qui bénissent les coups de ma
» main, jusques sous les débris où je les
» écrase. »

Nous entrâmes dans l'église au moment où le prêtre donnoit la bénédiction. Des vieillards, de pauvres femmes, des enfans étoient prosternés. Nous nous précipitâmes sur la terre, au milieu d'eux; nos larmes couloient; nous dîmes dans le secret de notre cœur : Pardonne, ô Seigneur, si nous avons murmuré en voyant la désolation de ton temple; pardonne à notre raison ébranlée! l'homme n'est lui-même qu'un édifice tombé, qu'un débris du péché et de la mort; son amour tiède, sa foi chancelante, sa charité bornée, ses sentimens incomplets, ses pensées insuffisantes, son cœur brisé, tout chez lui n'est que ruines!

CHAPITRE IV.

Effet pittoresque des Ruines.

Ruines de Palmyre, d'Egypte, etc.

Les ruines, considérées sous les rapports pittoresques, sont d'une ordonnance plus magique dans un tableau, que le monument frais et entier. Dans les temples que les siècles n'ont point percés, les murs masquent une partie du paysage, et empêchent qu'on ne distingue les colonnades et les cintres de l'édifice; mais, quand ces temples viennent à crouler, il ne reste que des masses isolées, entre lesquelles l'œil découvre au haut et au loin les astres, les nues, les montagnes, les fleuves et les forêts.

Alors, par un jeu naturel de l'optique, les horizons reculent, et les galeries suspendues en l'air, se découpent sur les fonds du ciel et de la terre. Ces beaux effets n'ont pas été inconnus des anciens ; ils élevoient des cirques sans masses pleines, pour laisser un libre accès à toutes les illusions de la perspective.

Les ruines ont ensuite des accords particuliers avec leurs déserts, selon le style de leur architecture, les lieux où elles se trouvent placées, et les règnes de la nature au méridien qu'elles occupent.

Dans les pays chauds, peu favorables aux herbes et aux mousses, elles sont privées de ces graminées, qui décorent nos châteaux gothiques et nos vieilles tours ; mais aussi de plus grands végétaux se marient aux plus grandes formes de leur architecture. A Palmyre, le dattier fend les *têtes d'hommes et de lion* qui soutiennent les chapiteaux du *temple du Soleil*; le palmier remplace par sa colonne, la colonne tombée, et le pêcher, que les anciens consacroient à Harpocrate, s'élève dans la retraite du silence. On y voit encore une espèce d'arbres, dont le feuillage échevelé, et les fruits en cristaux forment, avec les débris pendans, de beaux accords de tristesse. Une caravanne, arrêtée dans ces déserts, y multiplie les effets pittoresques. Le costume oriental allie bien sa noblesse à la noblesse de ces ruines, et les chameaux semblent en accroître les dimensions, lorsque couchés entre de grands fragmens de maçonnerie, ces énormes animaux ne laissent voir que leurs têtes fauves et leurs dos bossus.

Les ruines changent de caractère en Égypte; souvent elles étalent dans un petit espace toutes les sortes d'architectures, et toutes les sortes de souvenirs. Le sphinx, et les colonnes du vieux style égyptien, s'élèvent auprès de l'élégante colonne corinthienne; un morceau d'ordre toscan s'unit à une tour arabesque. D'innombrables débris sont roulés dans le Nil, enterrés dans le sol, cachés sous l'herbe; des champs de fèves, des rizières, des plaines de trèfles s'étendent alentour. Quelquefois des nuages, jetés en onde sur les flancs des ruines, semblent les couper en deux moitiés : le chakal, monté sur un piédestal vide, alonge son museau de loup derrière le buste d'un Pan à tête de bélier; la gazelle, l'autruche, l'ibis, la gerboise, sautent parmi les décombres, tandis que la poule-sultane s'y tient immobile, comme un oiseau hiéroglyphique de granit et de porphyre.

La vallée de Tempé, les bois de l'Olympe, les côtes de l'Attique et du Péloponèse, étalent de toutes parts les ruines de la Grèce. Là, commencent à paroître les mousses, les plantes grimpantes, et les fleurs saxatiles. Une guirlande vagabonde de jasmin embrasse une Vénus antique, comme pour lui rendre sa ceinture; une barbe de mousse blanche descend du menton d'une Hébé : le pavot croît sur les feuillets du livre de Mnémosine; aimable symbole de la renommée passée, et de l'oubli présent de ces lieux. Les flots de l'Egée, qui viennent expirer sous de croulans portiques, Philomèle qui se plaint, Alcyon qui gémit, Cadmus qui roule ses anneaux autour d'un autel, le cygne qui fait son nid dans le sein d'une Léda; tous ces accidens, produits comme par les Grâces, enchantent ces poétiques débris. On diroit qu'un souffle divin anime encore la poussière des temples d'Apollon et des Muses, et le paysage entier, baigné par la mer, ressemble à un beau tableau d'Apelle, consacré à Neptune et suspendu à ses rivages.

CHAPITRE V.

Ruines des Monumens chrétiens.

Les ruines des monumens chrétiens n'ont pas la même élégance, mais sous d'autres rapports elles peuvent supporter le parallèle avec les ruines de Rome et de la Grèce. Les plus belles que l'on connoisse dans ce genre, se trouvent en Angleterre, principalement vers le Nord, au bord des lacs du Cumberland, sur les montagnes d'Ecosse, et jusques dans les Orcades. Les bas côtés du chœur, les arches pointues des fenêtres, les ouvrages ciselés des voussures, les pilastres des cloîtres, et quelques pans de la tour des cloches, sont les parties qui ont le plus résisté aux efforts du temps.

Dans les ordres grecs, les voûtes et les cintres suivent parallèlement les arcs du ciel; de sorte que sur la tenture grise des nuages ou sur un paysage obscur, ils se perdent dans les fonds. Dans l'ordre gothique, les pointes contrastent par-tout avec les arrondissemens des cieux et les courbures de l'horizon. Le gothique étant de plus tout composé de *vides*, se décore plus aisément d'herbes et de fleurs, que les *pleins* des ordres grecs. Les filets redoublés des pilastres, les dômes découpés en feuillage ou creusés en forme de cueilloir, deviennent autant de corbeilles où les vents portent, avec la poussière, les semences des végétaux. La joubarbe se cramponne dans le ciment; les mousses emballent d'inégales décombres dans leur bourre élastique; la ronce fait sortir ses cercles bruns de l'embrâsure d'une fenêtre, et le lierre, se traînant le long des cloîtres septentrionaux, retombe en festons dans les arcades.

Il n'est aucune ruine d'un effet plus pittoresque que ces débris. Sous un ciel nébuleux, au milieu des vents et des tempêtes, au bord de cette mer dont Ossian a chanté les orages, leur architecture gothique a quelque chose de grand et de sombre, comme le Dieu de Sinaï, dont elle rappelle le souvenir. Assis sur un autel brisé, dans les Orcades, le voyageur s'étonne de la tristesse de ces lieux : des mornes embrumés, des vallées où s'élève la pierre d'un tombeau, des torrens qui coulent au travers des bruyères, quelques pins rougeâtres, jetés sur la nudité d'un désert flanqué de couches de neige; c'est tout ce qui s'offre aux regards. Le vent circule dans les ruines, et leurs innombrables jours deviennent autant de tuyaux d'où s'échappent mille plaintes ; l'orgue avoit jadis moins de soupirs sous ces voûtes religieuses. De longues herbes tremblent aux ouvertures des dômes : derrière ces ouvertures, on voit fuir la nue et planer l'aigle marin. Quelquefois égaré dans sa route, un vaisseau caché sous ses toiles arrondies, comme un esprit des eaux voilé de ses ailes, sillonne le noir Océan ; sous le souffle de l'aquilon, il semble se prosterner à chaque pas, et saluer les mers qui baignent les débris du temple de Dieu.

Ils ont passé sur ces plages inconnues, ces hommes qui adoroient cette *Sagesse* qui s'est promenée sous les flots. Tantôt, dans leurs saintes solemnités, ils s'avançoient lentement le long des grèves, en chantant avec le Psalmiste : *Comme elle est vaste cette mer qui étend au loin ses bras spacieux* (1) ! tantôt, assis dans la grotte de *Fingal*, près des soupiraux de l'Océan, ils croyoient en-

(1) Ps. 102.

tendre cette voix d'en haut qui disoit à Job : *Savez-vous qui a renfermé la mer dans des digues, lorsqu'elle se débordoit en sortant comme du sein de sa mère, Quasi de vulva procedens* (1) ? La nuit, quand les tempêtes de l'hiver étoient descendues, quand le monastère disparoissoit dans des tourbillons d'écume, les tranquilles cénobites, retirés au fond de leurs cellules, s'endormoient aux murmures des orages, en s'applaudissant de s'être embarqués dans ce vaisseau du Seigneur, qui ne périra point.

Sacrés débris des monumens chrétiens, vous ne rappelez point, comme tant d'autres ruines, du sang, des injustices et des violences ! vous ne racontez qu'une histoire paisible, ou tout au plus les souffrances mystérieuses du Fils de l'Homme ! Et vous, saints hermites, qui, pour arriver à des retraites plus fortunées, vous étiez exilés sous les glaces du pôle; vous jouissez main-

---

(1) Job. cap. XXXVIII, v. 8.

tenant du fruit de vos sacrifices; et s'il est parmi les anges comme parmi les hommes, des campagnes habitées et des lieux déserts, de même que vous ensevelîtes vos vertus dans les solitudes de la terre, vous aurez sans doute choisi les solitudes célestes, pour y cacher votre bonheur !

CHAPITRE VI.

HARMONIES MORALES.

Dévotions populaires.

Nous quittons les harmonies physiques des monumens religieux et des scènes de la nature, pour entrer dans les harmonies morales du christianisme. Il faut placer au premier rang *ces dévotions populaires*, qui consistent en de certaines croyances et de certains rites pratiqués par la foule, sans être ni avoués, ni absolument proscrits par l'Eglise. Ce ne sont, en effet, que des harmonies de la religion et de la nature. Quand le peuple croit entendre la voix des morts dans les vents ; quand il parle des fantômes de la nuit ; quand il va en pélerinage pour le soulagement de ses maux, il est évident que ces opinions ne sont que des relations touchantes entre quelques scènes naturelles, quelques dogmes sacrés, et la misère de nos cœurs. Il suit delà que plus un culte a de ces *dévotions populaires*, plus il est nécessairement poétique, puisque la poésie se fonde sur les mouvemens de l'ame et les accidens de la nature, rendus tout mystérieux par l'intervention des idées religieuses.

Il faudroit plaindre ceux qui, voulant tout soumettre aux règles de la raison, condamneroient avec rigueur ces croyances qui aident au peuple à supporter les chagrins de la vie, et qui lui enseignent une moralité que les meilleures loix ne lui donneront jamais. Il est bon, il est beau, quoi qu'on en dise, que toutes nos actions soient pleines de Dieu, et que nous soyons sans cesse environnés de ses miracles.

Le peuple est bien plus sage que les

philosophes. Chaque fontaine, chaque croix dans un chemin, chaque soupir du vent de la nuit, porte avec lui un prodige. Pour l'homme de foi, la nature est une constante merveille. Souffre-t-il? il prie sa petite image et il est soulagé. A-t-il besoin de revoir un parent, un ami? il fait un vœu, prend le bâton et le bourdon du pélerin; il franchit les Alpes ou les Pyrénées, visite Notre-Dame de Lorette ou Saint-Jacques en Galice; il se prosterne, il prie le saint de lui rendre un fils (pauvre matelot, peut-être errant sur les mers), de prolonger les jours d'un père, de sauver une sage épouse. Son cœur se trouve allégé. Il part pour retourner à sa chaumière: tout chargé de coquillages, il fait retentir les hameaux du son de sa conque, et chante, dans une complainte naïve, la bonté de Marie, mère de Dieu. Chacun veut avoir quelque chose qui ait appartenu au pélerin. Que de maux guéris par un seul ruban consacré! Le pélerin arrive aux environs de sa demeure: la première personne qui vient au-devant de lui, c'est sa femme relevée de couches, c'est son fils retrouvé, c'est son vieux père rajeuni.

Heureux, trois et quatre fois heureux, ceux qui croient ! Tous leurs jours sont d'aimables prodiges ; ils ne peuvent sourire sans compter qu'ils souriront toujours ; ils ne peuvent pleurer, sans penser qu'ils touchent à la fin de leurs larmes. Non, leurs pleurs ne sont point perdus ; la religion les reçoit dans son urne, et les présente à l'Éternel.

Les pas du vrai croyant ne sont jamais solitaires ; un bon ange veille à ses côtés, il le défend contre le mauvais ange, il lui donne des conseils dans ses songes. Ce céleste ami lui est si entièrement dévoué, qu'il consent pour lui à s'exiler sur la terre. La religion console et soutient les hommes : elle est cet unique bien, cette espérance restée au fond de la boîte de Pandore.

Trouvoit-on chez les anciens rien de plus admirable qu'une foule de petites pratiques usitées jadis dans notre religion? Si l'on rencontroit au coin d'une forêt le corps d'un homme assassiné, on plantoit une croix dans ce lieu, en signe de miséricorde. Cette croix demandoit au Samaritain une larme pour un infortuné, et à l'habitant de la cité fidèle, une prière pour son frère. Et puis ce voyageur étoit peut-être un pauvre étranger, tombé loin de son pays, comme cet illustre inconnu sacrifié par la main des hommes, loin de sa patrie céleste ! Quel commerce entre nous et Dieu ! quelle élévation prodigieuse cela ne donnoit-il pas à la nature humaine ! qu'il étoit étonnant d'oser trouver des conformités entre nos jours mortels et les éternels destins du maître du Monde !

Nous ne parlerons point de ces Jubilés substitués aux jeux séculaires, qui à de certaines époques plongent tous les chrétiens dans la piscine du repentir, rajeunissent les consciences, et appellent les pécheurs à la grande amnistie de la religion. Nous ne dirons point non plus comment dans les calamités publiques, les grands et les petits s'en alloient pieds nuds d'église en église, pour tâcher de désarmer la colère de Dieu. Le pasteur marchoit à leur tête, la corde au cou ; humble victime dévouée pour le salut du troupeau.

Mais le peuple ne nourrissoit point la crainte de ces fléaux terribles, quand il avoit le Christ d'ébène, le laurier béni, l'image du saint, protecteur de la famille. Que de fois on s'est prosterné devant ces reliques, pour demander des secours qu'on n'avoit point obtenus des hommes !

Qui ne connoît *Notre-Dame des Bois*, cette habitante du creux de la vieille épine ou du trou moussu de la fontaine ? Elle est célèbre dans tout le hameau par ses miracles. Maintes matrones vous diront que leurs douleurs dans l'enfantement ont été moins grandes depuis qu'elles ont invoqué la *bonne Marie des Bois*. Les filles qui ont perdu leurs fiancés, ont souvent, au clair de la lune, apperçu les ames de ces jeunes hommes dans ce lieu solitaire ; elles ont reconnu leurs voix dans les soupirs de la fontaine. Les colombes qui boivent de ses eaux, ont toujours des œufs dans leur nid, et les fleurs qui croissent sur ses bords, toujours des boutons sur leur tige. Il étoit convenable que cette sainte des forêts fît des miracles doux comme les mousses qu'elle habite, charmans comme les eaux qui la voilent.

C'est dans les grands événemens de la vie, que les coutumes religieuses offrent au malheureux leurs consolations. Nous avons été une fois spectateur d'un naufrage. En arrivant sur la grève, les matelots dépouillèrent leurs vêtemens, et ne conservèrent que leurs pantalons et leurs chemises mouillées. Ils avoient fait un vœu à la vierge pendant la tempête. Ils se rendirent en procession à une petite chapelle, dédiée à saint Thomas. Le capitaine marchoit à leur tête, et le peuple suivoit, en chantant avec eux l'*Ave, maris stella*. Le prêtre célébra la messe des naufragés, et les matelots suspendirent leurs habits trempés d'eau de mer, en *ex voto*, aux murs de la chapelle.

La philosophie peut remplir ses pages de paroles magnifiques ; mais nous doutons que les infortunés viennent jamais suspendre leurs vêtemens à son temple.

La mort, si poétique, parce qu'elle touche aux choses immortelles, si mystérieuse, à cause de son silence, devoit avoir mille manières de s'annoncer pour le peuple. Tantôt un trépas se faisoit prévoir par les tintemens d'une cloche lontaine ; tantôt l'homme qui devoit mourir entendoit frapper trois coups sur le plancher de sa chambre. Une religieuse de Saint-Benoît, prête à quitter la terre, trouvoit une couronne d'épine blanche, sur le seuil de sa cellule. Une mère perdoit-elle un fils voyageur, elle en étoit instruite à l'instant par ses songes. Ceux qui nient les pressentimens, ne connoîtront jamais les routes secrètes par où deux cœurs qui s'aiment communiquent d'un bout du monde à l'autre. Souvent le mort chéri, sortant du tombeau, se présentoit à son ami, et lui recommandoit de dire des prières pour le rachetter des flammes, et le plonger au sein des intarissables félicités. Ainsi la religion avoit fait partager à l'amitié le beau privilège que Dieu a de donner une éternité de bonheur.

Des opinions d'une espèce différente, mais toujours d'un caractère religieux, inspiroient l'humanité : elles sont si naïves, qu'elles embarrassent l'écrivain. Toucher au nid d'une hirondelle, tuer un rouge-gorge, un roitelet, un grillon, hôte du foyer champêtre, un chien devenu caduc au service de la famille, c'étoit une sorte d'impiété qui ne manquoit point, disoit-on, d'attirer après soi quelque malheur. Par un admirable respect pour la vieillesse, on croyoit que les personnes âgées étoient d'un heureux augure dans une maison, et qu'un ancien domestique portoit bonheur à son maître. On retrouve ici quelques traces du culte touchant des *lares*, et l'on se rappelle la fille de Laban, emportant ses Dieux paternels.

Le peuple étoit persuadé, que nul ne commet une méchante action, sans se condamner à avoir, le reste de sa vie, d'effroyables apparitions à ses côtés. L'antiquité, plus sage que nous, se seroit donné de garde de détruire ces utiles harmonies de la religion, de la conscience et de la morale. Elle n'auroit point rejeté cette autre opinion, par laquelle il étoit tenu pour certain, que tout homme qui jouit d'une prospérité mal acquise a fait un pacte avec l'Esprit de Ténèbres, et légué son ame aux enfers.

Enfin, les vents, les pluies, les soleils, les saisons, les cultures, les arts, la naissance, l'enfance, l'hymen, la vieillesse, la mort; tout avoit ses saints et ses images, et jamais peuple ne fut plus environné de divinités amies, que ne l'étoit le peuple chrétien.

Il ne s'agit pas d'examiner rigoureusement ces croyances. Loin de rien ordonner à leur sujet, la religion servoit au contraire à en prévenir l'abus, et à en corriger les excès; il s'agit seulement de savoir si leur but est moral, si elles tendent mieux que les loix elles-mêmes à conduire la foule à la vertu. Et quel est l'homme sensé qui puisse en douter? A force de déclamer contre la superstition, on finira par ouvrir la voie à tous les crimes. Ce qu'il y aura d'étonnant pour les sophistes, c'est qu'au milieu des maux qu'ils auront causés, ils n'auront pas même la satisfaction de voir le peuple plus incrédule. S'il cesse de soumettre son esprit à la religion, il se fera des opinions monstrueuses. Il sera saisi d'une terreur d'autant plus étrange, qu'il n'en connoîtra pas l'objet; il tremblera dans un cimetière, où il aura gravé que *la mort est un sommeil éternel*, et en affectant de mépriser la puissance divine, il ira interroger la Bohémienne, et chercher, en tremblant, ses destinées dans les bigarrures d'une carte.

Il faut du merveilleux, un avenir, des espérances à l'homme, parce qu'il se sent fait pour vivre au-delà de notre univers. Les *conjurations*, la *nécromancie*, ne sont chez le peuple, que l'instinct de la religion, et une des preuves les plus frappantes de la nécessité d'un culte. On est bien près de tout croire, quand on ne croit rien; on a des devins, quand on n'a plus de prophètes, des sortiléges quand on renonce aux cérémonies religieuses, et l'on ouvre les antres des sorciers, quand on ferme les temples du Seigneur.

CHAPITRE VII.

Réunion des Harmonies physiques et morales.

Nous allons maintenant confondre les harmonies précédentes, et achever de représenter les effets du culte et de la morale évangélique avec nos passions tumultueuses et les scènes paisibles de la nature. Mais au lieu de donner des préceptes, nous offrirons des exemples; l'auteur se taira pour laisser parler d'autres personnages. Nous dirons d'Atala aux lecteurs, ce que le Dante disoit de ses chants : *Si mon langage vous étonne, que la nouveauté m'excuse.*

TROISIÈME PARTIE.

BEAUX-ARTS ET LITTÉRATURE.

LIVRE SIXIÈME.

Suite des Harmonies de la Religion Chrétienne avec les scènes de la nature et les passions du cœur humain.

ATALA,

OU

LES AMOURS DE DEUX SAUVAGES DANS LE DÉSERT.

PROLOGUE.

La France possédoit autrefois, dans l'Amérique septentrionale, un vaste empire, qui s'étendoit depuis le Labrador jusqu'aux

Florides, et depuis les rivages de l'Atlantique jusqu'aux lacs les plus reculés du haut Canada.

Quatre grands fleuves, ayant leurs sources dans les mêmes montagnes, divisoient ces régions immenses : le fleuve Saint-Laurent, qui se perd à l'Est dans le golfe de son nom ; la rivière de l'Ouest, qui porte ses eaux à des mers inconnues ; le fleuve Bourbon, qui se précipite du midi au nord dans la baie d'Hudson ; et le Meschacebé (1), qui tombe du nord au midi, dans le golfe du Mexique.

Ce dernier fleuve, dans un cours de plus de mille lieues, arrose une délicieuse contrée, que les habitans des Etats-Unis appellent le nouvel Eden, et à laquelle les François ont laissé le doux nom de Louisiane. Mille autres fleuves, tributaires du Meschacebé, le Missouri, l'Illinois, l'Akanza, l'Ohio, le Wabache, le Tenase, l'engraissent de leur limon, et la fertilisent de leurs eaux. Quand

---

(1) Vrai nom du Mississipi ou Meschassipi.

tous ces fleuves se sont gonflés des déluges de l'hiver ; quand les tempêtes ont abattu des pans entiers de forêts, le Temps assemble, sur toutes les sources, les arbres déracinés. Il les unit avec des lianes, il les cimente avec des vases, il y plante de jeunes arbrisseaux, et lance son ouvrage sur les ondes. Chariés par les vagues écumantes, ces radeaux descendent de toutes parts au Meschacebé. Le vieux fleuve s'en empare, et les pousse à son embouchure, pour y former une nouvelle branche. Par intervalle, il élève sa grande voix, en passant sous les monts, et répand ses eaux débordées autour des colonades des forêts, et des pyramides des tombeaux indiens : c'est le Nil des déserts. Mais la grâce est toujours unie à la magnificence dans les scènes de la nature ; et tandis que le courant du milieu entraîne vers la mer les cadavres des pins et des chênes, on voit sur les deux courans latéraux remonter, le long des rivages, des îles flottantes de pistia et de nunéphar, dont les roses jaunes s'élèvent comme de petits pavillons. Des serpens verds, des hérons bleus, des flammans roses, de jeunes crocodiles s'embarquent passagers sur ces vaisseaux de fleurs, et la colonie, déployant au vent ses voiles d'or, va aborder endormie, dans quelque anse retirée du fleuve.

Les deux rives du Meschacebé présentent le tableau le plus extraordinaire. Sur le bord occidental, des savanes se déroulent à perte de vue : leurs flots de verdure, en s'éloignant, semblent monter dans l'azur du ciel, où ils s'évanouissent. On voit dans ces prairies sans bornes, errer à l'aventure des troupeaux de trois ou quatre mille buffles sauvages. Quelquefois un bison chargé d'années, fendant les flots à la nage, se vient coucher parmi de hautes herbes, dans une île du Meschacebé. A son front orné de deux croissans, à sa barbe antique et limoneuse, vous le prendriez pour le dieu mugissant du fleuve, qui jette un œil satisfait sur la grandeur de ses ondes, et la sauvage abondance de ses rives.

Partie III.
Beaux-Arts et Littérature.

Livre VI.
Suite des Harmonies de la Religion chrétienne, etc.

Atala.

Telle est la scène sur le bord occidental ; mais elle change tout-à-coup sur la rive opposée, et forme avec la première un admirable contraste. Suspendus sur le cours des ondes, groupés sur les rochers et sur les montagnes, dispersés dans les vallées, des arbres de toutes les formes, de toutes les couleurs, de tous les parfums, se mêlent, croissent ensemble, montent dans les airs à des hauteurs qui fatiguent les regards. Les vignes sauvages, les bignonias, les coloquintes, s'entrelacent au pied de ces arbres, escaladent leurs rameaux, grimpent à l'extrémité des branches, s'élancent de l'érable au tulipier, du tulipier à l'alcée, en formant mille grottes, mille voûtes, mille portiques. Souvent égarées d'arbre en arbre, ces lianes traversent des bras de rivières, sur lesquels elles jettent des ponts et des arches de fleurs. Du sein de ces massifs embaumés, le superbe magnolia élève son cône immobile. Surmonté de ses larges roses blanches, il domine toute la forêt, et n'a d'autre rival que le palmier, qui balance légèrement auprès de lui ses éventails de verdure.

Une multitude d'animaux, placés dans ces belles retraites par la main du Créateur, y répandent l'enchantement et la vie. De l'extrémité des avenues, on apperçoit des ours enivrés de raisins, qui chancellent sur les branches des ormeaux ; des troupes de carriboux se baignent dans un lac, des écureuils noirs se jouent dans l'épaisseur des feuillages ; des oiseaux moqueurs, des colombes virginiennes de la grosseur d'un passereau, descendent sur les gazons rougis par les fraises ; des perroquets verds à tête jaune, des pivers empourprés, des cardinaux de feu, grimpent, en circulant, au haut des cyprès ; des colibris étincellent sur le jasmin des Florides, et des serpens-oiseleurs sifflent suspendus aux dômes des bois, en s'y balançant comme des lianes.

Si tout est silence et repos dans les savanes de l'autre côté du fleuve, tout ici, au contraire, est mouvement et murmures : des coups de bec contre le tronc des chênes, des froissemens d'animaux, qui marchent, brouttent ou broient entre leurs dents les noyaux des fruits; des bruissemens d'ondes, de foibles gémissemens, de sourds meuglemens, de doux roucoulemens, remplissent ces déserts d'une tendre et sauvage harmonie. Mais quand une brise vient à animer toutes ces solitudes, à balancer tous ces corps flottans, à confondre toutes ces masses de blanc, d'azur, de verd, de rose, à mêler toutes les couleurs, à réunir tous les murmures; alors il sort de tels bruits du fond des forêts, il se passe de telles choses aux yeux, que j'essaierais en vain de les décrire à ceux qui n'ont point parcouru ces champs primitifs de la nature.

Après la découverte du Meschacebé par le père Hennepin et par l'infortuné La Salle, les premiers François qui s'établirent au Biloxi, et à la Nouvelle-Orléans, firent alliance avec les Natchez, nation Indienne, dont la puissance étoit redoutable dans ces contrées. Des injustices particulières, la vengeance, l'amour et toutes les passions, ensanglantèrent dans la suite la terre de l'hospitalité. Il y avoit parmi ces Sauvages un vieillard nommé Chactas (1), qui, par son âge, sa sagesse, et sa science dans les choses de la vie, étoit l'amour et le patriarche des déserts. Il avoit, comme tous les hommes, acheté la vertu par l'infortune. Non-seulement les forêts furent remplies de ses malheurs, mais il les porta jusques sur les rivages de la France. Retenu aux galères à Marseille, par une cruelle injustice, rendu à la liberté, et présenté à la cour de Louis XIV, il avoit conversé avec tous les grands hommes de ce siècle; il avoit assisté aux fêtes de Versailles, aux tragédies de Racine, aux oraisons funèbres de Bossuet : en un mot, c'étoit-là que le Sauvage avoit contemplé la société à son plus haut point de splendeur.

Depuis plusieurs années, rentré dans le sein de sa patrie, Chactas jouissoit du repos. Toutefois le ciel lui vendoit encore

---

(1) *La voix harmonieuse.*

PARTIE III.
Beaux-Arts
et
Littérature.

LIVRE VI.
Suite des
Harmonies
de
la Religion
chrétienne,
etc.

Atala.

cher cette faveur; le vieillard étoit devenu aveugle. Une jeune fille l'accompagnoit dans la solitude, comme Antigone guidoit les pas d'OEdipe sur le Cythéron, ou comme Malvina conduisoit Ossian à la tombe de ses pères.

Malgré les nombreuses injustices que Chactas avoit éprouvées de la part des François, il les aimoit. Il se souvenoit toujours de Fénélon, dont il avoit été l'hôte, et desiroit pouvoir rendre quelque service aux compatriotes de cet homme vertueux. Il s'en présenta une occasion favorable. En 1725, un François, nommé René, poussé par des passions et des malheurs, arriva à la Louisiane. Il remonta le Meschacebé jusqu'aux Natchez, et demanda à être reçu *guerrier* de cette nation. Chactas l'ayant interrogé, et le trouvant inébranlable dans sa résolution, l'adopta pour fils, et lui donna pour épouse une Indienne, appelée Céluta. Peu de temps après ce mariage, les Sauvages se préparèrent à la grande chasse du castor.

Chactas, quoique aveugle, est désigné par le conseil des *Sachems* (1) pour commander ce parti, à cause du respect que les peuples du désert portoient à son nom. Les prières et les jeûnes commencent : les Jongleurs interprêtent les songes ; on consulte les Manitous ; on fait des sacrifices de petun ; on brûle des filets de langue d'orignal ; on examine s'ils pétillent dans la flamme, afin de découvrir la volonté des Génies ; on part enfin, après avoir mangé le chien sacré. René est de la troupe : à l'aide des contre-courans, les pirogues remontent le Meschacebé, et entrent dans le lit de l'Ohio. C'est en automne ; les magnifiques déserts du Kentucky se déploient aux yeux étonnés du jeune François. Une nuit, à la clarté de la lune, tandis que tous les Sauvages dorment au fond de leurs pirogues, et que la flotte indienne fuit devant une légère brise, René, demeuré seul avec Chactas, lui demande le récit de ses aventures. Le vieillard con-

---

(1) Vieillards ou conseillers.

sent à le satisfaire, et assis avec lui sur la poupe de la pirogue, il parle ainsi au bruit de l'onde, et au milieu de toute la solitude.

RÉCIT.

Les Chasseurs.

« C'est une singulière destinée, mon cher fils, que celle qui nous réunit dans le désert. Je vois en toi l'homme civilisé qui s'est fait sauvage; tu vois en moi l'homme sauvage, que le grand Esprit, sans doute par ses desseins, a voulu civiliser. Entrés l'un et l'autre dans la carrière de la vie, par les deux bouts opposés, tu es venu te reposer à ma place, et j'ai été m'asseoir à la tienne : ainsi nous avons dû avoir des objets une vue totalement différente. Qui de toi ou de moi, a le plus gagné ou le plus perdu à ce changement de position? C'est ce que savent les Génies, dont le moins savant a plus de sagesse que tous les hommes ensemble. »

« A la prochaine lune des fleurs (1), il y aura sept fois dix neiges, et trois neiges de plus (2), que ma mère me mit au monde, sur les bords du Meschacebé. Les Espagnols s'étoient depuis peu établis dans la baie de Pensacola, mais aucun blanc n'habitoit encore la Louisiane. Je comptois à peine dix-sept chûtes de feuilles, lorsque je marchai avec mon père, le guerrier Outalissi, contre les Muscogulges, nation puissante des Florides. Nous nous joignîmes aux Espagnols nos alliés, et le combat se donna sur une des branches de la Maubile. Areskoui (3) et les Manitous ne nous furent pas favorables. Les ennemis triomphèrent; mon père perdit la vie dans la mêlée, et je fus blessé deux fois en le défendant. Oh! que ne descendis-je alors dans le pays des ames (4)! j'aurois évité les malheurs qui m'attendoient sur la terre! Les Esprits en

(1) Mois de mai.
(2) Neige pour année, 73 ans.
(3) Dieu de la guerre.
(4) Les enfers.

ordonnèrent autrement : je fus entraîné, par les fuyards à Saint-Augustin. »

« Dans cette ville, nouvellement bâtie par les Espagnols, je courois les risques d'être enlevé pour les mines de Mexico, lorsqu'un vieux Castillan, nommé Lopez, touché de ma jeunesse et de ma simplicité, m'offrit un asyle, et me présenta à une sœur avec laquelle il vivoit sans épouse. »

« Ce digne couple prit pour moi les sentimens les plus tendres. On m'éleva avec toutes sortes de soins; on me donna toutes sortes de maîtres. Mais après avoir passé trente lunes à Saint-Augustin, je fus saisi du dégoût de la vie sociale. Je dépérissois à vue d'œil : tantôt je demeurois immobile des heures entières, à contempler la cime des lointaines forêts; tantôt on me trouvoit assis au bord d'une onde, que je regardois tristement couler. Je me peignois les bois à travers lesquels cette onde avoit passé, et mon ame étoit toute entière à la solitude. »

« Ne pouvant plus résister à l'envie de

retourner au désert, un matin je me présentai à Lopez, vêtu de mes habits de Sauvage, tenant d'une main mon arc et mes flèches, et de l'autre mes vêtemens européens. Je les remis à mon généreux protecteur, aux pieds duquel je tombai, en versant des torrens de larmes. Je me donnai à moi-même des noms odieux, je m'accusai d'ingratitude : « Mais enfin, lui dis-je, ô » mon père, tu le vois toi-même ; je » meurs, si je ne reprends la vie errante de » l'Indien. »

« Lopez, frappé d'étonnement, voulut me détourner de mon dessein. Il me représenta les dangers que j'allois courir, en m'exposant à tomber de nouveau entre les mains des Muscogulges. Mais voyant que j'étois résolu à tout entreprendre, fondant lui-même en pleurs, et me serrant dans ses bras : « Va, s'écria-t-il, magnanime enfant » de la nature ! reprends cette précieuse » indépendance de l'homme, que Lopez » ne te veut point ravir. Si j'étois plus » jeune moi-même, je t'accompagnerois

» au désert (où j'ai aussi de doux souvenirs!) et je te remettrois dans les bras de ta mère. Quand tu seras dans tes forêts, songe quelquefois à ce vieil Espagnol, qui te donna l'hospitalité, et rappelle-toi, pour te porter à l'amour de tes semblables, que la première expérience que tu as faite du cœur humain, a été toute en sa faveur. » Lopez finit par une prière au Dieu des chrétiens, dont j'avois refusé d'embrasser le culte, et nous nous quittâmes avec des sanglots. »

« Je ne tardai pas à être puni de mon ingratitude. Mon inexpérience m'égara dans les bois, et je fus pris par un parti de Muscogulges et de Siminoles, comme Lopez me l'avoit prédit. On me reconnut pour Natché, à mon vêtement et aux plumes de ma tête. On m'enchaîna, mais légèrement, à cause de ma jeunesse. Simaghan, le chef de la troupe, voulut savoir mon nom, je répondis : « Je m'appelle Chactas, fils » d'Outalissi, fils de Miscou, qui ont enlevé » plus de cent chevelures aux héros Mus-

DU CHRISTIANISME. 255

» cogulges. » — Simaghan me dit : « Chac-
» tas, fils d'Outalissi, fils de Miscou,
» réjouis-toi ; tu seras brûlé au grand vil-
» lage. » — Je repartis : « Voilà qui va
» bien, et j'entonnai ma chanson de mort. »

« Tout prisonnier que j'étois, je ne pouvois, durant les premiers jours, m'empêcher d'admirer mes ennemis. Le Mosco-
gulge, ou plutôt son allié, le Siminole,
respire la gaieté, l'amour, le contentement.
Sa démarche est légère, son abord ouvert
et serein. Il parle beaucoup et avec volubi-
lité, et son langage est harmonieux et facile.
L'âge même ne peut ravir aux anciens cette
simplicité joyeuse; comme les vieux oiseaux
du désert, ils mêlent encore leurs chansons
antiques, aux airs nouveaux de leur jeune
postérité. »

« Les femmes qui accompagnoient la
troupe, témoignoient pour ma jeunesse
une pitié tendre, et une curiosité aimable.
Elles me questionnoient sur ma mère, sur
les premiers jours de ma vie ; elles vouloient savoir si l'on suspendoit mon berceau

de mousse aux branches fleuries des érables, si les brises m'y balançoient, auprès du nid des petits oiseaux. C'étoit ensuite mille autres questions sur l'état de mon cœur : elles me demandoient si j'avois vu une biche blanche dans mes songes, et si les arbres de la vallée secrète, m'avoient conseillé d'aimer. Je répondois avec naïveté aux mères, aux filles, et aux épouses des hommes. Je leur disois : « Vous êtes les » grâces du jour, et la nuit vous aime » comme la rosée. L'homme sort de votre » sein pour se suspendre à votre mamelle, » et à votre bouche; vous savez des paroles » magiques, qui endorment toutes les dou- » leurs. Voilà ce que m'a dit celle qui m'a » mis au monde, et qui ne me reverra plus ! » Elle m'a dit encore que les vierges étoient » des fleurs mystérieuses qu'on trouve dans » les lieux solitaires. »

« Ces louanges faisoient beaucoup de plaisir aux femmes : elles me combloient de toute sorte de dons; elles m'apportoient de la crême de noix, du sucre d'érable, de la sagamité (1), des jambons d'ours, des peaux de castors, des coquillages pour me parer, et des mousses pour ma couche. Elles chantoient, elles rioient avec moi, et puis elles se prenoient à verser des larmes, en songeant que je serois brûlé. »

« Une nuit, j'étois assis auprès du bûcher de la forêt, avec le guerrier commis à ma garde. Tout-à-coup j'entendis le murmure d'un vêtement sur l'herbe, et une femme à demi-voilée vint s'asseoir à mes côtés. Des pleurs rouloient sous sa paupière, et un petit crucifix d'or brilloit à la lueur du feu, sur son sein. Elle étoit régulièrement belle, et l'on remarquoit sur son visage je ne sais quoi de vertueux et de passionné, dont l'attrait étoit irrésistible. Elle joignoit à cela des grâces plus tendres : une extrême sensibilité, unie à une mélancolie profonde, respiroit dans ses regards ; son sourire étoit céleste. »

« Je crus que c'étoit la *vierge des der-*

(1) Sorte de pâte de maïs.

nières amours, cette vierge qu'on envoie au prisonnier de guerre, pour enchanter sa tombe. Dans cette persuasion, je lui dis en balbutiant, et avec un trouble qui pourtant ne venoit pas de la crainte du bûcher : « Vierge ! vous êtes digne des premières » amours, et vous n'êtes pas faite pour les » dernières. Les battemens d'un cœur qui » va bientôt s'arrêter, répondroient mal aux » battemens du vôtre. Comment mêler la » mort et la vie ? Vous me feriez trop re-» gretter le jour. Qu'un autre soit plus heu-» reux que moi, et que de longs embras-» semens unissent la liane et le chêne ! »

« La jeune fille me dit alors : « Je ne » suis point la vierge des dernières amours. » Es-tu chrétien ? » — Je répondis que je n'avois point quitté les Génies de ma cabane. A ces mots, la vierge fit un mouvement involontaire. Elle me dit : « Je te plains de » n'être qu'un méchant idolâtre ! Ma mère » m'a fait chrétienne ; je me nomme Atala, » fille de Simaghan aux bracelets d'or, et » chef des guerriers de cette troupe. Nous

» nous rendons à Apalachucla où tu seras
» brûlé. » — En prononçant ces mots,
Atala se lève et s'éloigne.

ICI Chactas fut contraint d'interrompre son récit ; les souvenirs se pressèrent en foule dans son ame, et deux sources de larmes coulèrent de ses yeux fermés, le long de ses joues flétries ; telles deux fontaines cachées dans la profonde nuit de la terre, se décèlent par les eaux qu'elles laissent filtrer entre les rochers.

« O mon fils, reprit-il enfin, tu vois que Chactas est bien peu sage, malgré sa renommée de sagesse. Hélas ! mon cher enfant, les hommes ne peuvent déja plus voir, qu'ils peuvent encore pleurer ! Plusieurs jours s'écoulèrent, et la fille du Sachem revenoit chaque soir me parler auprès du bûcher. Le sommeil avoit fui de mes yeux, et Atala étoit dans mon cœur, comme le souvenir de la couche de mes pères. »

« Le dix-septième jour de marche, vers

le temps où l'éphémère sort des eaux, nous entrâmes sur la grande savane Alachua. Elle est environnée de côteaux, qui, fuyant les uns derrière les autres, portent, en s'élevant jusqu'aux nues, des forêts étagées de copalmes, de citroniers, de magnolias et de chênes verds. Le chef poussa le cri d'arrivée, et la troupe campa au pied des collines. On me relégua à quelque distance, au bord d'un de ces *Puits naturels*, si fameux dans les Florides. J'étois attaché au pied d'un arbre, et un guerrier veilloit impatiemment auprès de moi. J'avois à peine passé quelques instans dans ce lieu, qu'Atala parut sous les liquidambars de la fontaine. « Chasseur, dit-elle au héros Mus-
» cogulge, si tu veux poursuivre le che-
» vreuil, je garderai le prisonnier. » Le guerrier bondit de joie à cette parole de la fille du chef, et s'élançant du sommet de la colline, il alongea ses pas dans la plaine. »

« Etrange contradiction du cœur de l'homme ! Moi qui avois tant desiré de dire les choses du mystère à celle que j'aimois déja comme le soleil ; maintenant interdit et confus, je crois que j'eusse préféré d'être jeté aux crocodiles de la fontaine, à me trouver seul ainsi avec Atala. La fille du désert étoit aussi troublée que son prisonnier : nous gardions un profond silence ; les Génies de l'amour avoient dérobé nos paroles. Enfin, Atala, faisant un effort, dit ceci : « Guerrier, vous êtes retenu bien » foiblement ; vous pouvez aisément vous » échapper. » A ces mots, la hardiesse revint sur ma langue, je répondis : « Foi- » blement retenu, ô femme...! » Je ne sus comment achever. Atala hésita quelques momens, puis elle dit : « Sauvez-vous. » — Et elle me détacha du tronc de l'arbre. Je saisis la corde ; je la remis dans la main de la fille étrangère, en forçant ses beaux doigts à se fermer sur ma chaîne. « Repre- » nez-la ! reprenez-la ! m'écriai-je. »—« Vous » êtes un insensé, dit Atala d'une voix » émue ; malheureux ! ne sais-tu pas que tu » seras brûlé ? Que prétends-tu ? Songes-tu » bien que je suis la fille d'un redoutable

Partie III.
Beaux-Arts et Littérature.

Livre VI.
Suite des Harmonies de la Religion chrétienne, etc.

Atala.

» Sachem ? » — « Il fut un temps, répli-
» quai-je avec des larmes, que j'étois aussi
» porté dans une peau de castor, aux
» épaules d'une mère. Mon père avoit aussi
» une belle hutte, et ses chevreuils buvoient
» les eaux de mille torrens ; mais j'erre
» maintenant sans patrie. Quand je ne serai
» plus, aucun ami ne mettra un peu d'herbe
» sur mon corps, pour le garantir des mou-
» ches ; le corps d'un étranger malheureux
» n'intéresse personne. »

« Ces mots attendrirent Atala. Ses larmes tombèrent dans la fontaine. — « Ah !
» repris-je avec vivacité, si votre cœur
» parloit comme le mien ! Le désert n'est-il
» pas libre ? les forêts n'ont-elles point
» dans leur robe verdoyante, des replis où
» nous cacher ? Faut-il donc, pour être
» heureux, tant de choses aux enfans des
» cabanes ? O fille plus belle que le premier
» songe de l'époux ! ô ma bien-aimée ! ose
» suivre mes pas dans la solitude. » Telles furent mes paroles. Atala me répondit d'une voix tendre : « Mon jeune ami, vous

DU CHRISTIANISME. 263

» avez appris le langage des blancs, il est » aisé de tromper une Indienne. » — « Quoi ! » m'écriai-je, vous m'appelez votre jeune » ami ! Ah ! si un pauvre esclave... » — « Eh bien ! dit-elle, en se penchant sur » moi, un pauvre esclave »... — Je repris avec ardeur : « Qu'un seul baiser l'assure » de ta foi » ! — Atala écouta ma prière : comme un faon semble pendre aux fleurs de lianes roses, qu'il saisit de sa langue délicate dans l'escarpement de la montagne, ainsi je restai suspendu aux lèvres de ma bien-aimée. »

» Hélas ! mon cher fils, le bonheur touche de près à l'infortune. Qui eût pu croire que le moment où Atala me donnoit le premier gage de son amour, seroit celui-là même qu'elle choisiroit, pour m'enfoncer le poignard dans le sein ? Cheveux blancs du vieux Chactas, quel fut votre étonnement, lorsque la fille du désert prononça ces paroles ! « Beau prisonnier, j'ai folle- » ment cédé à ton desir ; mais où nous » conduira cette passion naissante ? ma

Partie III.
Beaux-Arts
et
Littérature.

Livre VI.
Suite des
Harmonies
de
la Religion
chrétienne,
etc.

Atala.

» religion me sépare de toi pour toujours...;
» O ma mère ! qu'as-tu fait ?....» Atala se
tut tout-à-coup, et retint je ne sais quel
fatal secret près d'échapper à ses lèvres.
Ses paroles me plongèrent dans un désespoir d'autant plus profond, que mon espérance avoit été plus vive. « Eh bien ! m'é-
» criai-je, je serai aussi cruel que vous ;
» je ne fuirai point. Vous me verrez dans
» le cadre de feu ; vous entendrez les gémis-
» semens de ma chair, et vous serez pleine
» de joie. » — Atala saisit mes mains entre
les deux siennes. « Pauvre jeune idolâtre,
» s'écria-t-elle, tu me fais réellement pitié !
» tu veux donc que je pleure tout mon
» cœur ? Quel dommage que je ne puisse
» m'enfuir avec toi ! Malheureux a été le
» ventre de ta mère, ô Atala ! Que ne te
» jettes-tu au crocodile de la fontaine ! »

« Dans ce moment même, les crocodiles, aux approches du coucher du soleil, commençoient à faire entendre leurs rugissemens. Atala me dit : « Quittons cette grotte noire. » J'entraînai la fille de Simaghan aux pieds des côteaux, qui formoient des golfes de verdure, en avançant leurs promontoires dans la savane. Tout étoit calme, superbe, solitaire et mélancolique au désert. La cigogne crioit sur son nid, les bois retentissoient du chant monotone des cailles, du sifflement des perruches, du mugissement des bisons, et du hennissement des cavales siminoles.

« Notre promenade fut presque muette : je marchois à côté d'Atala ; elle tenoit le bout de la corde, que je l'avois forcée de reprendre. Quelquefois nous versions des pleurs ; quelquefois nous cherchions un sourire ; un regard, tantôt levé vers le ciel, tantôt attaché à la terre ; une oreille attentive au chant de l'oiseau, un geste vers le soleil couchant, une main tendrement serrée, un sein tour-à-tour palpitant, tour-à-tour tranquille ; les noms de Chactas et d'Atala, doucement répétés par intervalles... Oh ! première promenade de l'amour, faite avec Atala dans le désert ! il faut que votre souvenir soit bien puissant, puisqu'après tant d'années d'infortune, vous remuez encore le cœur du vieux Chactas ! »

« Qu'ils sont incompréhensibles les mortels agités par les passions ! Je venois d'abandonner le généreux Lopez, et de m'exposer à tous les dangers pour être libre ; dans un instant le regard d'une femme avoit changé mes goûts, mes résolutions, mes pensées. Oubliant mon pays, ma mère, ma cabane et la mort affreuse qui m'attendoit, j'étois devenu indifférent à tout ce qui n'étoit pas Atala. Sans force pour m'élever à la raison de l'homme, j'étois retombé tout-à-coup dans une espèce d'enfance ; et loin de pouvoir rien faire pour moi-même, j'aurois eu presque besoin qu'on s'occupât de mon sommeil et de ma nourriture. »

« Ce fut donc vainement qu'après nos courses dans la savane, Atala, se jetant à mes genoux, m'invita de nouveau à la quitter. Je lui protestai que je retournerois seul au camp, si elle refusoit de me rattacher au pied de mon arbre. Elle fut obligée de me satisfaire, espérant me convaincre une autre fois. »

« Le lendemain de cette journée, qui décida du destin de ma vie, notre troupe s'arrêta dans une vallée, non loin de Cuscowilla, capitale des Siminoles. Ces Indiens unis aux Muscogulges, forment avec eux la confédération des Creeks. La fille du pays des palmiers vint me trouver au milieu de la nuit. Elle me conduisit dans une grande forêt de pins, et renouvela ses prières pour m'engager à la fuite. Sans lui répondre, je pris sa main dans ma main, et je forçai cette biche altérée d'errer avec moi dans toute la forêt. La nuit étoit délicieuse. Le génie des airs secouoit sa chevelure bleue, embaumée de la senteur des pins, et l'on respiroit la foible odeur d'ambre, qu'exhaloient les crocodiles couchés sous les tamarins des fleuves. La lune brilloit au milieu d'un azur sans tache, et sa lumière gris de perle, flottoit sur la cime indéterminée des forêts. Aucun bruit ne se faisoit entendre, hors je ne sais quelle harmonie lointaine, qui régnoit dans la profondeur des bois : on eût dit que l'ame de la solitude soupiroit dans toute l'étendue du désert. »

« Nous apperçûmes à travers les arbres un jeune homme, qui, tenant à la main un flambeau, ressembloit au génie du printemps, parcourant les forêts, pour ranimer la nature. C'étoit un amant qui alloit s'instruire de son sort à la cabane de sa maîtresse. Si la vierge éteignoit le flambeau, elle acceptoit un époux; si elle se voiloit sans l'éteindre, elle rejetoit les vœux offerts. Le guerrier, en se glissant dans les ombres, chantoit à demi-voix ces paroles :

« Je devancerai les pas du jour sur le
» sommet des montagnes, pour surprendre
» ma colombe solitaire sur le rameau de la
» forêt. »

« J'ai attaché à son cou un collier de por-
» celaines (1); on y voit trois grains rouges
» pour mon amour, trois violets pour mes
» craintes, trois bleus pour mes espérances. »

« Mila a les yeux d'une hermine et la

(1) Sorte de coquillage.

» chevelure légère d'un champ de riz : sa
» bouche est un coquillage rose, garni de
» perles; ses deux seins sont comme deux
» petits chevreaux sans tache, nés au même
» jour d'une seule mère. »

« Puisse Mila éteindre ce flambeau ! Puisse
» sa bouche verser sur lui une ombre vo-
» luptueuse ! Je fertiliserai son sein. L'espoir
» de la patrie pendra à sa mamelle féconde,
» et je fumerai mon calumet de paix sur
» le berceau de mon fils ! »

« Ah ! laissez-moi devancer les pas du
» jour sur le sommet des montagnes, pour
» surprendre ma colombe solitaire sur le
» rameau de la forêt ! »

« Ainsi chantoit ce jeune homme, dont
les accens portèrent le trouble jusqu'au fond
de mon ame, et firent changer de visage à
Atala : nos mains unies frémirent l'une dans
l'autre. Mais nous fûmes distraits de cette
scène, par une scène non moins dangereuse

pour nous. Nous passâmes auprès du tombeau d'un enfant, qui servoit de limite à deux nations, dans la solitude. On l'avoit placé au bord du chemin public, selon l'usage, afin que les jeunes femmes, en allant à la fontaine, pussent attirer dans leur sein l'ame de l'innocente créature, et la rendre à la patrie. On y voyoit dans ce moment des épouses nouvelles, qui desirant les douceurs de la maternité, cherchoient, en entr'ouvrant leurs lèvres, à recueillir l'ame du petit enfant, qu'elles croyoient voir errer sur les fleurs. Elles firent place à la véritable mère, qui déposa une gerbe de maïs et des fleurs de lis blancs sur la tombe. Elle arrosa la terre de son lait; ensuite s'asseyant sur le gazon humide, elle parla à son enfant d'une voix attendrie; elle disoit :

« Pourquoi te pleurois-je dans ton ber-
» ceau de terre, ô mon nouveau-né ! Quand
» le petit oiseau devient grand, il faut qu'il
» cherche sa nourriture, et il trouve dans
» le désert bien des graines amères. Du

« moins tu as ignoré les pleurs; du moins ton cœur n'a point été exposé au souffle dévorant des hommes. Le bouton qui sèche dans son enveloppe, passe avec tous ses parfums, comme toi, ô mon fils ! avec toute ton innocence. Heureux ceux qui meurent au berceau, ils n'ont connu que les baisers et les souris d'une mère ! »

« Déja subjugués par notre propre cœur, nous fûmes accablés par ces images d'amour et de maternité, qui, la nuit dans ces solitudes enchantées, sembloient nous poursuivre, pour nous confondre. J'emportai Atala dans mes bras au fond de toutes les forêts, et je lui dis des choses, que je chercherois en vain à présent sur mes lèvres. Le vent du midi, mon cher fils, perd sa chaleur en passant sur des vallées de glaces; les souvenirs de l'amour dans le cœur d'un vieillard, sont comme les feux de l'astre du jour, réfléchis par l'orbe paisible de la lune, lorsque le soleil est couché, et que le silence et la mélancolie planent sur les huttes des Sauvages. »

« Qui pouvoit sauver Atala, qui pouvoit l'empêcher de succomber à la nature ? Rien qu'un miracle, sans doute, et ce miracle fut fait. La fille de Simaghan eut recours au Dieu des chrétiens : elle se précipita sur la terre, et prononça une fervente oraison, adressée à sa mère, et à la reine des vierges. C'est de ce moment, ô René ! que j'ai conçu une merveilleuse idée de cette religion, qui dans les forêts, au milieu de toutes les privations de la vie, peut remplir de mille dons deux infortunés ; de cette religion, qui opposant sa seule puissance au torrent débordé des passions, suffit pour vaincre le penchant le plus fougueux, lorsque tout le favorise, et le secret des bois, et l'absence des hommes, et la fidélité des ombres. Ah ! qu'elle me parut divine, la simple Sauvage, l'ignorante Atala, qui, à genoux devant un vieux pin tombé, comme au pied d'un autel, offroit à son Dieu, à travers la cime des bois, ses vœux pour un amant idolâtre ! Ses yeux levés vers l'astre de la nuit, ses joues brillantes des pleurs de la religion et de l'amour, étoient d'une beauté immortelle. Plusieurs fois il me sembla qu'elle alloit prendre son vol vers les cieux ; plusieurs fois je crus voir descendre sur les rayons de la lune, et entendre dans les branches des arbres, ces génies que le Dieu des chrétiens envoie aux hermites des rochers, lorsqu'il se dispose à les rappeler à lui : j'en fus affligé, car je prévis qu'Atala avoit peu de temps à passer sur la terre. »

« Cependant elle versa tant de larmes, elle se montra si malheureuse, que j'allois peut-être consentir à m'éloigner, lorsque le cri de mort retentit dans la forêt. Quatre hommes armés se précipitent sur moi : nous avions été découverts ; le chef de guerre avoit donné l'ordre de nous poursuivre. »

« Atala, qui ressembloit à une reine pour l'orgueil de la démarche et de la pensée, dédaigna de parler à ces guerriers. Elle leur lança un regard superbe, et se rendit auprès de Simaghan. »

« Elle ne put rien obtenir. On redoubla

mes gardes, on multiplia mes chaînes, on écarta mon amante. Cinq nuits s'écoulent, et nous appercevons Apalachucla, située au bord de la rivière Chata-Uche. Aussitôt on me couronne de fleurs, on me peint le visage d'azur et de vermillon, on m'attache des perles au nez et aux oreilles, et l'on me met à la main une chichikoué (1). »

« Ainsi paré pour le sacrifice, j'entre dans Apalachucla, aux cris répétés de la foule. C'en étoit fait de ma vie, quand tout-à-coup le bruit d'une conque se fait entendre, et le Mico, ou chef de la nation, ordonne de s'assembler. »

« Tu connois, mon fils, les tourmens que les Sauvages font subir aux prisonniers de guerre. Les missionnaires chrétiens, aux périls de leurs jours, et avec une charité infatigable, étoient parvenus, dans plusieurs nations, à faire substituer un esclavage assez doux, aux horreurs du bûcher. Les Muscogulges n'avoient point encore adopté cette coutume ; mais un

(1) Instrument de musique des Sauvages.

parti nombreux s'étoit déclaré en sa faveur. C'étoit pour prononcer sur cette importante affaire, que le Mico convoquoit les Sachems ; on me conduit au lieu des délibérations. »

« Non loin d'Apalachucla, s'élevoit sur un tertre isolé, le pavillon du conseil. Trois cercles de colonnes formoient l'élégante architecture de cette rotonde. Les colonnes étoient de cyprès poli et sculpté : elles augmentoient en hauteur et en épaisseur, et diminuoient en nombre, à mesure qu'elles se rapprochoient du centre, marqué par un pilier unique. Du sommet de ce pilier partoient des bandes d'écorce, qui passant sur le sommet des autres colonnes, couvroient le pavillon, en forme d'évantail à jour. »

« Le conseil s'assemble. Cinquante vieillards, en superbe manteau de castor, se rangent sur des espèces de gradins, faisant face à la porte du pavillon : le grand chef est assis au milieu d'eux, tenant à la main le calumet de paix à demi-coloré pour la

Mm..

guerre. A la droite des vieillards, se placent cinquante femmes, couvertes d'une robe ondoyante de plumes de cygnes. Les chefs de guerre, le tomahawk à la main, le pennache sur la tête, les mains et la poitrine teintes de sang, prennent la gauche des pères de la patrie. »

« Au pied de la colonne centrale, brûle le feu du conseil. Le premier jongleur environné de huit gardiens du temple, vêtu de longs habits, et portant un hibou empaillé sur la tête, verse du baume de copalme sur la flamme, et offre un sacrifice au soleil. Ce triple rang de vieillards, de matrones, de guerriers ; ces prêtres, ces nuages d'encens, ce sacrifice ; tout sert à donner à ce conseil sauvage un appareil extraordinaire et pompeux. »

« J'étois debout enchaîné au milieu de l'assemblée. Le sacrifice achevé, le Mico prend la parole, et expose avec simplicité l'affaire qui rassemble le conseil. Il jette un collier bleu dans la salle, en témoignage de ce qu'il vient de dire. »

« Alors un Sachem de la tribu de l'aigle, se lève, et parle ainsi :

« Mon père le Mico, Sachems, matrones,
» guerriers des quatre tribus de l'aigle, du
» castor, du serpent et de la tortue, ne
» changeons rien aux mœurs de nos aïeux ;
» brûlons le prisonnier, et n'amollissons
» point nos courages. C'est une coutume
» des blancs qu'on vous propose, elle ne
» peut être que pernicieuse. Donnez un
» collier rouge, qui contienne mes pa-
» roles. »

« J'ai dit. »

« Et il jette un collier rouge dans l'as-
» semblée. »

« Une matrone se lève, et dit : »

« Mon père l'aigle, vous avez l'esprit
» d'un renard, et la prudente lenteur d'une
» tortue. Je veux entre vous et moi la
» chaîne d'amitié, et nous planterons en-
» semble l'arbre de paix. Mais changeons
» les coutumes de nos aïeux, en ce qu'elles
» ont de funeste. Ayons des esclaves qui
» cultivent nos champs, et n'entendons

» plus les cris du prisonnier, qui troublent » le sein des mères. »

« J'ai dit. »

« Comme on voit les flots de la mer se briser pendant un orage, comme en automne les feuilles séchées sont enlevées par un tourbillon, comme les roseaux du Meschacebé plient et se relèvent dans une inondation subite, comme un grand troupeau de cerfs, brame au fond d'une forêt ; ainsi s'agitoit et murmuroit le conseil. Des Sachems, des guerriers, des matrones parlent tour-à-tour ou tous ensemble. Les intérêts se choquent, les opinions se divisent, le conseil va se dissoudre ; mais enfin l'usage antique l'emporte, et l'on décide que je serai brûlé avec les tourmens accoutumés. »

« Une circonstance vint retarder mon supplice ; la *fête des morts*, ou *le festin des ames* approchoit. Il est d'usage qu'on ne fasse mourir aucun captif pendant les jours consacrés à cette grande cérémonie. On me confia à une garde sévère, et sans doute les Sachems éloignèrent la fille de Simaghan, car je ne la revis plus. »

« Cependant les nations de plus de trois cents lieues à la ronde, arrivoient en foule pour célébrer le festin des ames. On avoit bâti une longue hutte sur un site écarté, dans le désert. Au jour marqué, chaque cabane exhuma les restes de ses pères de leurs tombeaux particuliers, et l'on suspendit tous ces squelettes, par ordre et par famille, aux parois des murs de la *salle commune des aïeux*. Les vents (on avoit choisi le moment d'une tempête), les vents, les forêts, les cataractes mugissoient au-dehors, tandis que les vieillards des diverses nations, concluoient entr'eux des traités de commerce, de paix et d'alliance sur les os de leurs pères. »

« On célèbre les jeux funèbres, la course, la balle, les osselets. Deux vierges cherchent à s'arracher une baguette de saule. Les boutons de leurs seins viennent se toucher, leurs bouches se rencontrent, leurs mains voltigent sur la baguette, qu'elles élèvent au-dessus de leurs têtes. Leurs beaux pieds nuds s'entrelacent, leurs douces haleines se confondent; elles se penchent, et mêlent leur chevelure; elles regardent leurs mères, rougissent, on applaudit (1). Le jongleur invoque Michabou, génie des eaux. Il raconte les guerres du grand Lièvre contre Matchimanitou, dieu du mal. Il dit le premier homme, et la belle Atahensic la première de toutes les femmes, précipités du ciel pour avoir perdu l'innocence ; la terre rougie du sang fraternel; Jouskeka, l'impie, immolant le juste Tahouistsaron; le déluge descendant à la voix du grand Esprit, Massou sauvé seul dans son canot d'écorce, et le corbeau envoyé à la découverte de la terre. Il dit encore la belle Endaé, retirée de la contrée des ames par les douces chansons de son époux. »

« Après ces jeux et ces cantiques, on se prépare à donner aux aïeux une éternelle sépulture. »

(1) La rougeur est sensible chez les jeunes Sauvages.

« Sur les bords de la rivière Chata-Uche se voyoit un figuier sauvage, que le culte des peuples avoit consacré. Les vierges avoient accoutumé de laver leurs robes d'écorce dans ce lieu, et de les exposer au souffle du désert, sur les rameaux de l'arbre antique : c'étoit-là qu'on avoit creusé un immense tombeau. On part de la salle funèbre, en chantant l'hymne à la mort. Chaque famille porte quelque débris sacré. Cette procession solennelle arrive à la tombe. On y descend les reliques; on les y étend par couche, en les séparant avec des peaux d'ours et de castors. Le mont du tombeau s'élève, et l'on y plante l'arbre des pleurs et du sommeil. »

« Plaignons les hommes, mon cher fils ! Ces mêmes Indiens, dont les coutumes sont si touchantes ; ces mêmes femmes, qui m'avoient témoigné un intérêt si tendre, demandoient maintenant mon supplice à grands cris, et des nations entières retardoient leur départ, pour avoir le plaisir de voir un malheureux jeune homme souffrir des tourmens épouvantables. »

» Dans une vallée au nord, à quelque distance du grand village, s'élevoit un bois sombre de cyprès et de sapins, appelé le *bois du sang*. On y arrivoit par les ruines d'un de ces anciens monumens, dont on ignore l'origine, et qui sont l'ouvrage d'un peuple maintenant inconnu. Au centre de ce bois, s'étendoit une vaste arêne, où l'on sacrifioit les prisonniers de guerre. On m'y conduit en triomphe : tout se prépare pour ma mort. On plante le poteau d'Areskoui ; les pins, les ormes, les cyprès antiques tombent sous la cognée ; le bûcher s'élève ; les spectateurs bâtissent des amphithéâtres avec des branches et des troncs d'arbres. Chacun invente un supplice ; l'un se propose de m'arracher la peau du crâne, l'autre de me brûler les yeux avec des haches ardentes : je commence ma chanson de mort. »

« Je ne crains point les tourmens, je suis
» brave, ô Muscogulges, je vous défie ! je
» vous méprise plus que des femmes. Mon
» père Outalissi, fils de Miscou, a bu dans

» le crâne de vos plus fameux guerriers, vous n'arracherez pas un soupir de mon cœur. »

« Provoqué par ma chanson, un guerrier me perça le bras d'une flèche, je dis : « frère, je te remercie. »

« Malgré l'activité des bourreaux, les préparatifs du supplice ne purent être achevés avant le coucher du soleil. On consulta le jongleur, qui défendit de troubler les génies des ombres, et ma mort fut encore suspendue jusqu'au lendemain. Mais dans l'impatience de jouir du spectacle, et pour être plutôt prêt au lever de l'aurore, on ne quitta point le *bois du sang*, on alluma de grands feux, et l'on commença des festins et des danses. »

« Cependant on m'avoit étendu sur le dos. Des cordes partant de mon cou, de mes pieds, de mes bras, alloient s'attacher à des piquets enfoncés en terre. Des guerriers étoient couchés sur ces cordes, et je ne pouvois faire un mouvement, sans qu'ils en fussent avertis. La nuit s'alonge ; les chants et les danses cessent par degré; les feux ne jettent plus que des lueurs rougeâtres, devant lesquelles on voit encore passer les ombres de quelques Sauvages errans; tout s'endort : à mesure que le bruit des hommes s'affoiblit, celui du désert augmente, et au tumulte des voix, succèdent les plaintes du vent dans la forêt. »

« C'étoit l'heure où une jeune Indienne, qui ne vient que d'être mère, se réveille en sursaut au milieu de la nuit; car elle a cru entendre les cris de son premier-né, qui lui demande la douce nourriture. Les yeux attachés au ciel, où le croissant de la lune erroit dans les nuages, je réfléchissois sur ma destinée : Atala me sembloit un monstre d'ingratitude. Moi qui m'étois dévoué aux flammes plutôt que de la quitter ! . . . . . m'abandonner au moment du supplice ! ... Et pourtant je sentois que je l'aimois toujours, et que je mourrois avec joie pour elle. »

« Il est dans les extrêmes plaisirs, un aiguillon, qui nous éveille, comme pour nous avertir de profiter de ce moment rapide ; dans les grandes douleurs, au contraire, il y a je ne sais quoi de pesant, qui nous endort; des yeux fatigués par les larmes, cherchent naturellement à se fermer : la bonté de la Providence se fait ainsi remarquer, jusques dans nos infortunes. Je cédai, malgré moi, à ce lourd sommeil que goûtent quelquefois les misérables. Je rêvois qu'on m'ôtoit mes chaînes, et je croyois sentir ce soulagement qu'on éprouve, lorsqu'après avoir été fortement pressé, une main secourable relâche nos fers. »

« Cette sensation devint si vive, qu'elle me fit soulever les paupières. A la pâle clarté de la lune, dont un rayon s'échappoit alors entre deux nuages, j'entrevois une grande figure blanche penchée sur moi, et occupée à dénouer silencieusement mes liens. J'allois pousser un cri, lorsqu'une main, que je reconnus à l'instant, me ferma la bouche. Une seule corde restoit, mais il paroissoit impossible de la rompre sans toucher un guerrier, qui la couvroit toute entière de son corps. Atala y porte la main ; le guerrier s'éveille à demi, et se dresse sur son séant. Atala reste immobile, et le regarde. L'Indien croit que c'est l'Esprit des ruines ; il se recouche, en fermant les yeux, et en invoquant son Manitou : le lien est brisé. Je me lève, je suis ma libératrice. Mais que de dangers nous environnent ! Tantôt nous sommes près de heurter des Sauvages endormis dans l'ombre ; tantôt une garde nous interroge, et Atala répond en changeant sa voix. Des enfans poussent des cris, des dogues aboient sur notre passage. A peine sommes-nous sortis de l'enceinte funeste, que des hurlemens ébranlent la forêt. Le camp se réveille, mille feux s'allument, on voit courir de tous côtés des Sauvages avec des flambeaux : nous précipitons notre course. »

« Quand l'aurore sortit de l'Orient, nous étions deja loin dans le désert. Grand Esprit ! vous le savez, quelle fut ma félicité, lorsque je me retrouvai encore une fois dans la solitude avec Atala, avec Atala ma libératrice, avec Atala qui se donnoit à moi pour toujours ! Les paroles manquèrent à ma langue, je tombai à genoux, et je dis à la fille de Simaghan : « Les hommes sont » bien peu de chose ; mais quand les » génies les visitent, alors ils ne sont rien » du tout. Vous êtes un génie, vous m'avez » visité, et je ne puis parler devant vous. » — Atala me tendit la main avec un sourire mélancolique : « Il faut bien, dit-elle, que » je vous suive, puisque vous ne voulez » pas fuir sans moi. Cette nuit, j'ai séduit » le jongleur par des présens, j'ai enivré » vos bourreaux avec de l'essence de feu (1), » et j'ai dû hasarder ma vie pour vous, » puisque vous aviez donné la vôtre pour » moi. Oui, jeune idolâtre, ajouta-t-elle, » avec un accent qui m'effraya, le sacrifice » sera réciproque. »

« Atala me remit des armes qu'elle avoit eu soin d'apporter, ensuite elle pansa ma blessure. En l'essuyant avec une feuille de

---

(1) De l'eau-de-vie.

papaya, elle la mouilloit de ses larmes. « C'est un baume, lui dis-je, que tu répands » sur ma plaie. » — « Je crains plutôt que » ce ne soit un poison, répondit-elle. » Elle déchira un des voiles de son sein, dont elle fit une première compresse, qu'elle attacha avec une boucle de ses cheveux. »

« L'ivresse qui dure long-temps chez les Sauvages, et qui est pour eux une espèce de maladie, les empêcha sans doute de nous poursuivre durant les premières journées ; et s'ils nous cherchèrent ensuite, il est probable que ce fut du côté de l'Occident, dans la persuasion que nous aurions essayé d'atteindre le Meschacebé : mais nous avions pris notre route vers l'étoile immobile (1), en nous dirigeant sur la mousse du tronc des arbres. »

« Nous ne tardâmes pas à nous appercevoir que nous avions peu gagné à ma délivrance. Le désert dérouloit maintenant devant nous ses solitudes démesurées. Sans

---

(1) Le Nord.

expérience de la vie des forêts, détournés de notre vrai chemin, et marchant à l'aventure, qu'allions-nous devenir dans ces bois sauvages ? Souvent en regardant Atala, je me rappelois cette antique histoire d'Agar, que Lopez m'avoit fait lire, et qui est arrivée dans le désert de Bersabée, il y a bien long-temps, alors que les hommes vivoient trois âges de chênes. »

« Atala me fit un manteau avec la seconde écorce du frêne, car j'étois presque nud. Elle me broda des mocassines (1) de peau de rat musqué, avec du poil de porcs-épics. Je prenois soin à mon tour de sa parure. Tantôt je lui mettois sur la tête une couronne de ces mauves bleues, que nous trouvions sur notre route, dans des cimetières indiens abandonnés; tantôt je lui faisois des colliers avec des graines rouges d'azalea; et puis je me prenois à sourire, en contemplant sa merveilleuse beauté. »

(1) Chaussure indienne.

« Quand nous rencontrions un fleuve, nous le passions sur un radeau ou à la nage. Atala appuyoit une de ses mains sur mon épaule, et, comme deux cygnes voyageurs, nous traversions ces ondes solitaires. »

« Souvent dans les grandes chaleurs du jour, nous cherchions un abri sous les mousses des cèdres. Presque tous les arbres de la Floride, en particulier le cèdre et le chêne vert, sont couverts d'une mousse blanche, qui descend de leurs rameaux jusqu'à terre. Quand la nuit, au clair de la lune, vous appercevez sur la nudité d'une savane, une yeuse isolée, revêtue de cette draperie, vous croiriez voir un fantôme, traînant après lui ses longs voiles. La scène n'est pas moins pittoresque au grand jour, car une foule de papillons, de mouches brillantes, de colibris, de perruches vertes, de geais d'azur, viennent s'accrocher à ces mousses, et présentent avec elles l'effet d'une tapisserie en laine blanche, où l'ouvrier Européen auroit brodé des insectes et des oiseaux éclatans. »

« C'étoit dans ces merveilleuses hôtelleries, préparées au milieu des solitudes, par le grand Esprit, que nous nous reposions à l'ombre. Lorsque les vents descendoient du ciel pour balancer ce grand cèdre; que le château aérien, bâti sur ses branches, alloit flottant avec les oiseaux et les voyageurs endormis dans ses abris; que mille soupirs sortoient des corridors et des voûtes du mobile édifice, jamais les merveilles de l'ancien monde, n'ont approché de ce monument de désert. »

« Chaque soir nous allumions un grand feu, et nous bâtissions la hutte du voyage, avec une écorce élevée sur quatre piquets. Si j'avois tué une dinde sauvage, un ramier, un faisan des bois, nous le suspendions devant le chêne embrâsé, au bout d'une gaule plantée en terre, et nous abandonnions au vent le soin de tourner la proie du chasseur. Nous mangions des mousses appelées *tripes de roches*, des écorces sucrées de bouleau, et des pommes de mai, qui ont le goût de la pêche et de la framboise unies. Le noyer noir, le sumach, l'érable, fournissoient le vin à notre table solitaire. Quelquefois j'allois chercher, parmi les roseaux, une plante dont la fleur alongée en cornet, contenoit un verre de la plus pure rosée. Nous bénissions la Providence, qui, sur la foible tige d'une fleur, avoit placé cette source limpide au milieu des marais corrompus, comme elle a mis l'espérance au fond des cœurs ulcérés par le chagrin, comme elle a fait jaillir la vertu du sein des misères de la vie. »

« Hélas ! je découvris bientôt que je m'étois trompé sur le calme apparent d'Atala. A mesure que nous avancions dans le désert, elle devenoit triste. Souvent elle tressailloit sans cause, et tournoit précipitamment la tête. Je la surprenois attachant sur moi un regard passionné, qu'elle reportoit vers le ciel avec une profonde mélancolie. Ce qui m'effrayoit sur-tout, étoit je ne sais quel secret, je ne sais quelle pensée, cachée au fond de son ame, que j'entrevoyois dans ses yeux. Toujours m'attirant et me repoussant, ranimant et détruisant mes espérances, quand je croyois avoir fait un peu de chemin dans son cœur, je me retrouvois au même point. Que de fois elle m'a dit : « Ô mon jeune amant ! je t'aime comme » l'ombre des bois au milieu du jour ! tu es » beau comme le désert avec toutes ses » fleurs et toutes ses brises. Si je me penche » sur toi, je frémis ; si ma main tombe sur » la tienne, il me semble que je vais mourir. » L'autre jour le vent jeta tes cheveux sur » mon visage, tandis que tu te délassois » sur mon sein ; je crus sentir le léger toucher » des esprits invisibles. Oui, j'ai vu » les chevrettes de la montagne d'Occone ; » j'ai entendu les propos des hommes rassasiés » de jour ; mais la douceur des petits » chevreaux, et la sagesse des vieillards, » sont moins plaisantes et moins fortes que » tes paroles. Eh ! bien, pauvre Chactas, » je ne serai jamais ton épouse ! »

« Les perpétuelles contradictions de l'amour et de la religion d'Atala, l'abandon de sa tendresse et la chasteté de ses mœurs, la fierté de son caractère et sa profonde sensibilité, l'élévation de son ame dans les grandes choses, sa susceptibilité dans les petites; tout en faisoit pour moi un être incompréhensible. Atala ne pouvoit pas prendre sur un homme un foible empire : pleine de passions, elle étoit pleine de puissance ; il falloit ou l'adorer, ou la haïr. »

« Après quinze nuits d'une marche précipitée, nous entrâmes dans la chaîne des monts Allégany, et nous atteignîmes une des branches du Tenase, fleuve qui se jette dans l'Ohio. Aidé des conseils d'Atala, je bâtis un canot, que j'enduisis de gomme de prunier, après en avoir recousu les écorces avec des racines de sapin. Ensuite je m'embarquai avec Atala, et nous nous abandonnâmes au cours du fleuve. »

« Le village indien de Stico, avec ses tombes pyramidales et ses huttes en ruines, se montroit à notre gauche, au détour d'un promontoire : nous laissions à droite la vallée de Keow, terminée par la perspective des cabanes de Jore, suspendues au front de la montagne du même nom. Le fleuve qui nous entraînoit, couloit entre de hautes falaises, au bout desquelles on appercevoit le soleil couchant. Ces profondes solitudes n'étoient point troublées par la présence de l'homme. Nous ne vîmes qu'un chasseur Indien, qui, appuyé sur son arc et immobile sur la pointe d'un rocher, ressembloit à une statue, élevée dans la montagne au génie de ces déserts. »

« Atala et moi nous joignions notre silence au silence de cette scène du monde primitif, quand tout-à-coup la fille de l'exil fit éclater dans les airs une voix pleine d'émotion et de mélancolie : elle chantoit la patrie absente. »

« Heureux ceux qui n'ont point vu la
» fumée des fêtes de l'étranger, et qui
» ne se sont assis qu'aux festins de leurs
» pères ! »

« Si le geai bleu du Meschacebé disoit à
» la Nompareille des Florides : pourquoi

« vous plaignez-vous si tristement ? n'avez-vous pas ici de belles eaux et de beaux ombrages, et toutes sortes de pâtures comme dans vos forêts ? Oui, répondroit la Nompareille fugitive; mais mon nid est dans le jasmin : qui me l'apportera ? et le soleil de ma savane, l'avez-vous ? »

« Heureux ceux qui n'ont point vu la fumée des fêtes de l'étranger, et qui ne se sont assis qu'aux festins de leurs pères ! »

« Après les heures d'une marche pénible, le voyageur s'assied tristement. Il contemple autour de lui les toits des hommes; le voyageur n'a pas un lieu où reposer sa tête. Le voyageur frappe à la cabane, il met son arc derrière la porte, il demande l'hospitalité; le maître fait un geste de la main : le voyageur reprend son arc, et retourne au désert ! »

« Heureux ceux qui n'ont point vu la fumée des fêtes de l'étranger, et qui

» ne se sont assis qu'aux festins de leurs
» pères ! »

« Merveilleuses histoires racontées autour du foyer, tendres épanchemens du cœur, longues habitudes d'aimer si nécessaires à la vie, vous avez rempli les journées de ceux qui n'ont point quitté leur pays natal ! Leurs tombeaux sont dans leur patrie, avec le soleil couchant, les pleurs de leurs amis, et les charmes de la religion ! »

« Heureux ceux qui n'ont point vu la fumée des fêtes de l'étranger, et qui ne se sont assis qu'aux festins de leurs pères ! »

« Ainsi chantoit Atala : rien n'interrompoit ses plaintes, hors le bruit insensible de notre canot sur les ondes. En deux ou trois endroits seulement, elles furent recueillies par un foible écho, qui les redit à un second plus foible, et celui-ci à un troisième, plus foible encore : on eût cru que les ames de deux amans, jadis infortunés comme nous, attirées par cette mélodie touchante, se plaisoient à en soupirer les derniers sons dans la montagne. »

« Cependant la solitude, la présence continuelle de l'objet aimé, nos malheurs même, redoubloient à chaque instant notre amour. Les forces d'Atala commençoient à l'abandonner, et les passions, en abattant son corps, alloient triompher de ses vertus chrétiennes. Elle prioit continuellement sa mère, dont elle avoit l'air de vouloir appaiser l'ombre irritée. Quelquefois elle me demandoit si je n'entendois pas une voix plaintive, et si je ne voyois pas des flammes sortir de la terre. Pour moi, épuisé de fatigue, brûlant de desir, et songeant que j'étois peut-être perdu sans retour dans ces forêts, cent fois je fus prêt à saisir mon épouse dans mes bras; cent fois je lui proposai de bâtir une hutte dans ces déserts, et de nous y ensevelir ensemble. Mais elle me résista toujours : « Songe, me disoit-
» elle, mon jeune ami, qu'un guerrier se
» doit à sa patrie; qu'est-ce qu'une foible

» femme auprès des devoirs que tu as à
» remplir ? Prends courage, fils d'Outalissi,
» ne murmure point contre ta destinée : le
» cœur de l'homme est comme l'éponge
» du fleuve, qui tantôt boit une onde pure
» dans les temps de sérénité, tantôt s'enfle
» d'une eau bourbeuse, quand le ciel a
» troublé les eaux. L'éponge a-t-elle le droit
» de dire : « Je croyois qu'il n'y eût jamais
» eu d'orages, et que le soleil n'eût
» jamais été brûlant ? »

« O René, si tu crains les troubles du cœur, défie-toi des retraites sauvages : les grandes passions sont solitaires, et les transporter au désert, ce n'est que les rendre à leur empire. Accablés de soucis et de craintes, exposés à tomber entre les mains des Indiens ennemis, à être engloutis dans les eaux, piqués des serpens, dévorés des bêtes, trouvant difficilement une chétive nourriture, et ne sachant plus de quel côté tourner nos pas, nos maux sembloient ne pouvoir plus s'accroître, lorsqu'un accident y vint mettre le comble. »

« C'étoit le vingt-septième soleil depuis notre départ des cabanes : la *lune de feu* (1) avoit commencé son cours, et tout annonçoit un orage. Vers l'heure où les matrones indiennes suspendent la crosse du labour aux branches du savinier, et où les perruches se retirent dans le creux des cyprès, pour goûter la fraîcheur au milieu du jour, le ciel commença à se couvrir. Toutes les voix de la solitude s'éteignirent, le désert fit silence, et les forêts muettes demeurèrent dans un calme universel. Bientôt les roulemens d'un tonnerre lointain, se prolongeant dans ces bois aussi antiques que le monde, en firent sortir des bruits sublimes. Craignant d'être submergés dans le fleuve, nous nous hâtâmes de gagner le bord, et de nous retirer dans une forêt. »

« Ce lieu étoit un terrain marécageux. Nous avancions avec peine sous une voûte de smilax, et parmi des ceps de vigne, des indigo, des faséoles, des lianes rampantes,

(1) Mois de juillet.

qui entravoient nos pieds comme des filets. Le sol humide murmuroit autour de nous, et à chaque instant nous étions près d'être engloutis dans des fondrières. Des insectes sans nombre, d'énormes chauves-souris nous aveugloient ; les serpens à sonnette bruissoient de toutes parts ; et les loups, les ours, les bisons, les carcajous, les petits tigres, qui se venoient cacher dans ces retraites, les remplissoient de leurs rugissemens. »

« Cependant l'obscurité redouble : les nuages abaissés entrent sous l'ombrage des bois. Tout-à-coup la nue se déchire, et l'éclair trace un rapide lozange de feu. Un vent impétueux sorti du couchant, mêle en un vaste chaos les nuages avec les nuages. Le ciel s'ouvre coup sur coup, et à travers ses crevasses, on apperçoit de nouveaux cieux et des campagnes ardentes. La masse entière des forêts plie. Quel affreux et magnifique spectacle ! La foudre met le feu dans les bois ; l'incendie s'étend comme une chevelure de flammes ; des colonnes d'étincelles et de fumées assiègent les nues, qui dégorgent leurs foudres dans le vaste embrâsement. Les détonations de l'orage et de l'incendie, le fracas des vents, les gémissemens des arbres, les cris des fantômes, les hurlemens des bêtes, les clameurs des fleuves, les sifflemens des tonnerres qui s'éteignent en tombant dans les ondes; tous ces bruits multipliés par les échos du ciel et des montagnes, assourdissent le désert. »

« Le grand Esprit le sait ! Dans ce moment je ne vis qu'Atala, je ne pensai qu'à elle. Sous le tronc penché d'un vaste bouleau, je parvins à la garantir des torrens de pluie. Assis moi-même sous l'arbre hospitalier, tenant ma bien-aimée sur mes genoux, et réchauffant ses beaux pieds nuds entre mes mains amoureuses, j'étois plus heureux qu'une nouvelle épouse, qui sent pour la première fois son fruit tressaillir dans son sein. »

« Cependant nous prêtions l'oreille au bruit de la tempête; tout-à-coup je sentis

une larme d'Atala tomber sur mon sein découvert : « Orage du cœur, m'écriai-je, est-ce une goutte de votre pluie ? » Puis embrassant étroitement mon amante.—« Atala, lui dis-je, vous me cachez quelque chose. Ouvre-moi ton cœur, ô ma beauté ! cela fait tant de bien, quand un ami regarde dans notre ame ! Raconte-moi cet autre secret de la douleur, que tu t'obstines à taire. Ah ! je le vois, tu pleures ta patrie. »
— Elle repartit aussitôt : « Enfant des hommes, comment pleurerois-je ma patrie, puisque mon père n'étoit pas de la terre des palmiers ? » — « Quoi ! répliquai-je, avec un profond étonnement, vos pères n'étoient point du pays des palmiers ! Quel est donc celui qui vous a mise sur cette terre de larmes ? Répondez. » Atala dit ces paroles :

— « Avant que ma mère eût apporté en mariage au guerrier Simaghan, trente cavalles, vingt buffles, cent mesures d'huile de glands, cinquante peaux de castors, et beaucoup d'autres richesses,

« elle avoit connu un homme de la chair blanche. Or, la mère de ma mère lui jeta de l'eau au visage, et la contraignit d'épouser le magnanime Simaghan, tout semblable à un roi, et honoré des peuples comme un génie. Mais ma mère dit à son nouvel époux : « Mon ventre a conçu, tuez-moi. » Simaghan lui répondit : « Le grand Esprit me garde d'une si mauvaise action ! je ne vous mutilerai point, je ne vous couperai point le nez ni les oreilles, parce que vous avez été sincère, et que vous n'avez point trompé ma couche. Le fruit de vos entrailles sera mon fruit, et je ne vous visiterai qu'après le départ de l'oiseau de rizière, lorsque la treizième lune aura brillé. » En ce temps-là, je brisai le sein de ma mère, et je commençai à croître, fière comme une Espagnole et comme une Sauvage. Ma mère me fit chrétienne, comme elle-même et comme mon père. Ensuite le chagrin d'amour vint la chercher, et elle descendit dans la petite cave garnie de peaux, d'où l'on ne sort jamais. »

» Telle fut l'histoire d'Atala. « Et quel étoit donc ton père, pauvre orpheline du désert ? lui dis-je. Comment les hommes l'appeloient-ils sur la terre, et quel nom portoit-il parmi les génies ? » — « Je n'ai jamais lavé les pieds de mon père, dit Atala ; je sais seulement qu'il vivoit avec sa sœur à Saint-Augustin, et qu'il a toujours été fidèle à ma mère : Philippe étoit son nom parmi les anges, et les hommes le nommoient Lopez. »

« A ces mots, je poussai un cri qui retentit dans toute la solitude ; le bruit de mes transports se mêla au fracas des tonnerres. Serrant Atala sur mon cœur, comme si je l'eusse voulu étouffer, je m'écriai avec des sanglots interrompus. « O ma sœur ! ô fille de Lopez ! fille de mon bienfaiteur ! » Atala effrayée, me demanda d'où venoit mon trouble ; mais quand elle sut que Lopez étoit cet hôte généreux, qui m'avoit adopté à Saint-Augustin, et que j'avois quitté pour être libre, elle fut saisie elle-même de confusion et de joie.

« C'en étoit trop pour nos cœurs que cette amitié fraternelle, qui venoit nous visiter, et joindre son amour à notre amour. Tous les combats d'Atala alloient devenir inutiles : en vain je la sentis porter une main à son sein, et faire un mouvement extraordinaire ; déja je l'avois saisie, déja je m'étois enivré de son souffle, déja j'avois bu toute la magie de l'amour sur ses lèvres. Les yeux levés vers le ciel, à la lueur des foudres, je tenois mon épouse dans mes bras, au milieu de tous les déserts, en présence de l'Eternel : pompe nuptiale, digne de nos malheurs et de la grandeur de nos amours sauvages ! superbes forêts, qui agitiez toutes vos lianes et tous vos dômes, comme les rideaux et le ciel de notre couche ! pins embrasés, qui formiez les flambeaux de notre hymen ! fleuve débordé, montagnes mugissantes, affreuse et sublime nature ! n'étiez-vous donc qu'un vain appareil préparé pour nous tromper, et ne pûtes-vous cacher un moment dans vos mystérieuses horreurs, la félicité d'un homme ! »

« Atala n'offroit plus qu'une foible résistance, je touchois au moment du bonheur; quand tout-à-coup un impétueux éclair, suivi d'un éclat de la foudre, sillonne l'épaisseur des ombres, remplit la forêt de soufre et de lumière, et brise un arbre à nos pieds. Nous fuyons pleins d'épouvante. O surprise !.... dans le silence qui succède à ce grand déchirement, nous entendons le son d'une cloche ! Tous deux interdits, nous prêtons l'oreille à ce bruit, si étrange dans un désert. A l'instant un chien aboie dans le lointain ; il approche, il redouble ses cris, il arrive, il hurle de joie à nos pieds : un vieux solitaire, portant une petite lanterne, le suit à travers les ténèbres de la forêt. « La Providence soit bénie !
» s'écria-t-il, aussitôt qu'il nous apperçut. Il
» y a bien long-temps que je vous cherche !
» Nous sonnons ordinairement la cloche
» de la mission pendant la nuit, et pendant
» les tempêtes, pour appeler les voyageurs ; et à l'exemple de nos frères des
» Alpes et du Liban, nous avons appris à

» notre chien à découvrir les étrangers
» égarés dans ces solitudes. Il vous a sentis
» dès le commencement de l'orage, et il
» m'a conduit ici. Bon Dieu ! comme ils
» sont jeunes ! Pauvres enfans ! comme ils
» ont dû souffrir dans ce désert ! Allons ;
» j'ai apporté une peau d'ours, ce sera pour
» cette jeune femme ; voici un peu de vin
» dans notre calebasse. Que Dieu soit loué
» dans toutes ses œuvres ! sa miséricorde
» est bien grande, et sa bonté est infinie. »

Atala étoit aux pieds du religieux : « Chef
» de la prière, lui disoit-elle, je suis chré-
» tienne, c'est le ciel qui t'envoie ici pour
» me sauver. » — Pour moi, je comprenois
à peine l'hermite ; cette charité me sembloit
si fort au-dessus de l'homme, que je croyois
faire un songe. A la lueur de la petite lanterne, que tenoit le religieux, j'entrevoyois
sa barbe et ses cheveux tout trempés d'eau ;
ses pieds, ses mains et son visage étoient
ensanglantés par les ronces. « Vieillard,
» m'écriai-je enfin, quel cœur as-tu donc,
» toi qui n'as pas craint d'être frappé de la

» foudre ? » — « Craindre ! repartit le père,
» avec une sorte de chaleur ; craindre, lors-
» qu'il y a des hommes en péril, et que je
» leur puis être utile ! je serois donc un bien
» indigne serviteur de Jésus-Christ ! —
» Mais sais-tu, lui dis-je, que je ne suis
» pas chretien ! — Jeune homme, répondit
» l'hermite, vous ai-je demandé votre reli-
» gion ? Jésus-Christ a-t-il dit : Mon sang
» lavera celui-ci et non pas celui-là ? Il est
» mort pour le juif et le gentil, et il n'a
» vu dans tous les hommes que des frères
» et des infortunés. Ce que je fais ici pour
» vous, est fort peu de chose, et vous trou-
» veriez ailleurs bien d'autres secours ; mais
» la gloire n'en doit point retomber sur les
» prêtres. Que sommes-nous, foibles soli-
» taires, sinon de grossiers instrumens d'une
» œuvre céleste ! et cependant quel seroit
» le soldat assez lâche pour reculer, lors-
» que son chef, la croix à la main, et le
» front couronné d'épines, marche devant
» lui au secours des hommes ? »

Ces paroles saisirent tout mon cœur ;

des larmes d'admiration et de tendresse tombèrent de mes yeux. « Mes chers néo-
» phytes, dit le missionnaire, je gou-
» verne dans ces forêts un petit troupeau
» de vos frères sauvages. Ma grotte est
» assez près d'ici dans la montagne ; venez
» vous réchauffer chez moi, vous n'y trou-
» verez pas les commodités de la vie, mais
» vous y aurez un abri ; et il faut encore
» en remercier la Bonté divine, car il y a
» bien des hommes qui en manquent. »

Les Laboureurs.

« Il y a des justes dont la conscience est si tranquille, qu'on ne peut approcher d'eux sans participer à la paix qui s'exhale, pour ainsi dire, de leur cœur et de leur pensée. A mesure que le solitaire parloit, je sentois les passions s'appaiser dans mon sein, et l'orage même dans le ciel, sembloit s'éloigner à sa voix. Les nuages furent bientôt assez dispersés, pour nous permettre de quitter notre retraite. Nous sortîmes de la forêt, et nous commençâmes à gravir le revers d'une haute montagne. Le chien marchoit devant nous, en portant au bout d'un bâton la lanterne éteinte. Je tenois la main d'Atala, et nous suivions le missionnaire. Il se détournoit souvent pour nous regarder, contemplant avec pitié nos malheurs, et notre jeunesse. Un livre étoit suspendu à son cou; il s'appuyoit sur un bâton blanc. Sa taille étoit élevée, sa figure pâle et maigre, sa physionomie simple et sincère. Il n'avoit pas les traits morts et effacés de l'homme né sans passions; on voyoit que ses jours avoient été mauvais, et les rides de son front montroient les belles cicatrices des passions étouffées par les vertus, et par l'amour de Dieu et des hommes. Quand il nous parloit debout et immobile, sa longue barbe, ses yeux modestement baissés, le son affectueux de sa voix, tout en lui avoit quelque chose de calme et de sublime : quiconque a vu comme moi, le père Aubry, cheminant seul avec son bâton et son breviaire dans le désert,

« a une véritable idée du voyageur chrétien sur la terre. »

« Après une demi-heure d'une marche dangereuse par les sentiers de la montagne, nous arrivâmes à la grotte du missionnaire. Nous y entrâmes à travers les lierres et les giraumonds humides, que la pluie avoit abattus des rochers. Il n'y avoit dans ce lieu qu'une natte de feuilles de papaya, une calebasse pour puiser de l'eau, quelques vases de bois, une bêche, un serpent familier, et sur une pierre, qui servoit de table, un crucifix et le livre des chrétiens. »

« L'homme des anciens jours se hâta d'allumer du feu avec des lianes sèches; il brisa du maïs entre deux pierres, et en ayant fait un gâteau, il le mit cuire sous la cendre. Quand ce gâteau eut pris au feu une belle couleur dorée, il nous le servit tout brûlant, avec de la crême de noix dans un vase d'érable. »

« Le soir ayant ramené la sérénité, le serviteur du grand Esprit nous proposa d'aller nous asseoir sur un quartier de rocher, à l'entrée de la grotte. Nous le suivîmes dans ce lieu, qui commandoit une vue immense sur le désert. Les restes de l'orage étoient jetés en désordre vers l'orient; les feux de l'incendie allumé dans les forêts par la foudre, brilloient encore dans le lointain; au pied de la montagne un bois de pins tout entier, étoit renversé dans la vase, et les fleuves rouloient pêle-mêle, les argiles détrempées, les troncs des arbres, les corps des animaux, et les poissons morts, dont on voyoit le ventre argenté flotter à la surface des ondes. »

« Ce fut au milieu de cette scène imposante, qu'Atala raconta notre histoire au vieux génie de la montagne. Son cœur chrétien parut touché, et des larmes tombèrent sur sa barbe : « Mon enfant, dit-il à
» Atala, il faut offrir vos souffrances à Dieu,
» pour la gloire de qui vous avez déja fait
» tant de choses : il vous rendra le repos.
» Voyez fumer ces forêts, sécher ces tor-
» rens, se dissiper ces nuages; croyez-vous
» que celui qui peut calmer une telle tem-

» pête, ne pourra pas appaiser les troubles
» du cœur de l'homme ? Si vous n'avez pas
» de meilleure retraite, ma chère fille, je
» vous offre une cabane parmi le troupeau
» que j'ai eu le bonheur d'appeler à Jésus-
» Christ. J'instruirai Chactas, et je vous le
» donnerai pour époux, quand il sera digne
» de l'être. »

A ces mots je tombai aux genoux du solitaire, en versant des pleurs de joie, mais Atala devint pâle comme la mort. Le vieillard me releva avec bénignité; et je m'apperçus alors qu'il avoit les deux mains mutilées; Atala comprit sur-le-champ ses malheurs. « Les barbares ! s'écria-t-elle. » —

« Ma fille, reprit le père avec un doux
» sourire, qu'est-ce que cela auprès de ce
» qu'a enduré mon divin Maître ? Si les
» Indiens idolâtres m'ont affligé, ce sont de
» pauvres aveugles que Dieu éclairera un
» jour. Je les chéris même davantage, en
» proportion des maux qu'ils m'ont faits.
» Je n'ai pu rester dans ma patrie, où

» j'étois retourné, et où une illustre reine
» m'a fait l'honneur de vouloir contempler
» ces foibles marques de mon apostolat. Et
» quelle récompense plus glorieuse pou-
» vois-je recevoir de mes travaux, que
» d'avoir obtenu du chef de notre religion,
» la permission de célébrer le divin sacri-
» fice, avec ces mains mutilées ? Il ne me
» restoit plus, après un tel honneur, qu'à
» tâcher de m'en rendre digne ; je suis
» revenu dans ces déserts, consumer le reste
» de ma vie au service de mon Dieu. Il y
» a bientôt trente ans que j'habite cette
» solitude, et il y en aura demain vingt-
» deux, que je suis établi dans ce rocher.
» Quand j'arrivai dans ces lieux, je n'y
» trouvai que des familles vagabondes, dont
» les mœurs étoient féroces et la vie fort
» misérable. Je leur ai fait entendre la
» parole de paix, et leurs mœurs se sont
» graduellement adoucies. Ils vivent main-
» tenant rassemblés dans une petite société
» chrétienne au bas de cette montagne. J'ai
» tâché, en les instruisant dans la voie du

» salut, de leur enseigner les premiers arts
» de la vie; mais sans les porter trop loin,
» et en retenant ces honnêtes gens dans
» cette simplicité qui fait le bonheur. Pour
» moi, craignant de les gêner par ma pré-
» sence, je me suis retiré dans cette grotte,
» où ils viennent me consulter. C'est ici
» que loin des hommes, j'admire Dieu dans
» la grandeur de ces solitudes, et que je
» me prépare à la mort, que m'annoncent
» mes vieux jours. »

« En achevant ces mots, le Solitaire se mit à genoux, et nous imitâmes son exemple. Il commença à haute voix une prière, à laquelle Atala répondoit. De muets éclairs ouvroient encore les cieux dans l'orient, et sur les nuages du couchant, trois soleils brilloient ensemble. Quelques renards, dispersés par l'orage, alongeoient leurs museaux noirs au bord des précipices, et l'on entendoit le frémissement des plantes, qui séchant à la brise du soir, relevoient de toutes parts leurs tiges abattues. »

« Nous rentrâmes dans la grotte, où

l'hermite étendit un lit de mousse de cyprès pour Atala. Une profonde langueur se peignoit dans les yeux et dans les mouvemens de cette vierge ; elle regardoit le père Aubry, comme si elle eût voulu lui communiquer un secret ; mais quelque chose sembloit la retenir, soit ma présence, soit une certaine honte, soit l'inutilité de l'aveu. Je l'entendis se lever au milieu de la nuit : elle cherchoit le solitaire ; mais comme il lui avoit donné sa couche, il étoit allé contempler la beauté de la nuit, et prier Dieu sur le sommet de la montagne. Il me dit le lendemain que c'étoit assez sa coutume, même pendant l'hiver ; aimant à voir les forêts balancer leurs cimes dépouillées, les nuages voler dans les cieux, et à entendre les vents et les torrens gronder dans la solitude. Ma sœur fut donc obligée de retourner à sa couche, où elle s'assoupit. Hélas ! comblé d'espérance, je ne vis dans la foiblesse d'Atala, que des marques passagères de lassitude ! »

« Le lendemain je m'éveillai aux chants

des cardinaux et des oiseaux moqueurs, nichés dans les acacias et les lauriers qui environnoient la grotte. J'allai cueillir une rose de magnolia, et je la déposai toute humectée des larmes du matin, sur la tête d'Atala endormie. J'espérois, selon la religion de mon pays, que l'ame de quelque enfant, mort à la mamelle, seroit descendue sur cette fleur, dans une goutte de rosée, et qu'un heureux songe la porteroit au sein de ma future épouse. Je cherchai ensuite mon hôte, je le trouvai la robe relevée dans ses deux poches, le chapelet à la main, et m'attendant assis sur le tronc d'un pin, tombé de vieillesse. Il me proposa d'aller avec lui à la mission, tandis qu'Atala reposoit encore : j'acceptai son offre, et nous nous mîmes en route à l'instant. »

« En descendant la montagne, j'apperçus des chênes où les génies sembloient avoir dessiné des caractères étrangers. L'hermite me dit qu'il les avoit tracés lui-même ; que c'étoient des vers d'un ancien poëte appelé Homère, et quelques sentences d'un autre poëte plus vieux encore, nommé Salomon. Il y avoit, je ne sais quelle antique et mystérieuse harmonie entre cette sagesse des temps, ces vers rongés de mousse, ce Solitaire qui les avoit gravés, et ces vieux chênes qui, au fond d'un désert, lui servoient de livres. »

« Son nom, son âge, la date de sa mission, étoient aussi marqués sur un roseau de savanne, au pied de ces arbres. Je m'étonnai de la fragilité du dernier monument : « Il durera encore plus que moi, me » répondit le père, et aura toujours plus » de valeur que le peu de bien que j'ai » fait. »

« Delà, nous arrivâmes à une gorge de vallée, où je vis un ouvrage merveilleux : c'étoit un pont naturel, comme celui de la Virginie, dont tu as peut-être entendu parler. Les hommes, mon fils, sur-tout ceux de ton pays, imitent souvent la nature, mais leurs copies sont toujours petites ; il n'en est pas ainsi de la nature, quand elle se plaît à imiter les ouvrages des hommes. C'est alors qu'elle jette des ponts du sommet d'une montagne au sommet d'une autre montagne, suspend les chemins dans les nues, répand des fleuves pour canaux, sculpte des monts pour colonnes, et pour bassins creuse des mers. »

» Nous passâmes sous l'arche unique de ce pont, et nous nous trouvâmes au milieu d'une autre merveille ; car nous marchions d'enchantement en enchantement : c'étoit le cimetière des Indiens de la mission, ou *les bocages de la mort*. L'hermite leur avoit permis d'ensevelir leurs morts à leur manière ; il avoit seulement sanctifié ce lieu par une croix (1). Le sol en étoit divisé, comme le champ commun des moissons, en autant de lots qu'il y avoit de familles. Chaque lot faisoit à lui seul un petit bois, qui varioit selon le goût et le

(1) Apparemment le père Aubry avoit fait comme les Jésuites à la Chine, qui permettoient aux Chinois d'enterrer leurs parens dans leurs jardins, selon leur ancienne coutume.

cœur de ceux qui l'avoient planté. Un ruisseau serpentoit sans bruit au milieu de ces bocages ; on l'appeloit *le ruisseau de la paix*. Ce riant asyle des ames, étoit fermé à l'orient par le pont, sous lequel nous avions passé ; deux collines le bornoient au septentrion et au midi ; il ne s'ouvroit qu'à l'occident, où s'élevoit un grand bois de sapins. Les troncs de ces arbres, rouges et marbrés de vert, ressembloient à de hautes colonnes, et formoient un magnifique péristile à ce beau temple de la mort. Dans ce bois régnoit un bruit solemnel, comme le sourd mugissement de l'orgue, sous les voûtes d'une église chrétienne ; mais lorsqu'on pénétroit au fond du sanctuaire, on n'entendoit plus que les hymnes des oiseaux, qui célébroient à la mémoire des morts une fête éternelle.

« En sortant de ce bois, nous découvrîmes le village de la Mission, situé au bord d'un lac, au milieu d'une savane semée de fleurs. On y arrivoit par une avenue de magnolias et de chênes verds, qui bordoient une de ces anciennes routes, que l'on trouve dans la solitude. Aussitôt que les Indiens apperçurent leur vieux pasteur dans la plaine, ils abandonnèrent leurs travaux et accoururent au-devant de lui. Les uns baisoient respectueusement sa robe ; les autres aidoient ses pas chancelans ; les mères élevoient leurs petits enfans dans leurs bras, pour leur faire voir l'homme de Jésus-Christ, qui répandoit des larmes paternelles. Il s'informoit, en marchant, de ce qui se passoit au village : il donnoit un conseil à celui-ci, réprimandoit doucement celui-là ; il parloit des moissons à recueillir, des enfans à instruire, des peines à consoler, et il mêloit Dieu à tous ses discours. »

« Ainsi escortés, nous arrivâmes jusqu'au pied d'une grande croix, qui se trouvoit sur le chemin. C'étoit là que le serviteur de Dieu avoit accoutumé de célébrer les mystères de sa religion : « Mes chers » néophytes, dit-il, en se tournant vers la » foule, il vous est arrivé un frère et une

» sœur ; et pour surcroît de bonheur, je
» vois que la divine Providence a épargné
» hier vos moissons : voilà deux grandes
» raisons de le remercier. Offrons-lui donc
» le divin sacrifice, et que chacun y apporte
» un recueillement profond, une foi vive,
» une reconnoissance infinie, et un cœur
» humilié. »

» Aussitôt le prêtre divin revêt une tunique blanche d'écorce de mûriers, qu'il avoit apportée avec lui ; les vases sacrés sont tirés d'un tabernacle au pied de la croix, l'autel se prépare sur un quartier de roche, l'eau se puise dans le torrent voisin, et une grappe de raisin sauvage fournit le vin du sacrifice. Nous nous mettons tous à genoux dans les hautes herbes : le mystère commence au milieu du désert. »

« L'aurore paroissant derrière les montagnes, enflammoit le vaste orient. Tout étoit d'or ou de rose dans la solitude. L'astre annoncé par tant de splendeur, sortit enfin d'un abyme de lumière, et son premier rayon rencontra l'hostie consacrée, que le prêtre, en ce moment même, élevoit dans les airs. O charme de la religion ! ô magnificence du culte chrétien ! Pour sacrificateur un vieil hermite, pour autel un rocher, pour église le désert, pour assistance d'innocens Sauvages ! Non, je ne doute point qu'au moment où nous tombâmes la face contre terre, le grand mystère ne s'accomplît, et que Dieu ne descendît sur toutes les forêts, car je le sentis descendre dans mon cœur. »

« Après le sacrifice, où il ne manqua pour moi que la fille de Lopez, nous nous rendîmes au village, où j'admirai de nouveau les miracles de ta religion. Là, régnoit le mélange le plus touchant de la vie sociale et de la vie de la nature : au coin d'une cyprière de l'antique désert, on découvroit une culture naissante ; les épis rouloient à flots d'or sur le tronc du chêne abattu, et la gerbe d'un été remplaçoit l'arbre de trois siècles. Par-tout on voyoit les forêts livrées aux flammes, pousser de grosses fumées dans les airs, et la charrue se promener lentement entre les débris de leurs racines. Des arpenteurs, avec de longues chaînes, alloient mesurant le désert, et des arbitres établissoient les premières propriétés. L'oiseau cédoit son nid ; le repaire de la bête féroce se changeoit en une cabane. On entendoit gronder des forges, et les coups de la cognée faisoient, pour la dernière fois, mugir des échos, qui alloient eux-mêmes expirer avec les arbres qui leur servoient d'asyle. »

« J'errois avec ravissement au milieu de ces tableaux, rendus plus doux par le souvenir d'Atala, et par les rêves de félicité, dont je berçois tout mon cœur. J'admirois le triomphe du christianisme sur la vie sauvage, je voyois l'homme se civilisant à la voix de la religion ; j'assistois aux noces primitives de l'Homme et de la Terre : l'homme, par ce grand contrat, abandonnant à la terre, l'héritage de ses sueurs, et la terre s'engageant, en retour, à porter fidèlement les moissons, les enfans et les cendres de l'homme. »

« Cependant on apporta un enfant au missionnaire qui le baptisa parmi des jasmins en fleurs, au bord d'une source, tandis qu'un cercueil, au milieu des jeux et des travaux, se rendoit aux bocages de la mort. Deux époux reçurent la bénédiction nuptiale sous un chêne, et nous allâmes ensuite les établir dans un coin de la solitude. Le pasteur marchoit devant nous, bénissant çà et là, et le rocher et l'arbre, et la fontaine ; comme autrefois, selon le livre des chrétiens, Dieu bénit la terre inculte, en la donnant en héritage à Adam. Cette petite procession, qui pêle-mêle avec ses troupeaux suivoit de rocher en rocher son chef vénérable, représentoit à mon cœur attendri ces antiques migrations des premières familles des hommes, alors que Sem, avec ses enfans, s'avançoit à travers le monde désert, en suivant le soleil, qui marchoit devant lui. »

« Je voulus savoir du saint hermite, comment il gouvernoit ses enfans ; il me répondit avec une grande complaisance :

« Je ne leur ai donné aucune loi ; je leur
» ai seulement enseigné à s'aimer, à prier
» Dieu, et à espérer une meilleure vie :
» toutes les loix du monde sont là - de-
» dans. Vous voyez au milieu du village
» une cabane plus grande que les autres :
» elle sert de chapelle dans la saison des
» pluies. On s'y assemble soir et matin pour
» louer le Seigneur, et quand je suis absent,
» c'est un ancien qui fait la prière ; car la
» vieillesse est, comme la maternité, une
» espèce de sacerdoce de la nature. Ensuite
» on va travailler dans les champs, et
» quoique les propriétés soient divisées,
» afin d'apprendre l'économie sociale, les
» moissons sont déposées dans des greniers
» communs, pour maintenir la charité fra-
» ternelle. Quatre vieillards distribuent
» avec égalité le produit du labeur. Ajoutez
» à cela des cérémonies religieuses et beau-
» coup de cantiques, la croix où j'ai célé-
» bré les mystères, l'ormeau sous lequel je
» prêche dans les bons jours, nos tom-
» beaux tout près de nos champs de bled,

» nos fleuves où je plonge les petits enfans, » et les saint Jean du désert ; vous aurez » une idée complète de ce royaume de » Jésus-Christ. »

« Les paroles du Solitaire me ravirent, et je sentis la supériorité de cette vie stable, morale et occupée, sur la vie errante, inutile et oisive du Sauvage. »

« Ah ! René, je ne murmure point contre la Providence, mais j'avoue que je ne me rappelle jamais cette société évangélique, sans éprouver toute l'amertume des regrets. Qu'une hutte, avec Atala sur ces bords, auroit rendu ma vie heureuse ! Là finissoient toutes mes courses ; là, avec une épouse adorée, inconnu des hommes, et cachant mon bonheur au fond des forêts, j'aurois passé comme ces fleuves, qui n'ont pas même un nom dans le désert ! Au lieu de cette paix que j'osois alors me promettre, dans quel trouble n'ai-je point coulé mes jours ! Jouet continuel de la fortune, brisé sur tous les rivages, long-temps exilé de mon pays, et n'y trouvant à mon retour qu'une cabane en ruine, et des amis oubliés dans la tombe : telle devoit être la destinée de Chactas. »

Le Drame.

« Si mon songe de bonheur fut vif, il fut aussi de courte durée, et le réveil m'attendoit à la grotte du Solitaire. Je fus surpris, en y arrivant au milieu du jour, de ne pas voir Atala accourir au-devant de nos pas. Je ne sais quelle soudaine horreur me saisit ; je sentis mon cœur se dissoudre, et il me sembla que les lauriers murmuroient tristement sur la montagne. En approchant de la grotte, je n'osois appeler la fille de Lopez. Mon imagination étoit également épouvantée, ou de la voix ou du silence, qui succéderoit à mes cris. Encore plus effrayé de la nuit qui régnoit à l'entrée du rocher, je dis au missionnaire : « O vous, » que le ciel accompagne et fortifie ! pé- » nétrez dans ces ombres, et rendez-moi » Atala ! »

« Qu'il est foible celui que les passions

dominent ! qu'il est fort celui qui se repose en Dieu ! Il y avoit plus de courage dans ce cœur religieux, flétri par soixante-seize années, qu'il n'y en avoit dans toute la jeunesse de mon sein. L'homme de paix entra dans la grotte, et je restai au-dehors plein de terreur. Bientôt un foible murmure, semblable à des plaintes, sortit du fond du rocher, et vint frapper mon oreille. Poussant un cri, et retrouvant toutes mes forces, je m'élançai dans la nuit de la caverne..... Esprits de mes pères ! vous savez seuls le spectacle qui frappa mes yeux ! »

« Le solitaire avoit allumé un flambeau de pin ; il le tenoit d'une main tremblante, au-dessus de la couche d'Atala. Cette belle et jeune femme, à moitié soulevée sur le coude, se montroit pâle et échevelée. Les gouttes d'une sueur pénible brilloient sur son front ; ses regards à demi-éteints cherchoient encore à m'exprimer son amour, et sa bouche essayoit de sourire. Frappé comme d'un coup de foudre, les yeux fixés, les bras étendus, les lèvres entr'ouvertes, je

demeurai immobile. Un profond silence règne un moment parmi les trois personnages de cette scène de douleur. Le Solitaire le rompit le premier : « Ceci, dit-il, ne sera
» qu'une fièvre occasionnée par la fatigue,
» et si nous nous résignons à la volonté de
» Dieu, il aura pitié de nous. »

« A ces paroles, le sang suspendu reprit son cours dans mon cœur, et avec la mobilité du Sauvage, je passai subitement de l'excès de la crainte à l'excès de la confiance. Mais Atala ne m'y laissa pas long-temps. Balançant tristement la tête, elle nous fit signe de nous approcher de sa couche. »

« Mon père, dit-elle d'une voix affoiblie,
» en s'adressant au religieux, je touche au
» moment de la mort. O Chactas ! écoute
» sans trop de désespoir le funeste secret
» que je t'ai caché, pour ne pas te rendre
» trop misérable, et pour obéir à ma mère.
» Tâche de ne pas m'interrompre par des
» marques d'une douleur qui précipite-
» roient le peu d'instans que j'ai à vivre.
» J'ai beaucoup de choses à raconter, et

T t..

» pourtant, aux battemens de ce cœur, qui
» se ralentissent.... à je ne sais quel fardeau
» glacé que mon sein soulève à peine.... je
» sens que je ne me saurois trop hâter. »

« Après quelques momens de silence, Atala poursuivit ainsi :

« Ma triste destinée a commencé presque
» avant que j'eusse vu la lumière. Ma mère
» m'avoit conçue dans le malheur; je fati-
» guois son sein, et elle me mit au monde
» avec de grands déchiremens d'entrailles :
» on désespéra de ma vie. Pour sauver mes
» jours, ma mère fit un vœu : elle promit
» à la Reine des Anges que je lui consa-
» crerois ma virginité, si j'échappois à la
» mort.... Vœu fatal, qui me précipite
» au tombeau ! »

« J'entrois dans ma seizième année, lors-
» que je perdis ma mère. Quelques heures
» avant de mourir, elle m'appela au bord
» de sa couche. Ma fille, me dit-elle en
» présence d'un missionnaire, qui consoloit
» ses derniers instans; ma fille, tu sais le
» vœu que j'ai fait pour toi. Voudrois-tu

» démentir ta mère ? O mon Atala ! je te
» laisse dans un monde qui n'est pas digne
» de posséder une chrétienne, au milieu
» d'idolâtres, qui persécutent le Dieu de
» ton père et le mien ; le Dieu qui, après
» t'avoir donné le jour, te l'a conservé par
» un miracle. Eh ! ma chère enfant, en
» acceptant le voile des vierges, tu ne fais
» que renoncer aux soucis de la cabane, et
» aux funestes passions qui ont troublé le
» sein de ta mère ! Viens donc, ma bien-
» aimée ; viens ; jure sur cette image de la
» mère du Sauveur, entre les mains de ce
» saint prêtre et de ta mère expirante, que
» tu ne me trahiras point à la face du ciel.
» Songe que je me suis engagée pour toi,
» afin de te sauver la vie ; et que si tu ne
» tiens ma promesse, ce sera moins toi-
» même qui seras punie, que ta mère,
» dont tu plongeras l'ame dans des tourmens
» éternels. »

« O ma mère ! pourquoi parlâtes-vous
» ainsi ! O religion qui fais à-la-fois mes
» maux et ma félicité ! qui me perds et qui

» me consoles ! Et toi, cher et triste objet
» d'une passion qui me consume jusques
» dans les bras de la mort, tu vois main-
» tenant, ô Chactas ! ce qui a fait la rigueur
» de notre destinée !.... Fondant en pleurs
» et me précipitant dans le sein maternel,
» je promis tout ce qu'on me voulut faire
» promettre. Le missionnaire prononça sur
» moi les paroles redoutables, et me donna
» le scapulaire qui me lie pour jamais. Ma
» mère me menaça de sa malédiction, si
» jamais je rompois mes vœux, et après
» m'avoir recommandé un secret inviolable
» envers les payens, persécuteurs de ma
» religion, elle expira, en me tenant em-
» brassée. »

« Je ne connus pas d'abord le danger de
» mes sermens. Pleine d'ardeur, et véritable
» chrétienne, fière du sang espagnol qui
» coule dans mon cœur, je n'apperçus
» autour de moi que des hommes indignes
» de recevoir ma main ; je m'applaudis de
» n'avoir d'autre époux que le Dieu de ma
» mère.... Je te vis, jeune et beau prison-

» nier; je m'attendris sur ton sort; je t'osai
» parler au bûcher de la forêt.... alors je
» sentis tout le poids de mes vœux. »

« Comme Atala achevoit de prononcer ces paroles, serrant les poings, et regardant le missionnaire d'un air menaçant, je m'écriai : « La voilà donc cette religion
» que vous m'avez tant vantée! Périsse le
» serment qui m'enlève Atala! périsse le
» Dieu qui contrarie la nature! Homme!
» prêtre! qu'es-tu venu faire dans ces
» forêts....! »

« Te sauver, dit le vieillard d'une voix
» terrible; dompter tes passions, et t'em-
» pêcher, blasphémateur, d'attirer sur toi
» la colère céleste! Il te sied bien, jeune
» homme, à peine entré dans la vie, de te
» plaindre de tes douleurs! Où sont les
» marques de tes souffrances? où sont les
» injustices que tu as supportées? où sont tes
» vertus, qui seules pourroient te donner
» quelques droits à la plainte? quel service
» as-tu rendu? quel bien as-tu fait : Eh!
» malheureux! tu ne m'offres que des pas-

» sions, et tu oses accuser le ciel ! Quand
» tu auras, comme le père Aubry, passé
» trente années exilé sur les montagnes, tu
» seras moins prompt à juger des desseins
» de la Providence ; tu comprendras alors
» que tu ne sais rien, que tu n'es rien, et
» qu'il n'y a point de châtiment si rigou-
» reux, point de maux si terribles, que la
» chair corrompue ne mérite de souffrir. »

« Les éclairs qui sortoient des yeux du vieillard, sa barbe qui frappoit sa poitrine, ses paroles foudroyantes le rendoient semblable à un Dieu. Accablé de sa majesté, je tombai à ses genoux, et lui demandai pardon de mes emportemens. « Mon fils,
» me répondit-il avec un accent si doux
» que le remords entra dans mon ame; mon
» fils, ce n'est pas pour moi-même que je
» vous ai réprimandé. Hélas ! vous avez
» raison, mon cher enfant; je suis venu
» faire bien peu de choses dans ces forêts,
» et Dieu n'a pas de serviteur plus indigne
» que moi. Mais, mon fils, le ciel ! le ciel !
» voilà ce qu'il ne faut jamais accuser. Par-

» donnez-moi si je vous ai offensé ; mais
» écoutons votre sœur. Il y a peut-être du
» remède; ne nous lassons point d'espérer.
» Chactas, c'est une religion bien divine
» que celle-là, qui a fait une vertu de l'es-
» pérance. »

« Mon jeune ami, reprit Atala, tu as
» été témoin de mes combats, et cependant
» tu n'en as vu que la moindre partie ; je
» te cachois le reste. Non, l'esclave noir
» qui arrose de ses sueurs les sables ardens
» de la Floride, est moins misérable que
» n'a été Atala ! Te sollicitant à la fuite,
» et pourtant certaine de mourir si tu t'é-
» loignois de moi ; craignant de fuir avec
» toi dans les déserts, et cependant hale-
» tant après l'ombrage des bois, et appe-
» lant à grands cris la solitude... Ah ! s'il
» n'avoit fallu que quitter parens, amis,
» patrie ; si même (chose affreuse) il n'y
» eût eu que la perte de mon ame !...
» Mais ton ombre, ô ma mère ! ton ombre
» étoit toujours là, me reprochant ses
» tourmens. J'entendois tes plaintes, je

» voyois les flammes de l'enfer te con-
» sumer !.... Mes nuits étoient arides et
» pleines de fantômes ; mes jours étoient
» désolés : la rosée du soir séchoit en tom-
» bant sur ma peau brûlante ; j'entr'ouvrois
» mes lèvres aux brises, et les brises, loin
» de m'apporter la fraîcheur, s'embrâsoient
» du feu de mon souffle ! Quel tourment
» de te voir sans cesse auprès de moi, loin
» de tous les hommes, dans de profondes
» solitudes, et de sentir entre toi et moi
» une barrière invincible ! Passer ma vie à
» tes pieds, te servir comme ton esclave,
» apprêter ton repas et ta couche, dans
» quelque coin ignoré de l'univers, eût été
» pour moi le bonheur suprême : ce bon-
» heur, j'y touchois, et je ne pouvois en
» jouir ! Quel dessein n'ai-je point rêvé ?
» quel songe n'est point sorti de ce cœur,
» si triste ? Quelquefois en attachant mes
» yeux sur toi, au milieu du désert, j'al-
» lois jusqu'à former des desirs aussi insen-
» sés que coupables. Tantôt j'aurois voulu
» être avec toi la seule créature vivante

» sur la terre ; tantôt sentant une divinité
» qui m'arrêtoit dans mes horribles trans-
» ports, je desirois que cette divinité se fût
» anéantie, pourvu que serrée dans tes
» bras, j'eusse roulé d'abyme en abyme
» avec les débris de Dieu et du monde !
» A présent même... le dirai-je ? à présent
» que l'éternité va m'engloutir, que je vais
» paroître devant le Juge inexorable ; au
» moment où, pour obéir à ma mère, je vois
» avec joie ma virginité dévorer ma vie ;
» eh bien ! par une affreuse contradiction,
» j'emporte le regret de n'avoir pas été à
» toi !.... »

« Ma fille, interrompit le missionnaire,
» votre douleur vous égare. Cet excès de
» passion auquel vous vous livrez est rare-
» ment juste : il n'est pas même dans la
» nature, et en cela il est moins coupable
» aux yeux de Dieu, parce que c'est plutôt
» quelque chose de faux dans l'esprit, que
» de vicieux dans le cœur. Il faut donc
» éloigner de vous ces emportemens, qui
» ne sont pas dignes de votre innocence.

» Mais aussi, ma chère enfant, votre ima
» gination impétueuse vous a trop alarmée
» sur vos vœux. La religion n'exige point
» de sacrifice plus qu'humain. Ses senti
» mens vrais, ses vertus tempérées sont
» bien au-dessus des sentimens exaltés et des
» vertus forcées d'un prétendu héroïsme. Si
» vous aviez succombé, eh bien ! pauvre
» brebis égarée ! le bon Pasteur vous auroit
» cherchée, pour vous ramener au trou
» peau. Les trésors du repentir vous étoient
» ouverts : il faut des torrens de sang pour
» effacer nos fautes aux yeux des hommes ;
» une seule larme suffit à Dieu. Rassurez-
» vous donc, ma chère fille, votre situation
» exige du calme, adressons-nous à Dieu,
» qui guérit toutes les plaies de ses servi
» teurs. Si c'est sa volonté, comme je l'es
» père, que vous échappiez à cette maladie,
» j'écrirai à l'évêque de Québec, qui a les
» pouvoirs nécessaires pour vous relever
» de vos vœux, qui ne sont que des vœux
» simples, et vous acheverez vos jours près
» de moi, avec Chactas votre époux. »

« A ces paroles du vieillard, Atala fut saisie d'une longue convulsion, dont elle ne sortit que pour donner des marques d'une douleur effrayante. « Quoi ! dit-elle en
» joignant les deux mains avec passion, il
» y avoit du remède ! Je pouvois être rele-
» vée de mes vœux ! » — « Oui, ma fille,
» répondit le père ; et vous le pouvez
» encore. » — « Il est trop tard, il est trop
» tard, s'écria-t-elle ! Faut-il mourir, au
» moment où j'apprends que j'aurois pu
» être heureuse ! Que n'ai-je connu plutôt
» ce saint vieillard ! aujourd'hui de quel
» bonheur je jouirois ! avec toi, avec Chac-
» tas chrétien... consolée, rassurée par ce
» prêtre auguste... dans ce désert pour
» toujours !.. Oh ! c'eût été trop de félicité ! »
— « Calme-toi, lui dis-je en saisissant une
» des mains de l'infortunée ; calme-toi, ce
» bonheur, nous allons le goûter. » —
« Jamais ! jamais ! dit Atala. « Comment !
» repartis-je. Tu ne sais pas tout ! s'écria la
» vierge, c'est hier... pendant l'orage...
» vous me pressiez.... J'allois violer mes

» vœux;... j'allois plonger ma mère dans
» les flammes de l'abyme;... déja sa malé-
» diction étoit sur moi;... déja je mentois
» au Dieu qui m'a sauvé la vie.... Quand
» tu baisois mes lèvres tremblantes, tu ne
» savois pas! tu ne savois pas que tu n'em-
» brassois que la mort! » — « O ciel! s'écria
» le missionnaire! chère enfant, qu'avez-
» vous fait? » — « Un crime! mon père,
» dit Atala, les yeux égarés; mais je ne
» perdois que moi, et je sauvois ma mère. »
— « Achève donc, m'écriai-je, plein d'é-
» pouvante; achève. » — « Eh bien! dit-elle,
» j'avois prévu ma foiblesse; en quittant les
» cabanes, j'ai emporté avec moi.... » —
» Quoi! repris-je avec horreur. » — « Un
» poison.... dit le père. » — « Il est dans
» mon sein! s'écria Atala. »

« Le flambeau échappe à la main du Solitaire; je tombe mourant près de la fille infortunée, le vieillard nous saisit l'un et l'autre dans ses bras paternels, et tous trois, dans l'ombre, nous mêlons un moment nos sanglots sur cette couche funèbre.

« Réveillons-nous ! réveillons-nous, dit bientôt le courageux hermite en allumant une lampe. » Nous perdons des momens
» précieux ; intrépides chrétiens, bravons
» les assauts de l'adversité ; la corde au cou,
» la cendre sur la tête, jetons-nous aux
» pieds du Très-Haut, pour implorer sa
» clémence, ou pour nous soumettre à ses
» décrets. Peut-être est-il temps encore....
» Ma fille, vous eussiez dû m'avertir hier
» au soir. »

« Hélas ! mon père, dit Atala, je vous
» ai cherché la nuit dernière ; mais le ciel,
» en punition de mes fautes, vous a éloigné
» de moi. Tout secours eût d'ailleurs été
» inutile ; car les Indiens mêmes, si habiles
» dans tout ce qui regarde les poisons, ne
» connoissent point de remède à celui que
» j'ai pris. O Chactas ! juge de mon étonne-
» ment quand j'ai vu que le coup n'étoit pas
» aussi subit que je m'y attendois. Mon
» amour a redoublé mes forces ; mon ame
» n'a pu si vîte se séparer de toi. »

« Ce ne fut plus ici par des sanglots que

je troublai le récit d'Atala; ce fut par ces emportemens, qui ne sont connus que des Sauvages. Je me roulai furieux sur la terre en me tordant les bras, et en me dévorant les mains. Le vieux prêtre, avec une tendresse merveilleuse, couroit du frère à la sœur, et nous prodiguoit mille secours. Dans tout le calme de son cœur et sous le fardeau des ans, il savoit se faire entendre à notre jeunesse, et sa religion sublime lui fournissoit des accens plus tendres et plus brûlans que nos passions mêmes. Ce prêtre, qui depuis quarante années s'immoloit chaque jour au service de Dieu et des hommes dans ces montagnes, me représentoit ces grands holocaustes d'Israël, fumant perpétuellement sur les hauts lieux devant le Seigneur. »

« Hélas ! ce fut en vain qu'il essaya d'apporter quelque remède aux maux d'Atala. La fatigue, le chagrin, le poison et une passion plus mortelle que tous les poisons ensemble, se réunissoient pour ravir cette fleur à la solitude. Vers le soir, des symptômes effrayans se manifestèrent; un engour-

dissement général saisit les membres d'Atala, et les extrémités de son corps commencèrent à refroidir : « Touche mes doigts, me
» disoit-elle, ne les trouves-tu pas bien
» glacés ? » Je ne savois que répondre, et mes cheveux se hérissoient d'horreur ; ensuite elle ajoutoit : « Hier encore, mon bien-
» aimé, ton seul toucher me faisoit tres-
» saillir, et voilà que je ne sens plus ta
» main... je n'entends presque plus ta voix ;
» les objets de la grotte disparoissent tour-à-
» tour... Ne sont-ce pas les oiseaux qui chan-
» tent ? le soleil doit être près de se coucher
» maintenant... Chactas ! ses rayons seront
» bien beaux au désert, sur ma tombe ! »

« Atala s'appercevant que ces paroles nous faisoient fondre en pleurs, nous dit :
« Pardonnez-moi, mes bons amis, je suis
» bien foible ; mais peut-être que je vais
» devenir plus forte !... Cependant mourir
» si jeune ! tout-à-la-fois ! quand mon cœur
» étoit si plein de vie !.... Chef de la
» prière, aie pitié de moi ; soutiens-moi.
» Crois-tu que ma mère soit contente, et

» que Dieu me pardonne ce que j'ai fait ? »

« Ma fille, répondit le bon religieux, en versant des larmes, et les essuyant avec ses doigts tremblans et mutilés ; « ma fille, tous
» vos malheurs viennent de votre ignorance ;
» c'est votre éducation sauvage et le man-
» que d'instruction nécessaire qui vous ont
» perdue ; vous ne saviez pas qu'une chré-
» tienne ne peut disposer de sa vie. Con-
» solez-vous donc, ma chère brebis ; Dieu
» vous pardonnera, à cause de la simplicié
» de votre cœur. Votre mère et l'imprudent
» missionnaire qui la dirigeoit, ont été
» plus coupables que vous ; ils ont passé
» leurs pouvoirs, en vous arrachant un vœu
» indiscret ; mais que la paix du Seigneur
» soit avec eux. Vous offrez tous trois un
» terrible exemple des dangers de l'enthou-
» siasme, et du défaut de lumières, en
» matière de religion. Rassurez-vous, mon
» enfant ; celui qui sonde les reins et les
» cœurs, vous jugera sur vos intentions,
» qui étoient pures, et non sur votre action
» qui est condamnable. »

« Quant à la vie, si le moment est arrivé
» de vous endormir dans le Seigneur; ah!
» ma chère enfant, que vous perdez peu de
» choses, en perdant ce monde! Malgré la
» solitude où vous avez vécu, vous avez
» connu les chagrins; que penseriez-vous
» donc si vous eussiez été témoin des maux
» de la société; si en abordant sur les
» rivages de l'Europe, votre oreille eût été
» frappée de ce long cri de douleur, qui
» s'élève de cette vieille terre? L'habitant de
» la cabane, et celui des palais, tout souffre,
» tout gémit ici-bas : les reines ont été vues
» pleurant, comme de simples femmes, et
» l'on s'est étonné de la quantité de larmes
» que contiennent les yeux des rois! »

« Est-ce votre amour que vous regrettez?
» Ma fille, il faudroit autant pleurer un
» songe. Connoissez-vous le cœur de l'hom-
» me, et pourriez-vous compter les incons-
» tances de son desir? Vous calculeriez
» plutôt le nombre des vagues que la mer
» roule dans une tempête. Atala! les
» sacrifices, les bienfaits ne sont pas des

» liens éternels : un jour, peut-être, le
» dégoût fût venu avec la satiété; le passé
» eût été compté pour rien, et l'on n'eût
» plus apperçu que les inconvéniens d'une
» union, pauvre et méprisée. Sans doute,
» ma fille, les plus belles amours furent
» celles de cet homme et de cette femme,
» sortis de la main du Créateur. Un paradis
» avoit été formé pour eux; ils étoient
» innocens et immortels. Parfaits de l'ame
» et du corps, ils se convenoient en tout;
» Eve avoit été créée pour Adam, et Adam
» pour Eve. S'ils n'ont pu toutefois se
» maintenir dans cet état de bonheur, quels
» couples le pourront après eux ? Je ne
» vous parlerai point des mariages des pre-
» miers nés des hommes; de ces unions
» ineffables, alors que la sœur étoit l'épouse
» du frère, que l'amour et l'amitié frater-
» nelle se confondoient dans le même cœur,
» et que la pureté de l'une augmentoit les
» délices de l'autre. Toutes ces unions ont
» été troublées; la jalousie s'est glissée à
» l'autel de gazon où l'on immoloit le

» chevreau ; elle a régné sous la tente
» d'Abraham, et dans ces couches même,
» où les patriarches goûtoient tant de joie,
» qu'ils oublioient la mort de leurs mères. »

« Vous seriez-vous donc flattée, mon
» enfant, d'être plus innocente et plus heu-
» reuse dans vos liens, que ces saintes
» familles dont Jésus-Christ a voulu des-
» cendre ? Je vous épargne les détails des
» soucis du ménage, les disputes, les
» reproches mutuels, les inquiétudes et
» toutes ces peines secrètes, qui veillent sur
» l'oreiller du lit conjugal. La femme renou-
» velle ses douleurs chaque fois qu'elle est
» mère, et elle se marie en pleurant. Que
» de maux dans la seule perte d'un nouveau-
» né, à qui l'on donnoit le lait, et qui
» meurt sur votre sein ! La montagne a été
» pleine de gémissemens ; rien ne pouvoit
» consoler Rachel, parce que ses fils n'étoient
» plus. Ces amertumes attachées aux ten-
» dresses humaines sont si fortes, qu'on
» vient de voir de grandes dames, aimées
» par des rois, quitter la cour pour s'ense-

» velir dans des cloîtres, et mutiler cette
» chair révoltée, dont les plaisirs ne sont
» que des douleurs. »

« Mais peut-être direz-vous que ces der-
» niers exemples ne vous regardent pas;
» que toute votre ambition se réduisoit à
» vivre dans une obscure cabane avec
» l'homme de votre choix; que vous cher-
» chiez moins les douceurs de l'hymen, que
» les charmes de cette folie que la jeunesse
» appelle amour? illusion, chimère, vanité,
» rêve d'une imagination blessée! Et moi
» aussi, ma fille, j'ai connu les troubles du
» cœur; cette tête n'a pas toujours été
» chauve, ni ce sein aussi tranquille qu'il
» vous le paroît aujourd'hui. Croyez-en
» mon expérience : si l'homme, constant
» dans ses affections, pouvoit sans cesse
» fournir à un sentiment renouvelé sans
» cesse; sans doute, la solitude et l'amour
» l'égaleroient à Dieu même, car ce sont là
» les deux éternels plaisirs du grand Etre.
» Mais l'ame de l'homme se fatigue, et
» jamais elle n'aime long-temps le même

» objet avec plénitude. Il y a toujours quel-
» ques points par où deux cœurs ne se
» touchent pas, et ces points suffisent à la
» longue, pour rendre la vie insuppor-
» table. »

« Enfin, ma chère fille, le grand tort des
» hommes, dans leur songe de bonheur,
» est d'oublier cette infirmité de la mort
» attachée à leur nature; il faut finir, il
» faut se dissoudre. Tôt ou tard, quelle
» qu'eût été votre félicité, ce beau visage
» se fût changé en cette figure uniforme,
» que le sépulcre donne à la famille d'Adam;
» l'œil même de Chactas, n'auroit pu vous
» reconnoître entre vos sœurs de la tombe.
» L'amour n'étend point son empire sur
» les vers du cercueil. Que dis-je ? (ô
» vanité des vanités !) que parlé-je de la
» puissance des amitiés de la terre ! Voulez-
» vous, ma chère fille, en connoître l'éten-
» due ? Si un homme revenoit à la lumière,
» quelques années après sa mort, je doute
» qu'il fût revu avec joie, par ceux-là
» même qui ont versé le plus de larmes à

» sa mémoire ; tant on forme vîte d'autres » liaisons ! tant on prend facilement d'autres » habitudes ! tant l'inconstance est naturelle » à l'homme ! tant notre vie est peu de » chose, même dans le cœur de nos amis ! »

« Remerciez donc la bonté divine, ma » chère fille, qui vous retire si vîte de cette » vallée de misère. Déja le vêtement blanc » et la couronne éclatante des vierges, se » préparent pour vous sur les nuées ; déja » j'entends la Reine des Anges qui vous » crie : « Venez, ma digne servante, venez, » ma colombe, venez vous asseoir sur un » trône de candeur, parmi toutes ces filles » qui ont sacrifié leur beauté et leur jeu- » nesse au service de l'humanité, à l'éduca- » tion des enfans, et aux chefs-d'œuvre de » la pénitence. Venez, rose mystique, vous » reposer sur le sein de Jésus-Christ. Ce » cercueil, lit nuptial que vous vous êtes » choisi, ne sera point trompé par votre » céleste époux, et ses embrassemens ne » finiront jamais ! »

« Comme le dernier rayon du jour abat

les vents, et répand le calme dans le ciel embelli ; ainsi la parole tranquille du vieillard appaisa les passions soulevées dans le sein de mon amante. Elle ne parut plus occupée que de ma douleur, et des moyens de me faire supporter sa perte. Tantôt elle me disoit qu'elle mourroit heureuse, si je lui promettois de sécher mes pleurs ; tantôt elle me parloit de ma mère, de ma patrie ; elle cherchoit à me distraire de la douleur présente, en réveillant en moi une douleur passée. Elle m'exhortoit à la patience, à la vertu. « Tu ne seras pas toujours malheu-
» reux, disoit-elle : si le ciel t'éprouve au-
» jourd'hui, c'est seulement pour te rendre
» plus compatissant aux maux des autres.
» Le cœur, ô Chactas ! est comme ces sortes
» d'arbres, qui ne donnent leur baume
» pour les blessures des hommes, que lors-
» que le fer les a blessés eux-mêmes. »

« Lorsqu'elle avoit ainsi parlé, elle se tournoit vers le missionnaire, et cherchoit auprès de lui le soulagement qu'elle m'avoit fait éprouver ; et tour-à-tour consolante et consolée, elle donnoit et recevoit la parole de vie sur la couche de la mort. »

« Cependant l'hermite redoubloit de zèle. Tous ses vieux os s'étoient ranimés par l'ardeur de la charité; et toujours préparant des remèdes, rallumant le feu, rafraîchissant la couche, il faisoit d'admirables discours sur Dieu et sur le bonheur des justes. Le flambeau de la religion à la main, il sembloit précéder Atala dans la tombe, pour lui en montrer les secrètes merveilles. Toute l'humble grotte étoit remplie de la grandeur de ce trépas chrétien, et les esprits célestes étoient, sans doute, attentifs à cette scène, où la religion luttoit seule contre l'amour, la jeunesse et la mort.»

« Elle triomphoit cette religion divine, et l'on s'appercevoit de sa victoire, à une sainte mélancolie qui succédoit dans nos cœurs aux premiers transports des passions. Vers le milieu de la nuit, Atala sembla se ranimer pour répéter des prières que le religieux prononçoit au bord de sa couche. Peu de temps après, elle me tendit la main, et avec une voix qu'on entendoit à peine, elle me dit : « Fils d'Outalissi, te » rappelles-tu cette première nuit où tu me » pris pour la vierge des dernières amours ? » O singulier présage de notre destinée ! » — Elle s'arrêta, puis elle reprit : « Quand » je songe que je te quitte pour toujours, » mon cœur fait un tel effort pour revivre, » que je me sens presque le pouvoir de me » rendre immortelle à force d'aimer. Mais, » ô mon Dieu, que votre volonté soit » faite ! » Atala se tut pendant quelques instans. Ensuite elle ajouta : « il ne me reste » plus qu'à vous demander pardon des » maux que je vous ai causés. Je vous ai » beaucoup tourmenté par mon orgueil et » mes caprices. Chactas, un peu de terre » jeté sur mon corps va mettre tout un » monde entre vous et moi, et vous dé- » livrer pour toujours du poids de mes » infortunes. »

« Vous pardonner, répondis-je, noyé » de larmes, n'est-ce pas moi qui ai causé » tous vos malheurs ? » — « Mon ami, dit-

Yy..

» elle en m'interrompant, vous m'avez
» rendue très-heureuse ; et si j'étois à
» recommencer la vie, je préférerois encore
» le bonheur de vous avoir aimé quelques
» instans dans un exil infortuné, à toute
» une vie de repos dans ma patrie. »

« Ici la voix d'Atala s'éteignit ; les ombres de la mort se répandirent autour de ses yeux et de sa bouche ; ses doigts errans cherchoient à toucher quelque chose, elle conversoit tout bas avec des esprits invisibles. Bientôt, faisant un effort, elle essaya, mais en vain, de détacher de son cou, le petit crucifix : elle me pria de le dénouer moi-même, et elle me dit :

« Quand je te parlai pour la première
» fois, auprès du bûcher, tu vis cette croix
» briller à la lueur du feu sur mon sein ;
» c'est le seul bien que possède Atala.
» Lopez, ton père et le mien, l'envoya à
» ma mère, à ma naissance. Reçois donc
» de moi cet héritage, ô mon frère ! con-
» serve-le en mémoire de mes malheurs.
» Tu auras recours à ce Dieu des infortunés

» dans les chagrins de ta vie, et tu don-
» neras peut-être une larme à ton amante.
» Chactas, j'ai une dernière prière à te
» faire : Ami ! notre union ne pouvoit être
» que courte sur la terre ; mais il est après
» cette vie, une plus longue vie. Qu'il
» seroit affreux d'être séparée de toi pour
» jamais ! Je ne fais que te devancer
» aujourd'hui, et je te vais attendre dans
» l'empire céleste. Si tu m'as aimée, jeune
» idolâtre, fais-toi instruire dans la religion
» chrétienne, qui prépara notre éternelle
» réunion. Elle fait sous tes yeux un grand
» miracle cette religion divine, puisqu'elle
» me rend capable de te quitter, sans
» mourir dans les angoisses du désespoir.
» Cependant, Chactas, je ne veux de toi
» qu'une simple promesse ; je sais trop ce
» qu'il en coûte, pour te demander un
» serment. Peut-être ce vœu te sépareroit-
» il de quelque femme plus heureuse que
» moi.... t'aimera-t-on comme Atala ?.... O
» ma mère, pardonne à ta fille égarée ! ô
» Vierge, retenez votre courroux ! je retom-

» be dans mes foiblesses, et je te dérobe, » ô mon Dieu! des pensées qui ne devroient » être que pour toi! »

Navré de douleur, et poussant des sanglots comme si ma poitrine s'alloit briser, je promis à Atala d'embrasser un jour la religion chrétienne. A ce spectacle, le Solitaire se levant d'un air inspiré, et étendant les bras vers la voûte de la grotte : « Il est » temps, s'écria-t-il, il est temps d'appeler » Dieu ici! »

» A peine a-t-il prononcé ces mots, qu'une force surnaturelle me contraint de tomber à genoux, et m'incline la tête au pied du lit d'Atala. Le prêtre ouvre un lieu secret, où étoit renfermée une urne d'or, couverte d'un voile de soie : il se prosterne et adore profondément. La grotte parut soudain illuminée; on entendit dans les airs les paroles des anges et les frémissemens des harpes célestes, et lorsque le Solitaire tira le vase sacré de son tabernacle, je crus voir Dieu lui-même sortir du flanc de la montagne. »

« Le prêtre ouvrit le calice ; il prit entre ses deux doigts une hostie blanche comme la neige, et s'approcha d'Atala, en prononçant des mots mystérieux. Cette sainte avoit les yeux levés au ciel, en extase. Toutes ses douleurs parurent suspendues, toute sa vie se rassembla sur sa bouche ; ses lèvres s'entr'ouvrirent et vinrent, avec respect, chercher le Dieu caché sous le pain mystique. Ensuite le divin vieillard trempe un peu de coton dans une huile consacrée ; il en frotte les tempes d'Atala ; il regarde un moment la fille mourante, et tout-à-coup ces fortes paroles lui échappent : « Partez, ame chrétienne, et allez rejoindre » votre Créateur ! » Relevant alors ma tête abattue, je m'écriai, en regardant le vase où étoit l'huile sainte : « Mon père ! ce » remède rendra-t-il la vie à Atala ? — « Oui, mon fils, dit le vieillard, en tombant » dans mes bras, « la vie éternelle ! » — Atala venoit d'expirer. »

Dans cet endroit, pour la seconde fois,

depuis le commencement de son récit, Chactas fut obligé de s'interrompre. Ses pleurs l'inondoient, et sa voix ne laissoit échapper que des mots entrecoupés. Le Sachem aveugle ouvrit son sein, il en tira le crucifix d'Atala : » Le voilà, s'écria-t-il,
» ce gage de l'adversité ! O René ! ô mon
» fils ! tu le vois ; et moi, je ne le vois
» plus ! Dis-moi, après tant d'années, l'or
» n'en est-il point altéré ? N'y vois-tu point
» la trace de mes larmes ? Pourrois-tu
» reconnoître l'endroit qu'une sainte a tou-
» ché de ses lèvres ? Comment Chactas
» n'est-il point encore chrétien ? Quelles
» frivoles raisons de politique et de patrie,
» l'ont jusqu'à présent retenu dans les
» erreurs de ses pères ? Non ! je ne veux
» pas tarder plus long-temps. La terre me
» crie : — Quand donc descendras-tu dans
» la tombe, et qu'attends-tu pour embras-
» ser une religion divine ? — O terre ! vous
» ne m'attendrez pas long-temps ! aussitôt
» qu'un prêtre aura rajeuni dans l'onde
» cette tête blanchie par les chagrins, j'es-

» père me réunir à Atala ! Mais achevons
» ce qui me reste à conter de mon his-
» toire. »

Les Funérailles.

« Je n'essayerai point, ô René ! de te peindre aujourd'hui le désespoir qui saisit mon ame, lorsqu'Atala eut rendu le dernier soupir. Il faudroit avoir plus de chaleur qu'il ne m'en reste ; il faudroit que mes yeux fermés se pussent r'ouvrir au soleil, pour lui demander compte des pleurs qu'ils versèrent à sa lumière. Oui, cette lune, qui brille à présent sur nos têtes, se lassera d'éclairer les solitudes du Kentucky ; oui, le fleuve qui porte maintenant nos pirogues suspendra le cours de ses ondes, avant que mes larmes cessent de couler pour Atala ! Pendant deux jours entiers, je fus insensible aux discours de l'hermite. En essayant de calmer mes peines, cet excellent homme ne se servoit point des vaines raisons de la terre, il se contentoit de me dire, « mon fils, c'est la

» volonté de Dieu, » et il me pressoit dans ses bras. Je n'aurois jamais cru qu'il y eût tant de consolation dans ce peu de mots du chrétien résigné, si je ne l'avois éprouvé moi-même. »

La tendresse, l'onction, l'inaltérable patience du vieux serviteur du Très-Haut, vainquirent enfin l'obstination de ma douleur. J'eus honte des larmes que je lui faisois répandre. « Mon père, lui dis-je, » c'en est trop; que les passions d'un jeune » homme ne troublent plus la paix de tes » jours. Laisse-moi emporter les restes de » mon amante; je les ensevelirai dans quel- » que coin du désert, et si je suis encore » condamné à la vie, je tâcherai de me » rendre digne de ces noces éternelles, qui » m'ont été promises par Atala. »

«A ce retour inespéré de courage, le bon père tressaillit de joie; il s'écria : « O » sang de Jésus-Christ! sang de mon divin » maître, je reconnois là tes mérites! Tu » sauveras sans doute ce jeune homme. » Mon Dieu! achève ton ouvrage. Rends

» la paix à cette ame troublée, et ne lui
» laisse de ses malheurs, que d'utiles et
» humbles souvenirs. »

« Le juste refusa de m'abandonner le corps de mon amante ; mais il me proposa de faire venir la mission, et d'enterrer la fille de Lopez, avec toute la pompe chrétienne ; je m'y refusai à mon tour. « Les » malheurs et les vertus d'Atala, lui dis- » je, ont été inconnus des hommes ; que » sa tombe, creusée furtivement par ta » main et par la mienne, partage cette » obscurité. » Nous convînmes que nous partirions le lendemain au lever de l'aurore pour enterrer Atala sous l'arche du pont naturel, à l'entrée des bocages de la mort. Il fut aussi résolu que nous passerions la nuit en prières auprès du corps de cette sainte. »

« Vers le soir, nous transportâmes ses précieux restes à une ouverture de la grotte, qui donnoit vers le nord. L'hermite les avoit roulés dans une pièce de lin d'Europe, filé par sa mère ; c'étoit le seul bien qui lui restât de son ancienne patrie, et depuis long-temps il le destinoit à son propre tombeau. Atala étoit couchée sur un gazon de sensitives de montagnes; ses pieds, sa tête, ses épaules et une partie de son sein étoient découverts. On voyoit dans ses cheveux une fleur de magnolia fanée;.... celle-là même que j'avois déposée sur le lit de la vierge, pour la rendre féconde ! Ses lèvres, comme un bouton de rose, cueilli depuis deux aurores, sembloient languir et sourire. Dans ses joues, d'une blancheur éclatante, on distinguoit quelques veines bleues. Ses beaux yeux étoient fermés, ses pieds modestes étoient joints, et ses mains d'albâtre pressoient sur son cœur un crucifix d'ébène : le scapulaire de ses vœux étoit passé à son cou. Elle paroissoit enchantée par l'Ange de la mélancolie, et par le double Sommeil de l'innocence et de la tombe. Je n'ai rien vu de plus céleste : quiconque eût ignoré que cette vestale avoit joui de la lumière, auroit pu la prendre pour la statue de la Virginité endormie. »

« Le religieux ne cessa de prier toute la nuit ; j'étois assis en silence au chevet du lit funèbre de mon Atala. Que de fois, durant son sommeil, j'avois supporté sur mes genoux cette tête charmante ! que de fois je m'étois penché sur elle, pour entendre et pour respirer son souffle ! Mais à présent aucun bruit ne sortoit de ce sein immobile, et c'étoit en vain que j'attendois le réveil de la beauté ! »

« La lune prêta son pâle flambeau à cette veillée funèbre. Elle se leva au milieu de la nuit, comme une blanche vestale, qui vient pleurer sur le cercueil d'une compagne. Bientôt elle répandit dans les bois, ce grand secret de mélancolie, qu'elle aime à raconter aux vieux chênes, et aux rivages antiques des mers. De temps en temps, le religieux plongeoit un rameau fleuri dans une onde consacrée ; puis secouant la branche humide, il parfumoit la nuit des baumes du ciel. Parfois il répétoit sur un air antique quelques vers d'un vieux poëte nommé Job ; il disoit :

« J'ai passé comme une fleur ; j'ai séché
» comme l'herbe des champs. »

« Pourquoi la lumière a-t-elle été donnée
» à un misérable, et la vie à ceux qui sont
» dans l'amertume du cœur ? »

« Ainsi chantoit l'ancien des hommes. Sa voix grave et un peu cadencée, alloit roulant dans le silence des déserts. Le nom de Dieu et du tombeau sortoit de tous les échos, de tous les torrens, de toutes les forêts. Les roucoulemens de la colombe de la Virginie, la chûte d'un torrent dans la montagne, les tintemens de la cloche qui appeloit les voyageurs, se mêloient à ces chants funèbres, et l'on croyoit entendre, dans les bocages de la mort, le chœur lointain des décédés, qui répondoit à la voix du solitaire. »

« Cependant une barre d'or se forma dans l'Orient. Les éperviers crioient sur les rochers, et les martres rentroient dans le creux des ormes : c'étoit le signal du convoi d'Atala. Je chargeai le corps sur mes épaules; l'hermite marchoit devant moi, une bêche à la main. Nous commençâmes à descendre de rochers en rochers ; la vieillesse et la mort ralentissoient également nos pas. A la vue du chien qui nous avoit trouvés dans la forêt, et qui maintenant, bondissant de joie, nous traçoit une autre route, je me mis à fondre en larmes. Souvent la longue chevelure d'Atala, jouet des brises matinales, étendoit son voile d'or sur mes yeux; souvent pliant sous le fardeau, j'étois obligé de le déposer sur la mousse, et de m'asseoir auprès, pour reprendre des forces. Enfin, nous arrivâmes au lieu marqué par ma douleur; nous descendîmes sous l'arche du pont. O mon fils !... il eût fallu voir un jeune Sauvage et un vieil hermite chrétien, à genoux l'un vis-à-vis de l'autre dans un désert, creusant avec leurs mains un tombeau pour une pauvre fille, dont le corps étoit étendu près de là, dans la ravine desséchée d'un torrent ! »

« Quand notre ouvrage fut achevé, nous

transportâmes la beauté dans son lit d'argile. Hélas ! j'avois espéré de préparer une autre couche pour elle ! Prenant alors un peu de poussière dans ma main, et gardant un silence effroyable, j'attachai, pour la dernière fois, mes yeux égarés sur le visage d'Atala. Ensuite je répandis la terre antique sur un front de dix-huit printemps. Je vis graduellement disparoître les traits de mon amante, et ses grâces se cacher sous le rideau de l'éternité. Son sein surmonta quelque temps la terre noircie, comme un lis blanc sort du milieu d'une sombre argile. « Lopez ! m'écriai-je alors, vois ton » fils inhumer sa sœur ! » Et j'achevai de couvrir Atala de la terre du sommeil. »

« Nous retournâmes à la grotte, et je fis part au missionnaire du projet que j'avois formé de me fixer près de lui. Le saint, qui connoissoit merveilleusement le cœur de l'homme, découvrit ma pensée, et la ruse de ma douleur. Il me dit : « Chactas, fils » d'Outalissi, tandis qu'Atala a vécu, je » vous ai sollicité de demeurer dans ces

» déserts ; mais à présent votre sort est
» changé ; vous vous devez à votre patrie.
» Croyez-moi, mon fils, les douleurs ne
» sont point éternelles : il faut tôt ou tard
» qu'elles finissent, parce que le cœur de
» l'homme est fini ; et c'est une de nos
» grandes misères, que nous ne sommes
» pas même capables d'être long-temps
» malheureux. Retournez au Meschacebé ;
» allez consoler votre mère, qui vous pleure
» tous les jours, et qui a besoin de votre
» appui. Faites-vous instruire dans la reli-
» gion de votre chère Atala, lorsque vous
» en trouverez l'occasion, et souvenez-vous
» que vous lui avez promis d'être vertueux,
» et chrétien. Moi, je veillerai ici sur le
» tombeau de votre sœur.... Partez, mon
» fils : Dieu, l'ame de votre amante, et la
» pensée de votre vieil ami de la montagne,
» vous suivront au désert. »

« Telles furent les paroles de l'homme du rocher ; son autorité étoit trop grande, sa sagesse trop profonde, pour ne lui obéir pas. Dès le lendemain, je quittai mon vénérable hôte, qui, me pressant sur son cœur, me donna ses derniers conseils, sa dernière bénédiction et ses dernières larmes. Je passai au tombeau d'Atala ; je fus surpris d'y trouver une petite croix, qui se montroit au-dessus de la mort, comme on apperçoit encore le mât d'un vaisseau, qui a fait naufrage. Je jugeai que le solitaire étoit venu prier au tombeau, pendant la nuit ; cette marque d'amitié et de religion de la part du vieillard, fit couler mes pleurs en abondance. Je fus tenté de r'ouvrir la fosse, et de voir encore une fois mon amante ; une crainte religieuse me retint. Je m'assis sur la terre, fraîchement remuée. Un coude appuyé sur mes genoux, et la tête soutenue dans ma main, je demeurai enseveli dans la plus amère rêverie. O René ! c'est là que je fis, pour la première fois, des réflexions sérieuses sur la vanité de nos jours, et la plus grande vanité de nos projets. Eh ! mon enfant, qui ne les a point faites ces réflexions ! Je ne suis plus qu'un vieux cerf blanchi par les hivers ; mes ans le disputent à ceux de la corneille : eh bien ! malgré tant de jours accumulés sur ma tête, malgré une si longue expérience de la vie, je n'ai point encore rencontré d'homme qui n'eût été déçu dans ses rêves de félicité ; point de cœur qui n'entretînt une plaie cachée. Le cœur le plus serein, en apparence, ressemble au puits naturel de la savane Alachua : la surface vous en paroît calme et pure ; mais quand vous regardez au fond du bassin tranquille, vous appercevez un large crocodile, que le puits nourrit dans ses ondes. »

« Ayant ainsi vu le soleil se lever et se coucher sur ce lieu de douleur, le lendemain au premier cri du pélican, je me préparai à quitter la sépulture sacrée. J'en partis comme de la borne dont je voulois m'élancer dans la carrière de la vertu. Trois fois j'évoquai l'ame d'Atala ; trois fois le génie du désert répondit à mes cris sous l'arche funèbre. Je saluai ensuite l'orient, et je découvris au loin, dans les sentiers de la montagne, l'hermite qui se rendoit à

A a a..

la cabane de quelqu'infortuné. Tombant à genoux et embrassant étroitement la fosse, je m'écriai : « dors en paix dans cette terre » étrangère, fille trop malheureuse ! pour » prix de ton amour, de ton exil, et de ta » mort, tu vas être abandonnée, même » de Chactas ! » Alors versant des flots de larmes, je me séparai de la fille de Lopez, alors je m'arrachai de ces lieux solitaires ; laissant au pied du pompeux monument de la nature, un monument encore plus auguste : l'humble tombeau de la vertu. »

ÉPILOGUE.

CHACTAS, fils d'Outalissi, le Natchez, a fait cette histoire à René l'Européen. Les pères l'ont redite aux enfans ; et moi, voyageur aux terres lointaines, je t'ai fidèlement rapporté, lecteur, ce que des Indiens m'en ont appris. Je vis dans ce récit bien des choses : le tableau du peuple chasseur et du peuple laboureur ; la religion, première législatrice du Sauvage, les dangers de l'ignorance et de l'enthousiasme reli-

gieux, opposés aux lumières, à la tolérance, et au véritable esprit de l'évangile ; les combats des passions et des vertus dans un cœur simple ; enfin, le triomphe du christianisme sur le sentiment le plus fougueux et la crainte la plus terrible : l'amour et la mort.

« Quand un Siminole me raconta cette histoire, je la trouvai fort instructive et parfaitement belle, parce qu'il y mit la fleur du désert, la grâce de la cabane, et une simplicité à conter la douleur, que je ne me flatte pas d'avoir conservées. Mais une chose me restoit à savoir. Je demandois ce qu'étoit devenu le père Aubry, et personne ne me le pouvoit dire. Je l'aurois toujours ignoré, si la Providence qui conduit tout, ne m'avoit découvert ce que je cherchois. Voici comme la chose se passa :

« J'avois parcouru les rivages du Meschacebé, qui formoient au midi les magnifiques barrières de la Nouvelle-France, et j'étois curieux de voir au nord l'autre merveille de cet empire, la cataracte de

PARTIE III.
Beaux-Arts et Littérature.

LIVRE VI.
Suite des Harmonies de la Religion chrétienne, etc.
Atala.

Niagara. J'étois arrivé tout près de cette chûte, dans l'ancien pays des Agonnonsioni (1), lorsqu'un matin, en traversant une plaine, j'apperçus une femme assise sous un arbre, et tenant un enfant mort sur ses genoux. Attendri par ce spectacle, je m'approchai doucement de la jeune mère, et je l'entendis qui disoit :

« Si tu étois resté parmi nous, cher
» enfant, comme ta main eût bandé l'arc
» avec grâce ! D'un bras nerveux tu aurois
» dompté l'ours en fureur, et sur le sommet
» de la montagne, tes pas auroient défié
» l'élan le plus léger à la course. Blanche
» hermine du rocher ! si jeune être allé
» dans le pays des ames ! Comment feras-
» tu pour y vivre ? Ton père n'y est point,
» pour t'y nourrir de sa chasse ; tu auras
» froid, et aucun esprit ne te donnera des
» peaux pour te couvrir. Oh ! il faut que
» je me hâte de t'aller rejoindre, pour te
» chanter des chansons, et te présenter
» mon sein. »

(1) Les Iroquois.

« Et la jeune mère, après cette oraison funèbre de la façon des déserts, chantoit d'une voix tremblante, balançoit l'enfant sur ses genoux, humectoit ses lèvres du lait maternel, et prodiguoit à la mort, tous les soins qu'on donne à la vie. »

« Cette femme vouloit faire sécher le corps de son enfant sur les branches d'un arbre, selon la coutume indienne, afin de l'emporter ensuite aux tombeaux de ses pères. Elle commença aussitôt la tendre et religieuse cérémonie : elle dépouilla son fils, et respirant quelques instans sur sa bouche, elle dit : « Ame de mon fils, » charmante ame ! ton père t'a créée jadis » sur mes lèvres par un baiser : hélas ! les » miens n'ont pas le pouvoir de te donner » une seconde naissance ! » — Ensuite elle découvrit son sein, et y pressa pour la dernière fois ces restes glacés, qui se fussent ranimés au feu du cœur maternel, si Dieu ne s'étoit réservé le souffle qui donne la vie. »

« Elle se leva, et chercha des yeux dans

le désert embelli par l'aurore, quelqu'arbre sur les branches duquel elle pût exposer son fils. Elle choisit un érable à fleurs rouges, tout festonné de guirlandes d'apios, et qui exhaloit les parfums les plus suaves. D'une main elle en abaissa les rameaux inférieurs; de l'autre, elle y plaça le corps de son enfant. Laissant alors échapper la branche, la branche retourna à sa position naturelle, en emportant la dépouille de l'innocence, cachée dans un feuillage odorant. Oh! que cette coutume indienne est touchante! Dans leurs tombeaux aériens, ces corps pénétrés de la substance éthérée, enfoncés dans des touffes de verdure et de fleurs, rafraîchis par la rosée, embaumés par les brises, balancés par elle sur la même branche où le rossignol a bâti son nid et fait entendre sa plaintive mélodie; ces corps ainsi exposés ont perdu toute la laideur du sépulcre. Mais si c'est la dépouille d'une jeune fille que la main d'un amant a suspendue à l'arbre de la mort; si ce sont les restes d'un enfant chéri qu'une mère a placés dans la demeure des petits oiseaux ; le charme redouble encore. Arbre américain, qui portant des corps dans tes rameaux, les éloignes du séjour des hommes, en les rapprochant de celui de Dieu, je me suis arrêté en extase sous ton ombre! Dans ta sublime allégorie, tu me montrois l'arbre de la vertu : ses racines croissent dans la poussière de ce monde; sa cime se perd dans les étoiles du firmament ; et ses rameaux sont les seuls échelons par où l'homme, voyageur sur ce globe, puisse monter de la terre au ciel.

Or, la mère ayant mis son enfant sur l'arbre, arracha une boucle de ses cheveux, et la suspendit au feuillage, tandis que le souffle de l'aurore balançoit dans son dernier sommeil, celui qu'une main maternelle avoit tant de fois endormi à la même heure, dans un berceau de mousse. Dans ce moment, je marchai droit à la femme ; je lui imposai les deux mains sur la tête, en poussant les trois cris de douleur. Ensuite, sans nous parler, nous prîmes chacun un rameau, et nous nous mîmes à écarter les insectes qui bourdonnoient autour du corps de l'enfant. Mais nous nous donnâmes de garde d'effrayer une colombe, dont le nid étoit voisin, et qui vouloit dérober un cheveu à l'enfant, pour coucher plus mollement ses petits. L'Indienne lui disoit : « Colombe, si tu n'es pas l'ame de mon fils » qui s'est envolée, tu es, sans doute, une » mère qui cherche quelque chose pour » faire un berceau. Prends de ces cheveux, » que je ne laverai plus dans l'eau d'es- » quine; prends-en pour coucher tes petits : » puisse le grand Esprit te les conserver ! »

Cependant la mère pleuroit de joie en voyant la politesse de l'étranger. Comme nous faisions ceci, un jeune homme approcha, et dit : « Fille de Céluta, retire » notre enfant, nous ne séjournerons pas » plus long-temps ici, et nous partirons au » premier soleil. » — Je dis alors, « Frère, » je te souhaite un ciel bleu, beaucoup de » chevreuils, un manteau de castor, et » l'espérance ; tu n'es donc pas de ce dé-

» sert ? — Non, répondit le jeune homme, » nous sommes des exilés, et nous allons » chercher une patrie. » En disant cela, le guerrier baissa la tête dans son sein, et avec le bout de son arc, il abattoit la tête des fleurs. Je vis qu'il y avoit des larmes au fond de cette histoire, et je me tus. La femme retira son fils des branches de l'arbre, et elle le donna à porter à son époux. Le jeune couple regardoit l'enfant et sourioit ; c'étoit comme des pleurs. Alors je dis : « Voulez-vous me permettre d'allumer » votre feu cette nuit ? » — « Nous n'avons » point de cabanes, reprit le guerrier ; si » vous voulez nous suivre, nous campons » au bord de la chûte ». — « Je le veux » bien, répondis-je, » et nous partîmes ensemble.

Nous arrivâmes bientôt au bord de la cataracte, qui s'annonçoit par d'affreux mugissemens. Elle est formée par la rivière Niagara, qui sort du lac Erié, et se jette dans le lac Ontario ; sa hauteur perpendiculaire est de cent quarante-quatre pieds.

PARTIE III.
Beaux-Arts
et
Littérature.

LIVRE VI.
Suite des Harmonies.
de
la Religion chrétienne, etc.

Atala.

Depuis le lac Erié jusqu'au Saut, le fleuve arrive toujours en déclinant par une pente rapide, et au moment de la chûte, c'est moins un fleuve qu'une mer dont les torrens se pressent à la bouche béante d'un gouffre. La cataracte se divise en deux branches, et se courbe en fer à cheval. Entre les deux chûtes s'avance une île, creusée en dessous, qui pend avec tous ses arbres sur le chaos des ondes. La masse du fleuve qui se précipite au midi, s'arrondit en un vaste cylindre, puis se déroule en nappe de neige, et brille au soleil de toutes les couleurs. Celle qui tombe au levant descend dans une ombre effrayante; on diroit une colonne d'eau du déluge. Mille arcs-en-ciel se courbent et se croisent sur l'abyme. L'onde, frappant le roc ébranlé, rejaillit en tourbillons d'écume qui s'élève au-dessus des forêts, comme les fumées d'un vaste embrâsement. Des pins, des noyers sauvages, des rochers taillés en forme de fantômes, décorent la scène. Des aigles entraînés par le courant d'air, descendent en tournoyant au fond du gouffre, et des carcajous se suspendent par leurs longues queues au bout d'une branche abaissée, pour saisir dans l'abyme, les cadavres brisés des élans et des ours.

Tandis qu'avec un plaisir mêlé de terreur je contemplois ce spectacle, l'Indienne et son époux me quittèrent. Je les cherchai en remontant le long du fleuve au-dessus de la chûte, et bientôt je les trouvai dans un endroit convenable à leur deuil. Ils étoient couchés sur l'herbe avec des vieillards, auprès de quelques ossemens humains, enveloppés dans des peaux de bêtes. Etonné de tout ce que je voyois depuis quelques heures, je m'assis auprès de la jeune mère, et je lui dis : « Qu'est-ce que tout ceci, ma » sœur ? » Elle me répondit : « Mon frère, » c'est la terre de la patrie ; ce sont les » cendres de nos aïeux, qui nous suivent » dans notre exil. » — « Et comment, » m'écriai-je, avez-vous été réduits à un » tel malheur ? » — La fille de Celuta répartit : « Nous sommes les restes des Natchez.

» Après le grand massacre que les François
» firent de notre nation pour venger leurs
» frères, ceux de nos frères qui échappè-
» rent aux vainqueurs, trouvèrent un asyle
» chez les Chikassas nos voisins. Nous y
» sommes demeurés assez long-temps tran-
» quilles ; mais il y a sept lunes, que les
» blancs de la Virginie se sont emparés de
» nos terres, en disant qu'elles leur ont
» été données par un roi d'Europe. Nous
» avons levé les yeux au ciel, et chargés
» des reliques de nos aïeux, nous avons
» pris notre route à travers le désert. Je
» suis accouchée dans la marche, et comme
» mon lait étoit mauvais, à cause de la
» douleur, il a empoisonné mon enfant. »
En disant cela, la jeune mère essuya ses
yeux avec sa chevelure ; je pleurois aussi.

Or, je dis bientôt : « Ma sœur, adorons
» le grand Esprit, tout arrive par son ordre.
» Nous sommes tous voyageurs ; nos pères
» l'ont été comme nous ; mais il y a un lieu
» où nous nous reposerons. Si je ne crai-
» gnois d'avoir la langue aussi légère que

» celle d'un blanc, je vous demanderois si
» vous avez entendu parler de Chactas, le
» Natché ? » — A ces mots l'Indienne me
» regarda, et me dit : Qu'est-ce qui vous a
» parlé de Chactas, le Natché ? » Je répondis : « C'est la sagesse. » L'Indienne reprit :
« Je vous dirai ce que je sais, parce que
» vous avez éloigné les mouches du corps
» de mon fils, et que vous venez de dire
» de belles paroles sur le grand Esprit.
» Je suis la fille de la fille de René l'Euro-
» péen, que Chactas avoit adopté. Chactas,
» qui avoit reçu le baptême, et René mon
» aïeul si malheureux, ont péri dans le
» massacre. » — « L'homme va toujours
» de douleur en douleur, répondis-je en
» m'inclinant. Vous pourriez donc aussi
» m'apprendre des nouvelles du père Au-
» bry ? » — « Il n'a pas été plus heureux
» que Chactas, dit l'Indienne. Les Chéro-
» quois, ennemis des François, pénétrèrent
» à sa mission ; ils y furent conduits par
» le son de la cloche qu'on sonnoit pour
» secourir les voyageurs. Le père Aubry se

» pouvoit sauver; mais il ne voulut pas
» abandonner ses enfans, et il demeura
» pour les encourager à mourir, par son
» exemple. Il fut brûlé avec de grandes
» tortures; jamais on ne put tirer de lui
» un cri, qui tournât au déshonneur de
» son Dieu, ou de sa patrie. Il ne cessa,
» durant tout le supplice, de prier pour
» ses bourreaux, et de compatir au sort
» des victimes, qu'il voyoit autour de lui.
» Desirant d'arracher une marque de foi-
» blesse à ce guerrier des armées célestes,
» les Chéroquois amenèrent devant lui un
» Sauvage chrétien, qu'ils avoient horri-
» blement mutilé. Mais ils furent bien sur-
» pris, quand ils virent le jeune homme se
» jeter à genoux, et baiser les plaies du
» vieil hermite qui lui crioit, avec un front
» serein : mon enfant! nous avons été mis
» en spectacle, aux anges, et aux hommes.»
» Les Indiens furieux lui plongèrent un
» fer rouge dans la gorge, pour l'em-
» pêcher de parler. Alors ne pouvant
» plus consoler les hommes, il expira. »

« On dit que les Chéroquois, tout accou-
» tumés qu'ils étoient à voir des Sauvages
» souffrir avec constance, ne purent s'em-
» pêcher d'avouer qu'il y avoit dans l'hum-
» ble courage du père Aubry, quelque
» chose qui leur étoit inconnu, et qui sur-
» passoit tous les courages de la terre. Plu-
» sieurs d'entr'eux, frappés de cette mort,
» se sont faits chrétiens. »

« Quelques années après, Chactas, à
» son retour de la terre des blancs, ayant
» appris les malheurs du chef de la prière,
» partit pour aller recueillir ses cendres et
» celles d'Atala. Il traversa le désert, et
» arriva à l'endroit où étoit située la mis-
» sion, mais il put à peine le reconnoître.
» Le lac s'étoit débordé, et la savane étoit
» changée en un marais impraticable : le
» pont naturel, en s'écroulant, avoit ense-
» veli sous ses débris le tombeau d'Atala et
» les bocages de la mort. Chactas erra long-
» temps dans ce lieu : il visita la grotte du
» solitaire qu'il trouva remplie de ronces
» et de framboisiers, et dans laquelle une

» biche allaitoit son faon. Il s'assit sur le
» rocher de la veillée de la mort, où il ne
» vit que quelques plumes tombées de l'aile
» de l'oiseau de passage. Tandis qu'il y
» pleuroit en silence, le serpent familier
» du missionnaire sortit des broussailles
» voisines, et vint s'entortiller à ses pieds.
» Chactas caressa et réchauffa dans son
» sein ce vieil ami, resté seul au milieu de ces
» ruines. Le fils d'Outalissi a raconté que
» plusieurs fois, à l'entrée de la nuit, il
» apperçut l'ombre d'Atala et celle du père
» Aubry dans ces solitudes. Ces visions le
» remplirent d'une religieuse frayeur, et
» d'une joie triste.

« Après avoir cherché inutilement le tom-
» beau de l'hermite, et vainement essayé
» de découvrir celui d'Atala, il étoit près
» d'abandonner ces lieux, lorsque la biche
» de la grotte se mit à bondir devant lui.
» Elle s'arrêta au pied de la grande croix
» de la mission. Cette croix étoit alors à moi-
» tié entourée d'eau; son bois étoit rongé de
» mousse, et l'oiseau du désert aimoit à se

» percher sur ses branches antiques. Chactas
» jugea que la biche reconnoissante l'avoit
» conduit au tombeau de son hôte. Il creusa
» sous la roche, qui jadis servoit d'autel dans
» le temps des sacrifices, et il y trouva les
» restes d'un homme et d'une femme. Il ne
» douta point que ce ne fussent ceux du
» prêtre et de la vierge, que les anges avoient
» ensevelis dans ce lieu; il les enveloppa
» dans des peaux d'ours, et reprit le che-
» min du désert, en emportant les précieux
» débris, qui résonnoient, sur ses épaules,
» comme le carquois de la mort. La nuit,
» il les mettoit sous sa tête, et il avoit des
» songes d'amour et de vertu. O étranger!
» tu peux contempler ici cette poussière
» avec celle de Chactas lui-même. »

« Comme l'Indienne achevoit de prononcer ces mots, je me levai ; je m'approchai des cendres sacrées, et me prosternai devant elles en silence. Puis m'éloignant à grands pas, je m'écriai : « Ainsi passe sur la terre tout ce qui fut bon, vertueux, sensible ! Homme ! tu n'es qu'un songe rapide, un rêve douloureux ! tu n'existes que par le malheur ; tu n'es quelque chose que par la tristesse de ton ame, et l'éternelle mélancolie de ta pensée ! »

Ces réflexions m'occupèrent toute la nuit au bord de la cataracte. Le lendemain au point du jour, mes hôtes me quittèrent, pour continuer leur route dans la solitude. Les jeunes guerriers ouvroient la marche, et les épouses la fermoient ; les premiers étoient chargés des saintes reliques ; les secondes portoient leurs nouveaux-nés : les vieillards cheminoient lentement au milieu, placés entre leurs aïeux et leur postérité, entre ceux qui n'étoient plus et ceux qui n'étoient pas encore, entre les souvenirs et l'espérance, entre la patrie perdue et la patrie à venir. Oh ! que de larmes troublent la solitude, lorsqu'on abandonne ainsi la terre natale, et que du haut de la colline de l'exil, on découvre pour la dernière fois le toit où l'on fut nourri, et le fleuve de la cabane, qui continue de couler tristement à travers les champs solitaires de la patrie !

PARTIE III.
Beaux-Arts et Littérature.

LIVRE VI.
Suite des Harmonies de la Religion chrétienne, etc.

Atala.

Indiens infortunés que j'ai vu errer dans les déserts du Nouveau-Monde, avec les cendres de vos aïeux ! vous qui m'aviez donné l'hospitalité malgré votre misère ! je ne pourrois vous la rendre aujourd'hui, car j'erre, ainsi que vous, à la merci des hommes, et moins heureux dans mon exil, je n'ai point emporté les os de mes pères.

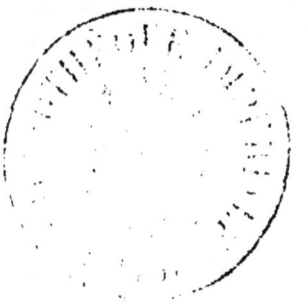

NOTES
ET
ÉCLAIRCISSEMENS.

Note A.

Voici le catalogue de Pline

Peintres des trois grandes Ecoles, Ionique, Sicyonienne *et* Attique.

Polygnote de Thasos peignit un guerrier avec son bouclier. Il peignit de plus le temple de Delphes, et le portique d'Athènes, en concurrence avec Mylon.

Apollodore d'Athènes. Un prêtre en adoration. Ajax tout enflammé des feux de la foudre.

Xeuxis. Une Alcmène. Un dieu Pan. Une Pénélope. Un Jupiter assis sur son trône, et entouré des dieux qui sont debout. Hercule enfant, étouffant deux serpens, en présence d'Amphitrion et d'Alcmène, qui pâlit d'effroi. Junon Sacinienne. Le Tableau des raisins. Une Hélène et un Marsias.

Parrhasius. Le rideau. Le peuple d'Athènes personnifié. Le Thésée. Méléagre. Hercule et Persée. Le Grand-Prêtre de Cybèle. Une nourrice Crétoise avec son enfant. Un Philoctète. Un dieu Bacchus. Deux enfans accompagnés de la Vertu. Un Pontife assisté d'un jeune garçon, qui tient une boëte d'encens, et qui a une couronne de fleurs sur la tête. Un coureur armé, courant dans la lice. Un autre coureur armé, déposant ses armes à la fin de la course. Un Enée. Un Achille. Un Agamemnon. Un Ulysse. Un Ajax, disputant à Ulysse l'armure d'Achille.

Timanthe. Sacrifice d'Iphigénie. Polyphème endormi, dont de petits satyres mesurent le pouce avec un thyrse.

Pamphyle. Un combat devant la ville de Phlius. Une victoire des Athéniens. Ulysse dans son vaisseau.

Echion. Un Bacchus. La Tragédie et la Comédie personnifiées. Une Sémiramis. Une vieille qui porte deux lampes devant une nouvelle mariée.

Apelles. Campaspe nue, sous les traits de Vénus Anadiomède. Le roi Antigone. Alexandre tenant un foudre. La pompe de Mégabyse, pontife de Diane. Clitus partant pour la guerre, et prenant son casque des mains de son écuyer. Un Habron, ou homme efféminé. Un Ménandre, roi de Carie. Un Ancée. Un Gorgosthein le tragédien. Les Dioscures. Alexandre et la Victoire. Bellone enchaînée au char d'Alexandre. Un héros nu. Un cheval. Un Néoptolème combattant à cheval contre les Perses. Archéloüs avec sa femme et sa fille. Antigonus armé. Diane dansant avec de jeunes filles. Les trois tableaux connus sous le nom de l'Eclair, du Tonnerre et de la Foudre.

Aristide de Thèbes. Une ville prise d'assaut, et pour sujet, une mère blessée et mourante. Bataille contre les Perses. Des Quadriges en course. Un suppliant. Des chasseurs avec leur gibier. Le portrait du peintre Léontion. Biblis. Bacchus et Ariane. Un tragédien, accompagné d'un jeune garçon. Un vieillard qui montre à un enfant à jouer de la lyre. Un malade.

Protogène. Le Lialyssus. Un satyre mourant d'amour. Un Cydippe. Un Tlépolème. Un Philisque méditant. Un athlète. Le roi Antigonus. La mère d'Aristote. Un Alexandre. Un Pan.

Asclépiodore. Les douze grands Dieux.

Nicomaque. L'enlèvement de Proserpine. Une Victoire s'élévant dans les airs sur un char. Un Ulysse. Un Apollon. Une Diane. Une Cybèle assise sur un lion. Des bacchantes et des satyres. La Scylla.

Philoxène d'Erétrie. La bataille d'Alexandre contre Darius. Trois Sylènes.

Genre grotesque et peinture à fresque.

Ici Pline parle de Pyreicus, qui peignit, dans une grande perfection, des boutiques de barbiers, de cordonniers, des ânes, etc. C'est l'Ecole Flamande. Il dit ensuite qu'Auguste fit représenter, sur les murs des palais et des temples, des paysages et des marines. Parmi les peintures à fresque de ce genre, la plus célèbre étoit connue sous le nom de *Marachers*. C'étoient des paysans à l'entrée d'un village, faisant prix avec des femmes pour les porter sur leurs épaules à travers une marre, etc. Ce sont les seuls paysages dont il soit fait mention dans l'antiquité, et encore n'étoit-ce que des peintures à fresque. Nous reviendrons dans une autre note sur ce sujet.

Peinture encaustique.

Pausanias de Sicyone. L'Hémérésios, ou l'enfant. Glicère, assise et couronnée de fleurs. Une hécatombe.

Euphranor. Un combat équestre. Les douze Dieux. Thésée. Un Ulysse contrefaisant l'insensé. Un guerrier remettant son épée dans le fourreau.

Cydias. Les Argonautes.

Antidotas. Le champion armé du bouclier. Le lutteur et le joueur de flûte.

Nicias Athénien. Une forêt Némée personnifiée. Un Bacchus. L'hyacinthe. Une Diane. Le tombeau de Mégabyse. La nécromancie d'Homère. Calypso. Io et Andromède. Alexandre. Calypso assise.

Athénion. Un Phylarque. Un Syngénicon. Un

Achille déguisé en fille. Un palefrenier avec un cheval.

Limonaque de Bizance. Ajax. Médée. Oreste. Iphigénie en Tauride. Un Lecythion, ou maître à voltiger. Une famille noble. Une Gorgonne.

Aristolaüs. Un Epaminondas. Un Périclès. Une Médée. La Vertu. Thésée. Le peuple Athénien personnifié. Une hétacombe.

Socratès. Les filles d'Esculape, Hygie, Eglé, Panacée, Laso. Œnos, ou le Cordier fainéant.

Antiphile. L'enfant soufflant le feu. Les fileuses au fuseau. La chasse du roi Ptolémée, et le Satyre aux aguets.

Aristophon. Ancée blessé par le sanglier de Calydon. Un tableau allégorique de Priam et d'Ulysse.

Artemon. Danaé et les Corsaires. La reine Stratonice. Hercule et Déjanire. Hercule au Mont Œta. Laomédon.

Pline continue à nommer environ une quarantaine de peintres inférieurs, dont il ne cite que quelques tableaux.

Pline, liv. 35.

Nous n'avons à opposer à ce catalogue que celui que tous les lecteurs peuvent se procurer au *Museum.* Nous observerons seulement que la plupart de ces tableaux antiques sont des portraits ou des tableaux d'histoire ; et que pour être impartial, il ne faut mettre en parallèle, avec des sujets chrétiens, que des sujets mythologiques.

Note B.

Le catalogue que Pline nous a laissé des tableaux de l'antiquité, n'offre pas un seul tableau de paysage. Si l'on en excepte les peintures à fresque, il se peut faire que quelques-uns des tableaux des grands maîtres eussent un arbre, un rocher, un coin de vallon ou de forêt, un courant d'eau dans le second ou troisième plan ; mais cela ne constitue pas le paysage proprement dit, et tel que nous l'ont donné les Lorrain et les Berghem.

Dans les antiquités d'Herculanum, on n'a rien trouvé qui pût porter à croire que l'ancienne école de peinture eût des paysagistes. On voit seulement dans le *Téléphe* une femme assise, couronnée de guirlandes, appuyée sur un panier rempli d'épis, de fruits et de fleurs. Hercule est vu par le dos, debout devant elle, et une biche allaite un enfant à ses pieds. Un Faune joue de la flûte dans l'éloignement, et une femme ailée fait le fond de la figure d'Hercule. Cette composition est gracieuse ; mais ce n'est pas là encore le véritable paysage, le paysage *nu*, et représentant seulement un accident de la nature.

Quoique Vitruve prétende qu'Anaxagore et Démocrite avoient parlé de la perspective en traitant de la scène grecque, on peut encore douter que les anciens connussent cette partie de l'art, sans laquelle toutefois il ne peut y avoir de paysage. Le dessin des sujets d'Herculanum est sec, et tient beaucoup de la sculpture et des bas-reliefs. Les ombres d'un rouge mêlé de noir sont également épaisses depuis le haut jusqu'au bas de la figure, et conséquemment ne font point fuir les objets. Les fruits même, les fleurs et les vases manquent de perspective, et le contour supérieur de ces derniers ne répond pas au même horizon que leur base. Enfin, tous ces sujets, tirés de la fable, que l'on trouve dans les ruines d'Herculanum, prouvent que la mythologie déroboit aux peintres le vrai paysage, comme elle cachoit aux poëtes la vraie nature.

Les voûtes des thermes de Titus, dont Raphaël étudia les peintures, ne représentoient que des personnages.

Quelques empereurs iconoclastes avoient permis de dessiner des *fleurs et des oiseaux* sur les murs des églises de Constantinople. Les Egyptiens qui avoient la mythologie grecque et latine, avec beaucoup d'autres divinités, n'ont point su rendre la nature. Quelques-unes de leurs peintures que l'on voit encore sur les murailles de leurs temples, ne s'élèvent guères pour la composition, au-delà du *faire* des Chinois.

Le père Sicard, parlant d'un petit temple situé

au milieu des grottes de la Thébaïde, dit : « La voûte, les murailles, le dedans, le dehors, tout est peint, mais avec des couleurs si brillantes et si douces, qu'il faut les avoir vues pour le croire.....

« Au côté droit, on voit un homme debout, avec une canne de chaque main, appuyé sur un crocodile et une fille auprès de lui, ayant une canne à la main. »

« On voit à gauche de la porte, un homme pareillement debout et appuyé sur un crocodile, tenant une épée de la main droite, et de la gauche une torche allumée. Au dedans du temple, des fleurs de toutes couleurs, des instrumens de différens arts, et d'autres figures grotesques et emblématiques y sont dépeintes. On y voit aussi d'un autre côté une chasse, où tous les oiseaux qui aiment le Nil, sont pris d'un seul coup de rets; et de l'autre, on y voit une pêche, où les poissons de cette rivière sont enveloppés dans un seul filet, etc. » (*Lett. édif.*, tom. V, p. 144.

Pour trouver des *paysages* chez les anciens, il faudroit avoir recours aux mosaïques; encore ces paysages sont-ils tous historiés. La fameuse mosaïque du palais des princes Barberins à Palestrine, représente dans sa partie supérieure, un pays de montagnes, avec des chasseurs et des animaux : dans la partie inférieure, le Nil qui serpente autour de plusieurs petites îles. Des Egyptiens poursuivent des crocodiles; des Egyptiennes sont couchées sous des berceaux; une femme offre une palme à un guerrier, etc.

Il y a bien loin de tout cela aux paysages de Claude Lorrain.

Note C.

L'ABBÉ Barthelemy trouva le prélat Baïardi occupé à répondre à des moines de Calabre, qui l'avoient consulté sur le systéme de Copernic. « Le prélat répondoit longuement et savamment à leurs questions, exposoit les loix de la gravitation, s'élevoit contre l'imposture de nos sens, et finissoit par conseiller aux moines de ne pas troubler les cendres de Copernic. » (*Voy. en Ital.*)

Note D.

On se refuse presque à croire que quelques-unes de ces notes soient de M. de Voltaire, tant elles sont au-dessous de lui. Mais on ne peut s'empêcher d'être révolté à chaque instant de la mauvaise foi des éditeurs et des louanges qu'ils se donnent entre eux. Qui croiroit, à moins de l'avoir vu imprimé, que dans une *notule*, faite sur une *note*, on appelle le commentateur, *le Secrétaire de Marc-Aurèle*, et Pascal, *le Secrétaire de Port-Royal ?* Dans cent autres endroits, on force les idées de Pascal, pour le faire passer pour athée. Par exemple, lorsqu'il dit que *la raison de l'homme seule ne peut arriver à une démonstration parfaite de l'existence de Dieu*, on triomphe, on s'écrie qu'il est beau de voir M. de Voltaire prendre le parti de Dieu contre Pascal. En vérité, c'est bien se jouer du sens commun et compter sur la bonhommie du lecteur.

N'est-il pas évident que Pascal raisonne en *chrétien* qui veut presser l'argument de la *nécessité d'une révélation* ? Il y a d'ailleurs quelque chose de pis que tout cela dans cette édition commentée. Il ne nous est pas démontré que les *Pensées nouvelles* qu'on y a ajoutées, ne soient pas au moins dénaturées, pour ne rien dire de plus. Ce qui autorise à le croire, c'est qu'on s'est permis de retrancher plusieurs des anciennes, et qu'on a souvent divisé les autres (sous prétexte que le premier ordre étoit arbitraire), de manière à ce qu'elles ne donnent plus le même sens. On conçoit combien il est aisé d'altérer un passage en rompant la chaîne des idées et en séparant deux membres de phrase, pour en faire deux sens complets. Il y a une adresse, une ruse, une intention cachée dans cette édition, qui l'auroient rendue dangereuse, si les notes n'avoient heureusement détruit tout le fruit qu'on s'en étoit promis.

Note E.

OUTRE les projets de réforme et d'amélioration qui

sont venus à la connoissance du public, on prétend que l'on a trouvé depuis la révolution dans les anciens papiers du ministère, une foule de projets proposés dans le conseil de Louis XIV, entre autres celui de reculer les frontières de la France jusqu'au Rhin, et de s'emparer de l'Egypte. Quant aux monumens et aux travaux pour l'embellisement de Paris, ils paroissent avoir tous été discutés. On vouloit achever le Louvre, faire venir des eaux, découvrir les quais de la Cité, etc. etc.

Des raisons d'économie ou quelque autre motif arrêtèrent apparemment les entreprises. Ce siècle avoit tant fait, qu'il falloit bien qu'il laissât quelque chose à faire à l'avenir.

NOTE F.

JE répondrai par un seul fait à toutes les objections qu'on peut me faire contre l'ancienne censure. N'est-ce pas en France que tous les ouvrages contre la religion ont été composés, vendus et publiés, et souvent même imprimés ? et les grands eux-mêmes n'étoient-ils pas les premiers à les faire valoir et à les protéger ? Dans ce cas, la censure n'étoit donc qu'une mesure dérisoire, puisqu'elle n'a jamais pu empêcher un livre de paroître, ni un auteur d'écrire librement sa pensée sur toute espèce de sujet : après tout, le plus grand mal qui pouvoit arriver à un écrivain, étoit d'aller passer quelques mois à la Bastille, d'où il sortoit bientôt avec les honneurs d'une persécution, qui quelquefois étoit son seul titre à la célébrité.

Note G.

On jugera de l'éloquence de S. Chrysostôme par ces deux morceaux, traduits ou extraits par Rollin dans son traité des études, tom. II. chap. 2. p. 493

Extrait

Du discours de S. Chrysostôme, sur la disgrace d'Eutrope.

Eutrope étoit un favori tout-puissant auprès de l'Empereur Arcade, et qui gouvernoit absolument l'esprit de son maître. Ce prince, aussi foible à soutenir ses Ministres, qu'imprudent à les élever, se vit obligé malgré lui d'abandonner son favori. En un moment Eutrope tomba du comble de la grandeur dans l'extrémité de la misère. Il ne trouva de ressource que dans la pieuse générosité de S. Jean Chrysostôme qu'il avoit souvent maltraité, et dans l'asyle sacré des autels qu'il s'étoit efforcé d'abolir par diverses loix, et où il se réfugia dans son malheur. Le lendemain, jour destiné à la célébration des saints mystères, le peuple accourut en foule à l'Eglise pour y voir dans Eutrope une image éclatante de la foiblesse des hommes, et du néant des grandeurs humaines. Le saint Evêque parla sur ce sujet d'une manière si vive et si touchante, qu'il changea la haine et l'aversion qu'on avoit pour Eutrope en compassion, et fit fondre en larmes tout son auditoire. Il faut se souvenir que le caractère de S. Chrysostôme étoit de parler aux Grands et aux Puissans, même dans le temps de leur plus grande prospérité, avec une force et une liberté vraiment épiscopale.

« Si l'on a dû jamais s'écrier, *Vanité des vanités,*
» *et tout n'est que vanité*, certainement c'est dans
» la conjoncture présente. Où est maintenant cet
» éclat des plus hautes dignités? Où sont ces mar-
» ques d'honneur et de distinction? Qu'est devenu
» cet appareil des festins et des jours de réjouissance?
» Où se sont terminées ces acclamations si fréquentes
» et ces flatteries si outrées de tout un peuple assem-
» blé dans le cirque pour assister au spectacle? Un
» seul coup de vent a dépouillé cet arbre superbe
» de toutes ses feuilles, et après l'avoir ébranlé jus-
» ques dans ses racines, l'a arraché en un moment
» de la terre. Où sont ces faux amis, ces vils adu-
» lateurs, ces parasites si empressés à faire leur cour,
» et à témoigner par leurs actions et leurs paroles
» un servile dévouement? Tout cela a disparu et
» s'est évanoui comme un songe, comme une fleur,
» comme une ombre. Nous ne pouvons donc trop
» répéter cette sentence du Saint-Esprit : *Vanité*

» *des vanités, et tout n'est que vanité.* Elle de-
» vroit être écrite en caractères éclatans dans toutes
» les places publiques, aux portes des maisons, dans
» toutes nos chambres : mais elle devroit encore bien
» plus être gravée dans nos cœurs, et faire le conti-
» nuel sujet de nos entretiens.

» N'avois-je pas raison, dit S. Chrysostôme en
» s'adressant à Eutrope, de vous représenter l'incons-
» tance et la fragilité de vos richesses ? Vous con-
» noissez maintenant par votre expérience que
» comme des esclaves fugitifs elles vous ont aban-
» donné, et qu'elles sont même en quelque sorte
» devenues perfides et homicides à votre égard, puis-
» qu'elles sont la principale cause de votre désastre.
» Je vous répétois souvent que vous deviez faire
» plus de cas de mes reproches, quelque amers qu'ils
» vous parussent, que de ces fades louanges dont
» vos flatteurs ne cessoient de vous accabler, parce
» que *les blessures que fait celui qui aime, valent*
» *mieux que les baisers trompeurs de celui qui hait.*
» Avois-je tort de vous parler ainsi ? Que sont de-
» venus tous ces courtisans ? Ils se sont retirés : ils
» ont renoncé à votre amitié : ils ne songent qu'à
» leur sûreté, à leurs intérêts, aux dépens même
» des vôtres. Il n'en est pas ainsi de nous. Nous avons
» souffert vos emportemens dans votre élévation ;
» et dans votre chûte nous vous soutenons de tout
» notre pouvoir. L'Eglise à qui vous avez fait la

» guerre, ouvre son sein pour vous recevoir : et les
» théâtres, objet éternel de vos complaisances, qui
» nous ont si souvent attiré votre indignation, vous
» ont abandonné et trahi.

» Je ne parle pas ainsi pour insulter au malheur
» de celui qui est tombé, ni pour r'ouvrir et aigrir
» des plaies encore toutes sanglantes; mais pour
» soutenir ceux qui sont debout, et leur faire évi-
» ter de pareils maux. Et le moyen de les éviter,
» c'est de se bien convaincre de la fragilité et de la
» vanité des grandeurs humaines. De les appeler
» une fleur, une herbe, une fumée, un songe, ce
» n'est pas encore en dire assez, puisqu'elles sont
» au-dessous même du néant. Nous en avons une
» preuve bien sensible devant les yeux. Qui jamais
» est parvenu à une plus haute élévation ? N'avoit-
» il pas des biens immenses ? Lui manquoit-il quel-
» que dignité ? N'étoit-il pas craint et redouté de
» tout l'empire ? Et maintenant plus abandonné et
» plus tremblant que les derniers des malheureux ;
» que les plus vils esclaves, que les prisonniers en-
» fermés dans de noirs cachots, n'ayant devant les
» yeux que les épées préparées contre lui, que les
» tourmens et les bourreaux, privé de la lumière du
» jour au milieu du jour même, il attend à chaque
» moment la mort, et ne la perd point de vue.

» Vous fûtes témoins hier, quand on vint du
» palais pour le tirer d'ici par force, comment il

» courut aux vases sacrés, tremblant de tout le corps,
» le visage pâle et défait, faisant à peine entendre
» une foible voix entrecoupée de sanglots, et plus
» mort que vif. Je le répète encore, ce n'est point
» pour insulter à sa chûte que je dis tout ceci, mais
» pour vous attendrir sur ses maux, mais pour vous
» inspirer des sentimens de clémence et de compas-
» sion à son égard.

» Mais, disent quelques personnes dures et impi-
» toyables, qui même nous savent mauvais gré de
» lui avoir ouvert l'asyle de l'Eglise, n'est-ce pas
» cet homme-là qui en a été le plus cruel ennemi, et
» qui a fermé cet asyle sacré par diverses loix ? Cela
» est vrai, répond S. Chrysostôme : et ce doit être
» pour nous un motif bien pressant de glorifier Dieu
» de ce qu'il oblige un ennemi si formidable de
» venir rendre lui-même hommage, et à la puis-
» sance de l'Eglise, et à sa clémence. A sa puissance,
» puisque c'est la guerre qu'il lui a faite, qui lui a
» attiré sa disgrace : à sa clémence, puisque mal-
» gré tous les maux qu'elle en a reçus, oubliant
» tout le passé, elle lui ouvre son sein, elle le cache
» sous ses ailes, elle le couvre de sa protection
» comme d'un bouclier, et le reçoit dans l'asyle
» sacré des autels, que lui-même avoit plusieurs fois
» entrepris d'abolir. Il n'y a point de victoires, point
» de trophées, qui pussent faire tant d'honneur à
» l'Eglise. Une telle générosité, dont elle seule est

» capable, couvre de honte et les Juifs et les infidèles.
» Accorder hautement sa protection à un ennemi
» déclaré, tombé dans la disgrace, abandonné de
» tous, devenu l'objet du mépris et de la haine pu-
» blique ; montrer à son égard une tendresse plus que
» maternelle ; s'opposer en même temps et à la colère
» du Prince, et à l'aveugle fureur du peuple : voilà
» ce qui fait la gloire de notre sainte religion.

» Vous dites avec indignation, qu'il a fermé cet
» asyle par diverses loix. O homme, qui que vous
» soyez, vous est-il donc permis de vous souvenir
» des injures qu'on vous a faites ? Ne sommes-nous
» pas les serviteurs d'un Dieu crucifié, qui dit en
» expirant : *Mon Père, pardonnez-leur, car ils
» ne savent ce qu'ils font ?* Et cet homme, pros-
» terné aux pieds des autels, et exposé en spectacle
» à tout l'univers, ne vient-il pas lui-même abroger
» ses loix, et en reconnoître l'injustice ? Quel hon-
» neur pour cet autel, et combien est-il devenu ter-
» rible et respectable, depuis qu'à nos yeux il tient
» ce lion enchaîné ? C'est ainsi que ce qui rehausse
» l'éclat et l'image d'un Prince, n'est pas qu'il soit
» assis sur un trône, revêtu de pourpre, et ceint du
» diadême ; mais qu'il foule aux pieds les barbares
» vaincus et captifs.

» Je vois dans notre temple une assemblée aussi
» nombreuse qu'à la grande fête de Pâque. Quelle
» leçon pour tous que le spectacle qui vous occupe

» maintenant, et combien le silence même de cet
» homme réduit en l'état où vous le voyez, est-il
» plus éloquent que tous nos discours ? Le riche en
» entrant ici n'a qu'à ouvrir les yeux pour recon-
» noître la vérité de cette parole : *Toute chair n'est*
» *que de l'herbe, et toute sa gloire est comme la*
» *fleur des champs. L'herbe s'est séchée et la fleur*
» *est tombée, parce que le Seigneur l'a frappée de*
» *son souffle.* Et le pauvre apprend ici à juger de
» son état tout autrement qu'il ne fait, et loin de
» se plaindre, à savoir même bon gré à sa pauvreté,
» qui lui tient lieu d'asyle, de port, de citadelle,
» en le mettant en repos et en sûreté, et le délivrant
» des craintes et des alarmes dont il voit que les
» richesses sont la cause et l'origine. »

Le but qu'avoit S. Chrysostôme en tenant tout
ce discours, n'étoit pas seulement d'instruire son
peuple, mais de l'attendrir par le récit des maux
dont il lui faisoit une peinture si vive. Aussi eut-
il la consolation, comme je l'ai dit, de faire fondre
en larmes tout son auditoire, quelque aversion qu'on
eût pour Eutrope, qu'on regardoit avec raison comme
l'auteur de tous les maux publics et particuliers.
Quand il s'en apperçut, il continua ainsi : « Ai-je
» calmé vos esprits ? Ai-je chassé la colère ? Ai-je
» éteint l'inhumanité ? Ai-je excité la compassion ?
» Oui sans doute : et l'état où je vous vois, et ces lar-
» mes qui coulent de vos yeux en sont de bons ga-

» rans. Puisque vos cœurs sont attendris, et qu'une
» ardente charité en a fondu la glace, et amolli la
» dureté, allons donc tous ensemble nous jeter aux
» pieds de l'Empereur : ou plutôt prions le Dieu de
» miséricorde de l'adoucir, en sorte qu'il nous ac-
» corde la grace entière. »

Ce discours eut son effet, et S. Chrysostôme sauva la vie à Eutrope. Mais quelques jours après ayant eu l'imprudence de sortir de l'Eglise pour se sauver, il fut pris, et banni en Cypre, d'où l'on le tira dans la suite pour lui faire son procès à Calcédoine, et il y fut décapité.

EXTRAIT
Tiré du premier livre du Sacerdoce.

S. CHRYSOSTÔME avoit un ami intime, nommé Basyle, qui lui avoit persuadé de quitter la maison de sa mère, pour mener avec lui une vie solitaire et retirée. Dès que cette mère désolée eut appris cette nouvelle, elle me prit par la main, dit S. Chrysostôme, me mena dans sa chambre, et m'ayant fait asseoir auprès d'elle sur le même lit où elle m'avoit mis au monde, elle commença à pleurer, et à me parler en des termes qui me donnèrent encore plus de pitié que ses larmes. « Mon fils, me dit-elle,
» Dieu n'a pas voulu que je jouisse long-temps de la
» vertu de votre père. Sa mort, qui suivit de près
» les douleurs que j'avois endurées pour vous mettre
» au monde, vous rendit orphelin, et me laissa veuve

» plutôt qu'il n'eût été utile à l'un et à l'autre. J'ai
» souffert toutes les peines et toutes les incommodités
» du veuvage, lesquelles certes ne peuvent être com-
» prises par les personnes qui ne les ont point éprou-
» vées. Il n'y a point de discours qui puisse repré-
» senter le trouble et l'orage où se voit une jeune
» femme, qui ne vient que de sortir de la maison
» de son père, qui ne sait point les affaires, et qui
» étant plongée dans l'affliction, doit prendre de
» nouveaux soins, dont la foiblesse de son âge, et
» celle de son sexe, sont peu capables. Il faut qu'elle
» supplée à la négligence de ses serviteurs, et se
» garde de leur malice : qu'elle se défende des mau-
» vais desseins de ses proches : qu'elle souffre cons-
» tamment les injures des partisans, et l'insolence
» et la barbarie qu'ils exercent dans la levée des
» impôts.

» Quand un père en mourant laisse des enfans,
» si c'est une fille, je sais que c'est beaucoup de peine
» et de soin pour une veuve : ce soin néanmoins est
» supportable, en ce qu'il n'est pas mêlé de crainte
» ni de dépense. Mais si c'est un fils, l'éducation en
» est bien plus difficile, et c'est un sujet continuel
» d'appréhensions et de soins, sans parler de ce qu'il
» coûte pour le faire bien instruire. Tous ces maux
» pourtant ne m'ont point portée à me remarier. Je
» suis demeurée ferme parmi ces orages et ces tem-
» pêtes, et me confiant sur-tout en la grace de Dieu,

» je me suis résolue de souffrir tous ces troubles que
» le veuvage apporte avec soi.

» Mais ma seule consolation dans ces misères, a
» été de vous voir sans cesse, et de contempler dans
» votre visage l'image vivante et le portrait fidèle de
» mon mari mort. Consolation qui a commencé dès
» votre enfance, lorsque vous ne saviez pas encore
» parler, qui est le temps où les pères et les mères
» reçoivent plus de plaisirs de leurs enfans.

» Je ne vous ai point aussi donné sujet de me dire,
» qu'à la vérité j'ai soutenu avec courage les maux
» de ma condition présente, mais aussi que j'ai di-
» minué le bien de votre père pour me tirer de ces
» incommodités, qui est un malheur que je sais arri-
» ver souvent aux pupilles. Car je vous ai conser-
» vé tout ce qu'il vous a laissé, quoique je n'aie rien
» épargné de tout ce qui vous a été nécessaire pour
» votre éducation. J'ai pris ces dépenses sur mon
» bien, et sur ce que j'ai eu de mon père en maria-
» ge. Ce que je ne vous dis point, mon fils, dans la vue
» de vous reprocher les obligations que vous m'avez.

» Pour tout cela je ne vous demande qu'une grace ;
» ne me rendez pas veuve une seconde fois. Ne
» r'ouvrez pas une plaie qui commençoit à se fer-
» mer. Attendez au moins le jour de ma mort : peut-
» être n'est-il pas éloigné. Ceux qui sont jeunes peu-
» vent espérer de vieillir : mais à mon âge je n'ai
» plus que la mort à attendre. Quand vous m'aurez

» ensevelie dans le tombeau de votre père, et que
» vous aurez réuni mes os à ses cendres, entreprenez
» alors d'aussi longs voyages, et navigez sur telle
» mer que vous voudrez, personne ne vous en empê-
» chera. Mais pendant que je respire encore, sup-
» portez ma présence, et ne vous ennuyez point de
» vivre avec moi. N'attirez pas sur vous l'indigna-
» tion de Dieu, en causant une douleur si sensible
» à une mère qui ne l'a point méritée. Si je songe à
» vous engager dans les soins du monde, et que je
» veuille vous obliger de prendre la conduite de mes
» affaires qui sont les vôtres, n'ayez plus d'égard,
» j'y consens, ni aux loix de la nature, ni aux
» peines que j'ai essuyées pour vous élever, ni au
» respect que vous devez à une mère, ni à aucun
» autre motif pareil : fuyez-moi comme l'ennemi de
» votre repos, comme une personne qui vous tend des
» pièges dangereux. Mais si je fais tout ce qui dépend
» de moi, afin que vous puissiez vivre dans une par-
» faite tranquillité, que cette considération pour le
» moins vous retienne, si toutes les autres sont inutiles.
» Quelque grand nombre d'amis que vous ayez, nul ne
» vous laissera vivre avec autant de liberté que je fais.
» Aussi n'y en a-t-il point qui ait la même passion que
» moi pour votre avancement et pour votre bien. »

S. Chrysostôme ne put résister à un discours si touchant, et quelque sollicitation que Basyle son ami continuât toujours à lui faire, il ne put se résoudre à quitter une mère si pleine de tendresse pour lui, et si digne d'être aimée.

L'antiquité payenne peut-elle nous fournir un discours plus beau, plus vif, plus tendre, plus éloquent que celui-ci, mais de cette éloquence simple et naturelle, qui passe infiniment tout ce que l'art le plus étudié pourroit avoir de plus brillant ? Y a-t-il dans tout ce discours aucune pensée recherchée, aucun tour extraordinaire ou affecté ? Ne voit-on pas que tout y coule de source, et que c'est la nature même qui l'a dictée ? Mais ce que j'admire le plus, c'est la retenue inconcevable d'une mère affligée à l'excès, et pénétrée de douleur, à qui dans un état si violent il n'échappe pas un seul mot ni d'emportement, ni même de plainte contre l'auteur de ses peines et de ses alarmes, soit par respect pour la vertu de Basyle, soit par la crainte d'irriter son fils, qu'elle ne songeoit qu'à gagner et à attendrir.

Note H.

C'est au grand talent, dit M. de la Harpe, qu'il est donné de réveiller la froideur et de vaincre l'indifférence; et lorsque l'exemple s'y joint (heureusement encore tous nos prédicateurs illustres ont eu cet avantage), il est certain que le ministère de la parole n'a nulle part plus de puissance et de dignité que dans la chaire. Par-tout ailleurs, c'est un homme qui parle à des hommes : ici, c'est un être d'une autre espèce : élevé entre le ciel et la terre, c'est un médiateur que Dieu place entre la créature et lui. Indépendant des considérations du siècle, il annonce les oracles de l'éternité. Le lieu même d'où il parle, celui où l'on l'écoute, confond et fait disparoître toutes les grandeurs pour ne laisser sentir que la sienne. Les rois s'humilient comme le peuple devant son tribunal, et n'y viennent que pour être instruits. Tout ce qui l'environne ajoute un nouveau poids à sa parole : sa voix retentit dans l'étendue d'une enceinte sacrée, et dans le silence d'un recueillement universel. S'il atteste Dieu, Dieu est présent sur les autels ; s'il annonce le néant de la vie, la mort est auprès de lui pour lui rendre témoignage, et montre à ceux qui l'écoutent qu'ils sont assis sur des tombeaux.

Ne doutons pas que les objets extérieurs, l'appareil des temples et des cérémonies, n'influent beaucoup sur les hommes, et n'agissent sur eux avant l'orateur, pourvu qu'il n'en détruise pas l'effet. Représentons-nous Massillon dans la chaire, prêt à faire l'oraison funèbre de Louis XIV, jetant d'abord les yeux autour de lui, les fixant quelque temps sur cette pompe lugubre et imposante qui suit les rois jusques dans ces asyles de mort où il n'y a que des cercueils et des cendres, les baissant ensuite un moment avec l'air de la méditation, puis les relevant vers le ciel, et prononçant ces mots d'une voix ferme et grave : *Dieu seul est grand, mes frères !* Quel exorde renfermé dans une seule parole accompagnée de cette action ! comme elle devient sublime par le spectacle qui entoure l'orateur ! comme ce seul mot anéantit tout ce qui n'est pas Dieu !

Note I.

LICHTENSTEIN.

Les Encyclopédistes sont une secte de soi-disant Philosophes, formée de nos jours ; ils se croient supérieurs à tout ce que l'antiquité a produit en ce genre. A l'effronterie des cyniques, ils joignent la noble impudence de débiter tous les paradoxes qui leur tombent dans l'esprit ; ils se targuent de géométrie, et soutiennent que ceux qui n'ont pas étudié cette science, ont l'esprit faux, que par conséquent ils ont seuls le don de bien raisonner ; leurs discours les plus communs sont farcis de termes scientifiques. Ils diront, par exemple, que telles loix sont sagement établies en raison inverse du carré des distances ; que telle puissance prête à former une alliance avec une autre, se sent attirer à elle par l'effet de l'attraction, et que bientôt les deux nations seront assimilées. Si on leur propose une promenade, c'est le problème d'une courbe à résoudre. S'ils ont une colique néphrétique, ils s'en guérissent par les règles de l'hydrostatique. Si une puce les a mordus, ce sont des infiniment petits du premier ordre qui les incommodent. S'ils font une chûte, c'est pour avoir perdu le centre de gravité. Si quelque folliculaire a l'audace de les attaquer, ils le noient dans un déluge d'encre et d'injures; ce crime de lèse-philosophie est irrémissible.

ÉUGÈNE.

Mais quel rapport ont ces fous avec notre nom; avec le jugement qu'on porte de nous ?

LICHTENSTEIN.

Beaucoup plus que vous ne croyez, parce qu'ils dénigrent toutes les sciences, hors celle de leurs calculs. Les poésies sont des frivolités dont il faut exclure les fables : un poëte ne doit rimer avec énergie que les équations algébriques. Pour l'histoire, ils veulent qu'on l'étudie à rebours, à commencer de nos temps pour remonter avant le déluge. Les gouvernemens, ils les réforment tous : la France doit devenir un état républicain, dont un géomètre sera le législateur, et que des géomètres gouverneront en soumettant toutes les opérations de la nouvelle République au calcul infinitésimal. Cette République conservera une paix constante, et se soutiendra sans armée..... Ils affectent tous une sainte horreur pour la guerre..... S'ils haïssent les armées et les généraux qui se rendent célèbres, cela ne les empêche pas de se battre à coups de plume, et de se dire souvent des grossièretés dignes des halles; et s'ils avoient des troupes, ils les feroient marcher les unes contre les autres......... En leur style, ces beaux propos s'appellent des libertés philosophiques; il faut penser tout haut, toute vérité est bonne à dire; et comme, selon leur sens, ils sont seuls les dépositaires des vérités, ils croient pouvoir débiter toutes les extravagances qui leur viennent dans l'esprit, sûrs d'être applaudis.

MARLBOROUGH.

Apparemment qu'il n'y a plus en Europe de petites-maisons; s'il en restoit, mon avis seroit d'y loger ces messieurs, pour qu'ils fussent les législateurs des fous leurs semblables.

EUGÈNE.

Mon avis seroit de leur donner à gouverner une province qui méritât d'être châtiée; ils apprendroient par leur expérience, après qu'ils y auroient tout mis sens dessus dessous, qu'ils sont des ignorans, que la critique est aisée, mais l'art difficile; et surtout qu'on s'expose à dire force sottises, quand on se mêle de parler de ce qu'on n'entend pas.

LICHTENSTEIN.

Des présomptueux n'avouent jamais qu'ils ont tort. Selon leurs principes, le sage ne se trompe jamais; il est le seul éclairé; de lui doit émaner la lumière qui dissipe les sombres vapeurs dans lesquelles croupit le vulgaire imbécille et aveugle; aussi Dieu sait comment ils l'éclairent. Tantôt c'est en lui découvrant l'origine des préjugés, tantôt c'est un livre sur l'esprit, tantôt le système de la nature; cela ne finit point. Un tas de polissons, soit par air ou par mode, se comptent parmi leurs disciples; ils affectent de les copier et s'érigent en sous-précepteurs du genre humain; et comme il est plus facile de dire des injures que d'alléguer des raisons, le ton de leurs élèves est de se déchaîner indécemment en toute occasion contre les militaires.

EUGÈNE.

Un fat trouve toujours un plus fat qui l'admire; mais les militaires souffrent-ils les injures tranquillement?

LICHTENSTEIN.

Ils laissent aboyer ces roquets, et continuent leur chemin.

MARLBOROUGH.

Mais pourquoi cet acharnement contre la plus noble des professions, contre celle, sous l'abri de laquelle les autres peuvent s'exercer en paix?

LICHTENSTEIN.

Comme ils sont tous très-ignorans dans l'art de la

guerre, ils croient rendre cet art méprisable en le déprimant; mais comme je vous l'ai dit, ils décrient généralement toutes les sciences, et ils élèvent la seule géométrie sur ces débris, pour anéantir toute gloire étrangère et la concentrer uniquement sur leurs personnes.

MARLBOROUGH.

Mais nous n'avons méprisé ni la philosophie, ni la géométrie, ni les belles-lettres, et nous nous sommes contentés d'avoir du mérite dans notre genre.

EUGÈNE.

J'ai plus fait. A Vienne j'ai protégé tous les Savans, et les ai distingués lors même que personne n'en faisoit aucun cas.

LICHTENSTEIN.

Je le crois bien, c'est que vous étiez de grands hommes, et ces soi-disant philosophes ne sont que des polissons, dont la vanité voudroit jouer un rôle: cela n'empêche pas que les injures si souvent répétées ne fassent du tort à la mémoire des grands hommes. On croit que raisonner hardiment de travers, c'est être philosophe, et qu'avancer des paradoxes, c'est emporter la palme. Combien n'ai-je pas entendu par de ridicules propos condamner vos plus belles actions et vous traiter d'hommes qui avoient usurpé une réputation dans un siècle d'ignorance qui manquoit de vrais appréciateurs du mérite!

NOTES

MARLBOROUGH.

Notre siècle ! un siècle d'ignorance ! ah ! je n'y tiens plus.

LICHTENSTEIN.

Le siècle présent est celui des philosophes.

Note K.

Portraits de J. J. Rousseau et de Voltaire, par La Harpe.

Deux sur-tout dont le nom, les talens, l'éloquence,
Faisant aimer l'erreur, ont fondé sa puissance,
Préparèrent de loin des maux inattendus,
Dont ils auroient frémi, s'ils les avaient prévus.
Oui, je le crois, témoins de leur affreux ouvrage,
Ils auroient des Français désavoué la rage.
Vaine et tardive excuse aux fautes de l'orgueil !
Qui prend le gouvernail doit connoître l'écueil.
La foiblesse réclame un pardon légitime,
Mais de tout grand pouvoir l'abus est un grand crime.
Par les dons de l'esprit placés aux premiers rangs,
Ils ont parlé d'en haut aux peuples ignorans;
Leur voix montoit au Ciel pour y porter la guerre;
Leur parole hardie a parcouru la terre.
Tous deux ont entrepris d'ôter au genre humain
Le joug sacré qu'un Dieu n'imposa pas en vain;
Et des coups que ce Dieu frappe pour les confondre,
Au monde, leur disciple, ils auront à répondre.
Leurs noms toujours chargés de reproches nouveaux,
Commenceront toujours le récit de nos maux.

Ils ont frayé la route à ce peuple rebelle;
De leurs tristes succès la honte est immortelle.

L'un qui dès sa jeunesse errant et rebuté,
Nourrit dans les affronts son orgueil révolté,
Sur l'horizon des arts sinistre météore,
Marqua par le scandale une tardive aurore,
Et pour premier essai d'un talent imposteur,
Calomnia les arts, ses seuls titres d'honneur,
D'un moderne cynique affecta l'arrogance,
Du paradoxe altier orna l'extravagance,
Ennoblit le sophisme et cria *vérité*.
Mais par quel art honteux s'est-il accrédité ?
Courtisan de l'envie, il la sert, la caresse,
Va dans les derniers rangs en flatter la bassesse,
Jusques aux fondemens de la société,
Il a porté la faulx de son *égalité*;
Il sema, fit germer chez un peuple volage,
Cet esprit novateur, le monstre de notre âge,
Qui couvrira l'Europe, et de sang et de deuil,
Rousseau fut parmi nous l'apôtre de l'orgueil:
Il vanta son enfance à Genève nourrie,
Et pour venger un livre il troubla sa patrie,
Tandis qu'en ses écrits, par un autre travers,
Sur sa ville chétive, il régloit l'univers.
J'admire ses talens, j'en déteste l'usage;
Sa parole est un feu; mais un feu qui ravage,
Dont les sombres lueurs brillent sur des débris.
Tout, jusqu'aux vérités, trompe dans ses écrits,
Et du faux et du vrai ce mélange adultère
Est d'un sophiste adroit le premier caractère.
Tour-à-tour apostat de l'une et l'autre loi,
Admirant l'évangile et réprouvant la foi,

Chrétien, déiste, armé contre Genève et Rome,
Il épuise à lui seul l'inconstance de l'homme,
Demande une statue, implore une prison ;
Et l'amour-propre enfin égarant sa raison,
Frappe ses derniers ans du plus triste délire :
Il fuit le monde entier qui contre lui conspire,
Il se confesse au monde, et toujours plein de soi,
Dit hautement à Dieu : *Nul n'est meilleur que moi.*

L'autre encor plus fameux, plus éclatant génie,
Fut pour nous soixante ans le dieu de l'harmonie.
Ceint de tous les lauriers, fait pour tous les succès,
Voltaire a de son nom fait un titre aux Français.
Il nous a vendu cher ce brillant héritage,
Quand libre en son exil, rassuré par son âge,
De son esprit fougueux l'essor indépendant
Prit sur l'esprit du siècle un si haut ascendant ;
Quand son ambition toujours plus indocile
Prétendit détrôner le dieu de l'évangile,
Voltaire dans Ferney, son bruyant arsenal,
Secouoit sur l'Europe un magique fanal,
Que pour embraser tout, trente ans on a vu luire.
Par lui l'impiété, puissante pour détruire,
Ebranla, d'un effort aveugle et furieux,
Les trônes de la terre appuyés dans les cieux.
Ce flexible Protée étoit né pour séduire :
Fort de tous les talens, et de plaire et de nuire,
Il sut multiplier son fertile poison ;
Armé du ridicule, éludant la raison,
Prodiguant le mensonge, et le sel, et l'injure,
De cent masques divers il revêt l'imposture,
Impose à l'ignorant, insulte à l'homme instruit ;
Il sut jusqu'au vulgaire abaisser son esprit,

Faire du vice un jeu, du scandale une école.
Grâce à lui, le blasphême et piquant et frivole,
Circuloit embelli des traits de la gaîté ;
Au bon sens il ôta sa vieille autorité,
Repoussa l'examen, fit rougir du scrupule,
Et mit au premier rang le titre d'incrédule.

Note L.

Voici ce que M. de Montesquieu écrivoit en 1752 à l'abbé de Guasco : « Huart veut faire une nou-
» velle édition des Lettres Persannes; mais il y a
» quelques *Juvenilia* que je voudrois auparavant
» retoucher. »

Sous ce passage on trouve cette note de l'éditeur :
« Il a dit à quelques amis que s'il avoit eu à don-
» ner actuellement ces lettres, il en auroit omis quel-
» ques-unes dans lesquelles le feu de la jeunesse
» l'avoit transporté : qu'obligé, par son père, de
» passer toute la journée sur le code, il s'en trou-
» voit le soir si excédé, que pour s'amuser il se
» mettoit à composer une Lettre Persanne, et que
» cela couloit de sa plume sans étude. » (*Œuvres de Montesquieu*, tom. 7, p. 233).

Note M.

M. de Voltaire que j'aime à citer aux incrédules, pensoit ainsi sur le siècle de Louis XIV, et sur le nôtre. Voici plusieurs passages de ses lettres (où l'on doit toujours chercher ses sentimens intimes) qui le prouvent assez.

« C'est Racine qui est véritablement grand et d'autant plus grand qu'il ne paroît jamais chercher à l'être. C'est l'auteur d'Athalie qui est l'homme parfait. »

Corresp. gén. tom. VIII, p. 465.

« J'avois cru que Racine seroit ma consolation, mais il est mon désespoir. C'est le comble de l'insolence de faire une tragédie après ce grand homme. Aussi après lui je ne connois que de mauvaises pièces, et avant lui, que quelques bonnes scènes. » *Ibid.* tom. VIII, p. 467.

« Je ne peux me plaindre de la bonté avec laquelle vous parlez d'un Brutus et d'un Orphelin ; j'avouerai même qu'il y a quelques beautés dans ces deux ouvrages ; mais encore une fois vive Jean ! (Racine) plus on le lit, et plus on lui découvre un talent unique, soutenu par toutes les finesses de l'art ; en un mot, s'il y a quelque chose sur la terre qui approche de la perfection, c'est Jean. » *Ib.* t. VIII, p. 501.

« La mode est aujourd'hui de mépriser Colbert et Louis XIV ; cette mode passera, et ces deux hommes resteront à la postérité avec Racine et Boileau. » *Corresp. gén.* tom. XV, p. 108.

« Je prouverois bien que les choses passables de ce temps-ci sont toutes puisées dans les bons écrits du siècle de Louis XIV. Nos mauvais livres sont moins mauvais que les mauvais que l'on faisoit du temps de Boileau, de Racine et de Molière, parce que dans ces plats ouvrages d'aujourd'hui, il y a toujours quelques morceaux tirés visiblement des auteurs du règne du bon goût. Nous ressemblons à des voleurs qui changent et qui ornent ridiculement les habits qu'ils ont dérobés, de peur qu'on ne les reconnoisse. A cette friponnerie, s'est jointe la rage de la dissertation et celle du paradoxe; le tout compose une impertinence qui est d'un ennui mortel. *Ib.* tom. XIII, p. 219.

« Accoutumez-vous à la disette des talens en tout genre, à l'esprit devenu commun, et au génie devenu rare, à une inondation de livres sur la guerre pour être battus, sur les finances pour n'avoir pas un sou, sur la population pour manquer de recrues et de cultivateurs, et sur tous les arts pour ne réussir dans aucun. » *Ib.* tom. VI, p. 391.

Enfin M. de Voltaire a dit dans sa belle lettre à mylord Hervey tout ce qu'on a répété moins bien et redit mille fois depuis sur le siècle de Louis XIV. Voici cette lettre à mylord Hervey en 1740.

Année 1740.

..... Mais sur-tout, Mylord, soyez moins fâché contre moi de ce que j'appelle le siècle dernier le siècle de Louis XIV. Je sais bien que Louis XIV n'a pas eu l'honneur d'être le maître, ni le bienfaiteur d'un Bayle, d'un Newton, d'un Halley, d'un Adisson, d'un Dryden : mais dans le siècle qu'on nomme de Léon X, ce Pape avoit-il tout fait ? N'y avoit-il pas d'autres Princes qui contribuèrent à polir et à éclairer le genre humain ? Cependant le nom de Léon X à prévalu, parce qu'il encouragea les arts plus qu'aucun autre. Eh ! quel roi a donc en cela rendu plus de service à l'humanité que Louis XIV ! quel Roi a répandu plus de bienfaits, a marqué plus de goût, s'est signalé par de plus beaux établissemens ! Il n'a pas fait tout ce qu'il pouvait faire, sans doute, parce qu'il étoit homme ; mais il a fait plus qu'aucun autre, parce qu'il étoit un grand homme : ma plus forte raison pour l'estimer beaucoup, c'est qu'avec des fautes connues, il a plus de réputation qu'aucun de ses contemporains ; c'est que, malgré un million d'hommes dont il a privé la France, et qui tous ont été intéressés à le décrier, toute l'Europe l'estime et le met au rang des plus grands et des meilleurs monarques.

Nommez-moi donc, Mylord, un souverain qui ait attiré chez lui plus d'étrangers habiles et qui ait plus encouragé le mérite dans ses sujets ? Soixante savans de l'Europe reçurent à la fois des récompenses de lui, étonnés d'en être connus.

Quoique le roi ne soit pas votre souverain, leur écrivoit M. de Colbert, *il veut être votre bienfaiteur; il m'a commandé de vous envoyer la lettre de change ci-jointe, comme un gage de son estime.* Un Bohémien, un Danois recevoient de ces lettres datées de Versailles. *Guillemini* bâtit à Florence une maison des bienfaits de Louis XIV; il mit le nom de ce roi sur le frontispice, et vous ne voulez pas qu'il soit à la téte du siècle dont je parle !

Ce qu'il a fait dans son royaume doit servir à jamais d'exemple. Il chargea de l'éducation de son fils, et de son petit-fils, les plus éloquens et les plus savans hommes de l'Europe. Il eut l'attention de placer trois enfans de Pierre Corneille, deux dans les troupes, et l'autre dans l'église ; il excita le mérite naissant de Racine, par un présent considérable pour un jeune *homme inconnu et sans biens ;* et *quand ce génie se fut perfectionné,* ces talens, qui souvent sont l'exclusion de la fortune, firent la sienne. Il eut plus que de la fortune, il eut la faveur et quelquefois la familiarité d'un maître dont un regard étoit un bienfait. Il étoit en 1688 et 1689 de ces voyages de Marly, tant brigués par les courtisans ; il couchoit dans la chambre du roi pendant ses maladies, et lui lisoit ces chefs-d'œuvre d'éloquence et de poésie qui décoroient ce beau règne.

Cette faveur accordée avec discernement est ce qui produit de l'émulation et qui échauffe les grands génies ; c'est beaucoup de faire des fondations, c'est quelque chose de les soutenir ; mais s'en tenir à ces établissemens, c'est souvent préparer les mêmes asyles pour l'homme inutile et pour le grand homme ; c'est recevoir dans la même ruche l'abeille et le frélon.

Louis XIV songeoit à tout ; il protégeoit les académies, et distinguoit ceux qui se signaloient ; il ne prodiguoit point sa faveur à un genre de mérite, à l'exclusion des autres, comme tant de princes qui favorisent, non ce qui est beau, mais ce qui leur plaît; la physique et l'étude de l'antiquité attirèrent son attention. Elle ne se ralentit pas même dans les guerres qu'il soutenoit contre l'Europe, car en bâtissant trois cents citadelles, en faisant marcher quatre cent mille soldats, il faisoit élever l'Observatoire, et tracer une méridienne d'un bout du royaume à l'autre, ouvrage unique dans le monde. Il faisoit imprimer dans son palais les traductions des bons auteurs grecs et latins ; il envoyoit des géomètres et des physiciens au fond de l'Afrique et de l'Amérique, chercher de nouvelles connoissances. Songez, Mylord, que sans le voyage et les expériences de ceux qu'il envoya à la Cayenne, en 1672, et sans les mesures de M. Picard, jamais Newton n'eût fait ses découvertes sur l'attraction. Regardez, je vous prie, un Cassini et un Huygens, qui renoncent tous deux à leur patrie qu'ils honorent, pour venir en France jouir de l'estime et des bienfaits de Louis XIV, et pensez-vous que les Anglois même ne lui aient pas obligation ? Dites-moi, je vous prie, dans quelle cour Charles II puisa tant de politesse et tant de goût ? Les bons auteurs de Louis XIV n'ont ils pas été vos modèles ? n'est-ce pas d'eux que votre sage Adisson, l'homme de votre nation qui avoit le goût le plus sûr, a tiré souvent ses excellentes critiques ? L'évêque Burnet avoue que ce goût, acquis en France par les courtisans de Charles II, réforma chez vous jusqu'à la chaire, malgré la différence de nos religions, tant la saine raison a par-tout d'empire; dites-moi si les bons livres de ce temps n'ont pas servi à l'éducation de tous les princes de l'empire ? Dans quelles cours d'Allemagne n'a-t-on pas vu des théâtres françois ? Quel prince ne tâchoit pas d'imiter Louis XIV ! Quelle nation ne suivoit pas alors les modes de la France !

Vous m'apportez, Mylord, l'exemple de *Pierre le Grand*, qui a fait naître les arts dans son pays, et qui est le créateur d'une nation nouvelle; vous me dites cependant que son siècle ne sera pas appelé dans l'Europe le siècle du Czar *Pierre;* vous en concluez que je ne dois pas appeler le siècle passé, le siècle de Louis XIV. Il me semble que la différence est bien palpable. Le Czar Pierre s'est instruit chez les autres peuples ; il a porté leurs arts chez lui, mais Louis XIV a instruit les nations; tout, jusqu'à ses fautes, leur a été utile. Les protestans, qui ont quitté ses états, ont porté chez vous-même une industrie qui faisoit la richesse de la France : comptez-vous pour rien tant de manufactures de soie et de cristaux ? Ces dernières furent perfectionnées chez vous par nos réfugiés, et nous avons perdu ce que vous avez acquis.

Enfin, la langue françoise, Mylord, est devenue presque la langue universelle. A qui en est-on redevable ? étoit-elle aussi étendue du temps d'Henri IV ? non sans doute; on ne connoissoit que l'Italien et l'Espagnol. Ce sont nos excellens écrivains qui ont fait ce changement : mais qui a protégé, employé, encouragé ces excellens écrivains ? c'étoit M. Colbert, me direz-vous; je l'avoue, et je prétends bien que le ministre doit partager la gloire du maître. Mais qu'eût fait un Colbert sous un autre prince ? sous votre roi Guillaume qui n'aimoit rien, sous le roi d'Espagne Charles II, sous tant d'autres souverains ?

Croiriez-vous, Mylord, que Louis XIV a réformé le goût de la cour en plus d'un genre ? il choisit Lulli pour son musicien, et ôta le privilège à Lambert, parce que Lambert étoit un homme médiocre, et Lulli un homme supérieur. Il savoit distinguer l'esprit du génie; il donnoit à Quinault les sujets de ses opéra ; il dirigeoit les peintures de le Brun ; il soutenoit Boileau, Racine et Molière contre leurs ennemis; il encourageoit les arts utiles comme les beaux-arts, et toujours en connoissance de cause ; il prêtoit de l'argent à Van Robais pour ses manufactures ; il avançoit des millions à la compagnie des Indes qu'il avoit formée ; il donnoit des pensions aux savans et aux braves officiers. Non-seulement il s'est fait de grandes choses sous son règne, mais c'est lui qui les faisoit. Souffrez donc, Mylord, que je tâche d'élever à sa gloire un monument que je consacre encore plus à l'utilité du genre humain.

Je ne considère pas seulement Louis XIV parce qu'il a fait du bien aux François, mais parce qu'il a fait du bien aux hommes; c'est comme homme, et non comme sujet que j'écris, je veux peindre le dernier siècle, et non pas simplement un prince. Je suis las des histoires où il n'est question que des aventures d'un roi, comme s'il existoit seul, ou que rien n'existât que par rapport à lui; en un mot, c'est encore plus d'un grand siècle que d'un grand roi que j'écris l'histoire.

Pélisson eût écrit plus éloquemment que moi; mais il étoit courtisan, et il étoit payé. Je ne suis ni l'un ni l'autre; c'est à moi qu'il appartient de dire la vérité. *Corresp. gén.* tom. III, p. 53.

Note N.

M. l'abbé Fleury, dans ses *Mœurs des chrétiens*, pense que les anciens monastères sont bâtis sur le plan des maisons romaines, telles qu'elles sont décrites dans Vitruve et dans Palladio. « L'église,
» dit-il, qu'on trouve la première, afin que l'entrée
» en soit libre aux séculiers, semble tenir lieu
» de cette première salle que les Romains appeloient

» *Atrium :* delà on passoit dans une cour environ-
» née de galeries couvertes, à qui l'on donnoit le
» nom de *péristile;* c'est justement le cloître où
» l'on entre de l'église, et d'où l'on va ensuite dans
» les autres pièces, comme le chapitre qui est
» l'*exhèdre* des anciens ; le réfectoire qui est le *tri-*
» *clinium*, et le jardin qui est derrière tout le
» reste comme il étoit aux maisons antiques. »

Fin des Notes.

TABLE DES CHAPITRES

CONTENUS DANS CE VOLUME.

TROISIÈME PARTIE.

BEAUX-ARTS ET LITTÉRATURE.

LIVRE PREMIER.

BEAUX-ARTS.

Chapitre premier. Musique. De l'influence du Christianisme dans la Musique. 1
Chapitre II. Du Chant Grégorien. 6
Chapitre III. Partie historique de la peinture chez les Modernes. 11
Chapitre IV. Des sujets des Tableaux. 17
Chapitre V. Sculpture. 22
Chapitre VI. Architecture. Hôtel des Invalides. 25
Chapitre VII. Versailles. 29
Chapitre VIII. Des Églises Gothiques. 31

TABLE

LIVRE SECOND.

PHILOSOPHIE.

Chapitre I. Astronomie et Mathématiques. 38

Chapitre II. Chimie et Histoire naturelle. 62

Chapitre III. Des Philosophes chrétiens. Métaphysiciens. 74

Chapitre IV. Suite des Philosophes chrétiens. Publicistes. 79

Chapitre V. Moralistes. La Bruyère. 83

Chapitre VI. Suite des Moralistes. 89

LIVRE TROISIÈME.

HISTOIRE.

Chapitre I. Du Christianisme, dans la manière d'écrire l'histoire. 102

Chapitre II. Causes générales qui ont empêché les écrivains modernes de réussir en Histoire. Première cause : Beautés des sujets antiques. 108

Chapitre III. Suite du précédent. Seconde cause : les Anciens ont épuisé tous les genres d'histoire, hors le genre chrétien. 113

Chapitre IV. Pourquoi les François n'ont que des Mémoires. 120

Chapitre V. Beau côté de l'histoire moderne. 127

DES CHAPITRES. 435

Chapitre VI. M. de Voltaire, historien. 132
Chapitre VII. Philippe de Commines et Rollin 135
Chapitre VIII. Bossuet historien. 138

LIVRE QUATRIÈME.

ÉLOQUENCE.

Chapitre I. Du Christianisme dans l'éloquence. 146
Chapitre II. Des Orateurs. Les Pères de l'Église. 153
Chapitre III. Massillon. 166
Chapitre IV. Bossuet orateur. 174
Chapitre V. Que l'incrédulité est la principale cause de la décadence du goût, et de la dégénération du génie. 185

LIVRE CINQUIÈME.

HARMONIES DE LA RELIGION CHRÉTIENNE AVEC LES SCÈNES DE LA NATURE ET LES PASSIONS DU COEUR HUMAIN.

Chapitre I. Division des harmonies. 199
Chapitre II. Harmonies physiques. Sites des Monumens religieux, Couvens Maronites, Cophtes, etc. 201
Chapitre III. Des ruines en général. Qu'il y en a de deux espèces. 214

Chapitre IV. Effet pittoresque des Ruines. Ruines de Palmyre, d'Egypte, etc. 219
Chapitre V. Ruines des Monumens chrétiens. 223
Chapitre VI. Harmonies morales. Dévotions populaires. 228
Chapitre VII. Réunion des Harmonies physiques et morales. 239

LIVRE SIXIEME.

SUITE DES HARMONIES DE LA RELIGION CHRÉTIENNE AVEC LES SCÈNES DE LA NATURE ET LES PASSIONS DU COEUR HUMAIN.

Atala, ou les Amours de deux Sauvages dans le désert. Prologue. 240
Notes et Eclaircissemens. 391

Fin de la Table.

Châteaubriand, F.R. de

Génie du christianisme ou beautés de la religion chrétienne

volume 3

Migneret
1803

D 5716

www.ingramcontent.com/pod-product-compliance
Lightning Source LLC
Chambersburg PA
CBHW071107230426
43666CB00009B/1862